地方财政可持续性评估报告
(2021)

DIFANG CAIZHENG KE CHIXU XING
PINGGU BAOGAO 2021

张　莉
汪德华　主编

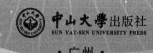
·广州·

版权所有　翻印必究

图书在版编目（CIP）数据

地方财政可持续性评估报告. 2021/张莉，汪德华主编. —广州：中山大学出版社，2022.7
ISBN 978-7-306-07581-9

Ⅰ. ①地… Ⅱ. ①张… ②汪… Ⅲ. ①地方财政—可持续性发展—研究报告—中国—2021 Ⅳ. ①F812.7

中国版本图书馆 CIP 数据核字（2022）第 114339 号

出 版 人：	王天琪
策划编辑：	曾育林
责任编辑：	曾育林
封面设计：	曾　斌
责任校对：	王　燕
责任技编：	靳晓虹
出版发行：	中山大学出版社
电　　话：	编辑部 020 - 84113349，84110776，84111997，84110779，84110283
	发行部 020 - 84111998，84111981，84111160
地　　址：	广州市新港西路 135 号
邮　　编：	510275　传　真：020 - 84036565
网　　址：	http://www.zsup.com.cn　E-mail:zdcbs@mail.sysu.edu.cn
印 刷 者：	广东虎彩云印刷有限公司
规　　格：	787mm × 1092mm　1/16　20.25 印张　423 千字
版次印次：	2022 年 7 月第 1 版　2022 年 7 月第 1 次印刷
定　　价：	78.00 元

如发现本书因印装质量影响阅读，请与出版社发行部联系调换

目　录

第一章　地方财政可持续性报告 1
第一节　导言 1
第二节　地方财政可持续指数 9
　一、省际比较 9
　二、重要地级行政区比较 10
　三、分省份地级行政区比较 11
第三节　发展目标指数 32
　一、发展目标指数的平均趋势 32
　二、发展目标指数的省际比较 34
　三、发展目标指数的重要地级行政区比较 37
第四节　完成过程指数 45
　一、完成过程指数的平均趋势 47
　二、完成过程指数的省际比较 49
　三、完成过程指数的重要地级行政区比较 61
第五节　绩效评价指数 84
　一、绩效评价指数的平均趋势 85
　二、绩效评价指数的省际比较 86
　三、绩效评价指数的重要地级行政区比较 91

第二章　地级市政府债务现状及风险研究 103
第一节　导言 103
　一、研究背景 103
　二、研究内容 105
　三、核心概念 106
　四、统计口径与数据来源 112
第二节　地级市政府债务规模分析 113
　一、地级市债务规模总分析 113
　二、地级市债务规模分区域分析 115
第三节　地级市财政风险分析 133
　一、地级市财政风险总分析 133
　二、地级市财政风险分区域分析 137

三、地级市财政风险分重点城市分析 ……………………………… 149
第四节　转移支付前后的债务风险 ………………………………… 156
　　一、转移支付在区域间债务风险的影响 …………………………… 156
　　二、转移支付在一般债务与专项债务间的差异 …………………… 158
　　三、重点城市间转移支付 …………………………………………… 161
第五节　结论与建议 ………………………………………………… 168

第三章　跨区域产业转移的财税政策研究 …………………………… 171
第一节　导言 ………………………………………………………… 171
第二节　产业转移的意义和理论研究 ……………………………… 173
　　一、产业转移的意义 ………………………………………………… 174
　　二、产业转移的驱动因素 …………………………………………… 176
　　三、阻碍产业转移的因素 …………………………………………… 178
　　四、财税政策对产业转移的促进理论机制 ………………………… 180
　　五、总结 ……………………………………………………………… 181
第三节　粤港澳大湾区产业转移的财税政策 ……………………… 182
　　一、当前产业转移已经取得的成果 ………………………………… 182
　　二、当前产业转移存在的问题 ……………………………………… 186
　　三、促进区域一体化建设的政策建议 ……………………………… 188
　　四、结语 ……………………………………………………………… 190
第四节　长三角区域产业转移的财税政策 ………………………… 191
　　一、长三角区域产业发展一体化现状 ……………………………… 192
　　二、长三角区域产业一体化实施问题 ……………………………… 194
　　三、长三角区域产业一体化实施相关建议 ………………………… 197
第五节　京津冀地区产业转移的财税政策 ………………………… 199
　　一、京津冀地区的经济发展 ………………………………………… 199
　　二、基于财税政策角度的京津冀产业转移问题及原因分析 ……… 202
　　三、促进产业协同发展的财税政策建议 …………………………… 206
　　四、结语 ……………………………………………………………… 211
第六节　西部地区产业转移的财税政策 …………………………… 211
　　一、西部大开发产业转移的财税政策 ……………………………… 212
　　二、西部大开发产业转移取得的成就 ……………………………… 215
　　三、产业转移中存在的问题分析 …………………………………… 220
　　四、解决策略 ………………………………………………………… 224

第七节　飞地建设的财税政策分析 227
　　　　一、飞地的基本概念 227
　　　　二、飞地建设对两地经济社会的影响 228
　　　　三、飞地政策分析 229

第四章　减税降费政策对地方财政的影响研究——以广东省为例 238
　　第一节　导言 238
　　第二节　文献综述 240
　　第三节　政策背景：减税降费相关政策梳理 242
　　　　一、减税降费探索阶段（1998—2007年） 243
　　　　二、结构性减税降费阶段（2008—2015年） 243
　　　　三、全面减税降费阶段（2016年至今） 245
　　第四节　定量分析：减税降费政策对广东省地方财政的影响 251
　　　　一、对财政赤字规模的影响 251
　　　　二、对财政收入规模的影响 252
　　　　三、对财政收入结构的影响 254
　　第五节　案例分析：广东省H市A区税务局减税降费政策落实现状 256
　　　　一、更大规模的减税降费政策背景 257
　　　　二、减税降费工作的科层结构和行动者 257
　　　　三、减税降费工作的运作过程 259
　　　　四、减税降费实施效果及财政影响 265
　　　　五、有效落实减税降费政策的建议 265
　　第六节　结论与讨论 266

第五章　新形势下城市更新改造进程中的地方政府融资问题研究 268
　　第一节　导言 268
　　第二节　内涵分析：城市更新改造的新时代特征 269
　　　　一、提升城市综合治理能力 269
　　　　二、增强城市国家产业战略承载力 270
　　　　三、增强人民生活幸福感 270
　　　　四、提升城市对外交流服务与创新能级 271
　　　　五、创新社会资本参与城市治理新机制 271
　　第三节　财政情势：当前全国与主要城市财政运行分析 272
　　　　一、财政收支情势不容乐观 272

二、"土地财政"态势依然明显 ································· 274
　　三、财政收入增长乏力与公共产品供给压力 ····················· 276
　　四、国家财政透明度指数有待增强 ····························· 278
　　五、财政工具与金融市场的联动性、共生性能力不强 ············· 280
　　六、当前财政宏观情势的总结 ································· 280
第四节　融资分析：城市更新、财政压力与政府融资机制 ··············· 282
　　一、城市更新类型 ··· 282
　　二、财政压力与地方政府债务 ································· 283
　　三、政府融资的地方实践经验 ································· 283
第五节　路径分析：财政金融联动服务城市更新改造路径 ··············· 290
　　一、土地置换+期权逆回购 ··································· 290
　　二、财政保底+合伙资本 ····································· 290
　　三、财政引导（增信）+信保理财池 ··························· 291
　　四、国企领衔+民间资本+城市合伙 ···························· 291
　　五、双重让利+营商环境优化 ································· 292
　　六、债务证券化（资产运营视角） ····························· 292

第六章　以非税收入划转改革推动国家治理现代化 ···················· 294
第一节　导言 ··· 294
第二节　我国政府非税收入现状、问题及划转改革的意义 ··············· 295
　　一、非税收入概念范畴与规模 ································· 295
　　二、政府非税收入存在的主要问题 ····························· 299
　　三、非税收入划转税务征收的重大意义 ························· 300
第三节　非税收入划转改革面临的困境与问题 ························· 303
　　一、划转范围界定模糊，各地划转随意性大 ····················· 303
　　二、缺乏组织领导机构，划转面临协调困难 ····················· 306
　　三、数据信息系统建设滞后，划转项目征收难度较大 ············· 306
　　四、征收和主管部门分离，缴费人便利性下降 ··················· 307
　　五、缴费人实际负担上升，税务部门面临舆情压力 ··············· 307
第四节　深化非税收入划转改革的对策建议 ··························· 308
　　一、明确划转项目选择五大原则，确保划转项目的合法合理性 ····· 308
　　二、加强六大配套措施建设，推进划转工作顺利进行 ············· 308

参考文献 ··· 310

第一章 地方财政可持续性报告[①]

第一节 导 言

财政是国家治理的基础和重要支柱，深化财税体制改革关系到国家治理体系和治理能力的现代化。"郡县治，天下安。"地方财政的可持续性关系到经济社会的稳定运行。在当前的新发展阶段，地方财政面临增收难度加大、支出需求刚性增强、地方债务风险凸显等一系列前所未有的挑战。财政可持续性是保持宏观经济和金融体系稳定运行的重要保障，更是政府实行财政政策时必须面临的约束条件。财政可持续性的重要性凸显。

从既有文献来看，财政可持续性的概念最早由 Buiter 等（1985）提出，但其定义在实际部门和学术界并未明确统一。Buiter（1985）认为，财政可持续指的是国家财政的一种存续状态或能力，债务风险可控是财政可持续的关键标准。此后，众多学者延续这一观点，强调债务风险对财政可持续性的关键影响。例如，Charles（2007）认为，如果"财政政策不需要通过重大调整仍可以保持对债务的足够偿付能力，则财政是可持续的"。夏颖（2010）将地方政府债务风险与地方财政可持续的相关性总结为三点：可持续的地方财政是地方政府债务存在的前提；债务规模影响地方政府收支规模；债务结构影响地方财政可持续程度。一些学者强调财政收入、支出间的平衡性是财政可持续的关键。如刘尚希（2003）认为财政不可持续是指在未来某时点，政府拥有的公共资源不足以履行其应承担的支出责任和义务，从而导致经济、政治、社会的稳定和发展受到损害的一种可能性。李建军等（2018）认为，地方财政可持续问题从根本上来说是地方财政收入持续弥补

[①] 本章作者简介：张莉，中山大学国际金融学院，博士，教授；汪德华，中国社会科学院财经战略研究院，博士，研究员；徐君蕊，中山大学国际金融学院，硕士研究生；张圣哲，中山大学国际金融学院，硕士研究生；蔡旭鸣，中山大学国际金融学院，学生；曹思乔，中山大学国际金融学院，学生；陈芮，中山大学国际金融学院，学生；陈颖，中山大学国际金融学院，学生；邓玉烨，中山大学国际金融学院，学生；金芷如，中山大学国际金融学院，学生；罗弘毅，中山大学国际金融学院，学生；倪思玲，中山大学国际金融学院，学生；盘秋萍，中山大学国际金融学院，学生；张芸菲，中山大学岭南学院，学生；郑育舟，中山大学岭南学院，学生。

财政支出的问题。此外，还有一些学者从财政收支、债务水平以及宏观经济等多维度来认识财政可持续性。刘谊（2005）将地方财政风险定义为：省级以下各级地方政府拥有的公共资源不足以履行其应当承担的支出责任和义务，以至于经济、社会的稳定与发展受到损害的可能性。谢申祥（2020）认为，地方财政可持续性是由财政收支的平衡性、债务水平以及经济状况等因素共同决定的，是一个多维度、系统性的动态概念，不能简单归结于某一个方面。

在实证研究方面，地方财政可持续的评估方法，总体来说包括两类。第一类是构建地方政府财政可持续性的评价体系。例如，谢申祥（2020）从财政收入的可持续能力、财政支出的稳定性、赤字规模带给财政的压力、政府债务的可持续性、经济增长能力5个维度构建，选择一系列关键指标，拟合出各地区财政可持续能力评估指数，量化分析了各地区财政可持续能力。财政可持续发展研究课题组（2017）从财政体制风险、经济运行风险、金融风险、财政收支风险、财政赤字风险5个维度，建立地方财政风险系统评价指标体系，对新常态经济下的地方财政可持续发展进行了探讨。第二类是对"跨期预算约束"理论的研究和运用。例如，唐祥来（2014）、周宾（2016）、李燕（2018）、王德祥和雷蕾（2016）、李建军（2018）、金春雨（2018）等在实证研究中采用面板协整方法进行分析，对地方财政的可持续发展做出测评并提出优化策略。

中国是个幅员辽阔的大国，地方政府在经济发展中发挥了重要作用，地方财政在整个财政体系中占有很大比重，在分税制下财政可持续性问题主要出现在省级以下。同时，中国区域间发展不均衡，各地经济发展水平和财政实力差距很大，横向比较各地的财政可持续性有助于借鉴先进经验和发现风险点。

因此，本报告评价新发展阶段的省市财政的可持续性，服务于经济的高质量发展，深入研究新发展阶段的地方财政运行态势及可持续性，分析地方财政可持续发展可能面临的风险。在此基础上，以经济高质量发展为目标，编制符合时代要求的地方财政可持续性指数，评价各个省和地市的财政可持续性，并提出了相关措施和政策建议，以期为深化财税改革提供参考，支持经济社会持续稳定发展。

本报告构建的地方财政可持续指数由发展目标指标、完成过程指标、绩效评价指标3个一级指标构成，3个一级指标又划分为GDP增长目标、财政收入目标、财政支出目标、债务存量目标、收入规模、收入结构、支出规模、支出结构、债务规模、债务结构、目标完成度、治理水平12个二级指标,并进一步划分为 26 个三级指标,具体见表 1-1。

表 1-1 地方财政可持续指数

指标名称	指标方向	指标类别	定义
一、发展目标指标		一级指标	
1. 年初 GDP 增长目标		二级指标	
a. GDP 发展目标	正	三级指标	每年 GDP 预计增长率
2. 年初财政收入目标		二级指标	
a. 年初财政收入目标	正	三级指标	$\dfrac{一般公共预算收入预算数}{(1+GDP\ 预期增长率) \times 上一年\ GDP}$
3. 财政支出目标		二级指标	
a. 年初财政支出目标	正	三级指标	$\dfrac{一般公共预算支出预算数}{(1+GDP\ 预期增长率) \times 上一年\ GDP}$
4. 债务存量目标		二级指标	
a. 地方债务余额限额目标	负	三级指标	$\dfrac{一般债务余额限额+专项债务余额限额}{(1+GDP\ 预期增长率) \times 上一年\ GDP}$
二、完成过程指标		一级指标	
1. 收入规模		二级指标	
a. 人均财力	正	三级指标	$\dfrac{一般公共预算收入}{人口}$
b. 财政依存度	正	三级指标	$\dfrac{一般公共预算收入}{GDP}$
2. 收入结构		二级指标	
a. 税收比率	正	三级指标	$\dfrac{税收收入}{一般公共预算收入}$
b. 政府性基金收入比	负	三级指标	$\dfrac{政府性基金收入}{一般公共预算收入+政府性基金收入}$
c. 土地财政依存度	负	三级指标	$\dfrac{国有土地使用权出让收入}{一般公共预算收入}$
d. 转移支付依存度	负	三级指标	$\dfrac{上级补助收入}{一般公共预算收入}$
3. 支出规模		二级指标	

续表 1-1

指标名称	指标方向	指标类别	定义
a. 人均支出	正	三级指标	$\dfrac{\text{一般公共预算支出}}{\text{人口}}$
b. 财政自给率	正	三级指标	$\dfrac{\text{一般公共预算收入}+\text{政府性基金收入}}{\text{一般公共预算支出}+\text{政府性基金支出}}$
4. 支出结构		二级指标	
a. 民生支出占比	正	三级指标	（教育支出+科学技术支出+文化旅游体育与传媒支出+社会保障和就业支出+卫生健康支出+住房保障支出）/一般公共预算支出
b. 科学技术支出占比	正	三级指标	$\dfrac{\text{科学技术支出}}{\text{一般公共预算支出}}$
c. 一般公共服务支出占比	负	三级指标	$\dfrac{\text{一般公共服务支出}}{\text{一般公共预算支出}}$
d. 社会保障和就业支出占比	正	三级指标	$\dfrac{\text{社会保障和就业支出}}{\text{一般公共预算支出}}$
5. 债务规模		二级指标	
a. 政府负债率	负	三级指标	$\dfrac{\text{总债务}}{\text{GDP}}$
6. 债务结构		二级指标	
a. 一般债/GDP	负	三级指标	$\dfrac{\text{一般债务余额}}{\text{GDP}}$
b. 专项债/GDP	负	三级指标	$\dfrac{\text{专项债务余额}}{\text{GDP}}$
三、绩效评价指标		一级指标	
1. 目标完成度		二级指标	
a. GDP 增长目标完成率	正	三级指标	GDP 实际增长率 − GDP 目标增长率
b. 财政收入目标完成率	正	三级指标	$\dfrac{\text{财政收入决算数}}{\text{财政收入预算数}} \times 100\%$
c. 财政支出目标完成率	正	三级指标	$\dfrac{\text{财政支出决算数}}{\text{财政支出预算数}} \times 100\%$

续表1-1

指标名称	指标方向	指标类别	定义
d. 债务余额控制情况	正	三级指标	$\dfrac{\text{年末地方政府债务余额}}{\text{本年地方政府债务余额限额}} \times 100\%$
2. 治理水平		二级指标	
a. 财政公开度	正	三级指标	$\dfrac{\text{公布的财政数据量}}{\text{全部财政数据量}} \times 100\%$
b. 预算管理指数	负	三级指标	收入偏离比例 = （｜一般公共预算收入决算 − 一般公共预算收入预算｜）/ 一般公共预算收入预算 支出偏离比例 = （｜一般公共预算支出决算 − 一般公共预算支出预算｜）/ 一般公共预算支出预算
c. 高质量发展综合绩效评价	正	三级指标	全员劳动生产率 = $\dfrac{\text{GDP}}{\text{年平均从业人数}}$ 全员劳动生产率增长率 = （本年全员劳动生产率 − 上一年全员劳动生产率）/ 上一年全员劳动生产率

在系统综合评价的实践中，并非评价指标越多越好，但也不是越少越好，评价指标过多，存在重复性，会受干扰；评价指标过少，可能所选的指标缺乏足够的代表性，会产生片面性。建立评价指标体系时，应该遵循系统性、一致性、独立性、可追溯性、科学性、可比性、直接性和间接性相结合的原则。本报告所用三级指标的选用依据如下。

（1）年初GDP增长目标：参照徐现祥和梁剑雄（2014）、刘淑琳（2019）等的做法，本报告采用地级市的政府工作报告所报告的GDP增长目标来度量地方政府的年初GDP增长目标。对于收集得来的数据，本报告进行如下处理：带有"约""左右""高于"等修饰词的目标表述，以具体数字为准；区间目标则取中值；如设置目标时采用"保持与全省平均水平同步"等表述，则取其所在省份的年终GDP增长率实际值作为该市的年初GDP增长目标。

（2）年初财政收入、支出目标：有文献直接使用财政收支预算的数据本身（容开建、宋晨晨，2018），还有学者使用财政预算的增长率（何承文，2021）来计算。考虑数据的易得性以及数据的年份数量的考量，本报告选用一般公共预算收支预算数/GDP 预算数来衡量。其中，GDP 预算数不可得，采用（1+GDP 预期增长率）×上一年 GDP 实际值的方法进行估算。

（3）地方债务余额限额目标：关于测算债务余额限额目标的方式有许多。部分研究报告仿照债务率，即地方政府债务余额与地方政府当年财政收入的比率，采用债务余额限额/地方政府财政支出，这一做法能更好地反映地方政府的负债规模。向辉和俞乔（2020）在探讨债务限额的问题上采用了人均公共债务和人均公共债务增长率，用人均债务规模作为衡量各市债务水平的指标，具有一段时间内稳定性较好的特点。周金飞和金洪飞（2018）以及许多国外的学者采用了债务余额限额/GDP 这一指标，包括年末一般债务余额限额/GDP 和年末专项债务余额限额/GDP，这一做法的好处在于可以一定程度上反映政府对债务的依赖程度，同时与人均公共债务相比，GDP 的数据更加易获得和全面。本报告借鉴周金飞和金洪飞（2018）的做法，采用债务限额与 GDP 之比测算当年政府债务余额限额目标。

（4）人均财力：本报告借鉴《中国各地区财政发展指数 2018 年报告》的做法，采用人均财力指标，即一般公共预算收入/人口来衡量地方财政收入规模，说明地方财政规模的差异。

（5）财政依存度：俗称宏观税负。根据财政收入的不同口径，衡量宏观税负也有不同的口径，从小到大分别是：税收收入占 GDP 的比重；公共财政收入占 GDP 的比重；一般公共预算收入加政府性基金收入、国有资本经营预算收入、社会保障基金收入后的合计占 GDP 的比重。我们取其中，选择公共预算财政收入占 GDP 的比重。本报告借鉴李敏和常涛（2016）的做法，采用了一般公共预算收入/GDP 衡量当地的宏观税赋水平，说明当地政府的宏观调控能力。

（6）税收比率：税收收入是财政收入的主要来源。本报告参考李敏和常涛（2016）的做法，采用税收收入占财政收入的比重，即税收收入/一般公共预算收入衡量税收来源的稳定性。该指标越大，表明该地区的财政来源越稳定，应债能力越强。

（7）政府性基金收入比：当前我国财政预算和决算体系中，财政收入主要包括一般公共预算收入、政府性基金收入、国有资本经营预算收入和社会保基金收入。其中，国有资本经营预算收入占财政总收入的比重很小。社会保障基金的收支体系相对独立，且风险得到国家宏观财力的兜底。一般公共预算收入与政府性基金收入对地方财政可持续性影响重大，因此，本报告选用政府性基金收入占一般公共预算收入和政府性基金收入之和的比重来衡量收入结构的合理性。

（8）土地财政依存度：在地方政府性基金收入中，国有土地使用权出让收入是其主要支柱。本报告参考杜彤伟等（2019，《财贸经济》）、《中国各地区财政发展指数2018年报告》的做法，用国有土地使用权出让收入/一般公共预算收入来衡量地方财政对土地出让金的依赖程度。

（9）转移支付依存度：转移支付是地方财政收入的重要来源，但目前各省市关于转移支付的统计口径尚未统一。本报告参考Wind、Ceic数据库上的统计口径，采用一般公共预算收入里面的上级补助收入作为度量口径；并参考杜彤伟等（2019，《财贸经济》）、《中国各地区财政发展指数2018年报告》的做法，用上级补助收入/一般公共预算收入来衡量地方财政对上级转移支付的依存度。

（10）人均支出：参考"太原市构建发展型财政研究"课题组（2008）的做法，本报告采用一般公共预算支出与常住人口之比计算人均财政支出，衡量地方支出规模。

（11）财政自给率：借鉴何承文（2021）的做法，本报告采用"一般公共预算收入+政府性基金收入"与"一般公共预算支出+政府性基金支出"之比计算财政自给率，衡量一个地方财政自给的能力。

（12）支出结构：支出的4个三级指标均参照《中国各地区财政发展指数2018年报告》的做法，计算三级指标时，本报告采用支出明细/一般公共预算支出的比例的绝对值来进行度量。具体为：民生性支出占比参照《中国各地区财政发展指数2018年报告》中的民生性支出占比，但本报告与其不同之处在于，民生性支出除教育、医疗、社会保障和就业支出以外，还包括科学技术、文化旅游体育与传媒、住房保障支出。同时，为了进一步呈现民生性支出的内部结构，本报告将科学技术支出占比、社会保障和就业支出占比也作为三级指标。一般公共服务支出占比参照《中国各地区财政发展指数2018年报告》中的行政管理支出占比，测算公式为一般公共服务支出/一般公共预算支出。为了能够与其他三级指标共同参与计算，在进一步计算之前，对支出结构的4个三级指标均进行了标准化处理，其中，民生支出占比、科学技术支出占比和社会保障和就业支出占比使用正向标准化，而一般公共服务支出占比使用负向标准化。

（13）政府负债率：许多学者采用债务余额/GDP来衡量政府债务负担，如李晓红（2017）在中国地方政府债务规模测算分析中，以债务余额与当年GDP的比率测算债务负担。刁伟涛（2016）在地方政府债务与经济增长的典型化数据和描述性分析中，以债务规模与名义GDP的比值作为地方政府负债率的测算。

（14）债务结构：债务又可以分为一般债务和专项债务，二者对地方财政可持续的影响可能存在不同。因此，参考庄佳强（2021）的做法，分别考虑一般债务与专项债务来衡量债务结构，并以一般/专项债务余额与GDP的比值分别进行测算。

（15）GDP增长目标完成率：参照于永泽等（2019）的做法，本报告采用GDP实际增长率与年初地方政府设定的GDP目标增长率之间的差值对GDP增长目标完成率进行度量。针对非具体的GDP增长率目标，本报告进行了相应处理：如若某地级市在设定GDP增长率目标时采用"保持与全省平均水平一致"等表述，则将其所在省年终GDP增长率实际值作为该市GDP增长率目标；如若某地级市在设定GDP增长率目标时采用"保持在××%～××%之间"等表述，则将该区间的中值作为其GDP增长率目标。

（16）财政收入/支出目标完成率：由于财政收入/支出目标完成率属于政府部门在进行绩效评价时经常采用的指标，故而相关衡量方法相对而言较为成熟规范。根据财政部《预算绩效评价共性指标体系框架》（财预〔2013〕53号）等文件，并参考毛成银和任蓝青（2017）的做法，本报告采用政府部门和学术界常用的衡量指标。

（17）债务余额控制情况：参考中央财经大学刘洪芳《我国地方政府债务信用评估体系构建研究》、《地方政府债务信息公开办法（试行）》的通知（财预〔2018〕209号）以及《浅谈加强政府债务管理的对策建议》等文件，本报告采用年末地方政府债务余额/本年地方政府债务限额×100%来衡量。

（18）财政公开度：从2012年起，清华大学每年都发布《中国市级政府财政透明度研究报告》，对象为294个地级及以上城市和385个县级市。该报告采用打分制，指标体系包括机构设置、市级政府预算与预算执行情况、其他重要的财政信息和三大原则四大部分，对于每一项具体指标，制定了相应的分值和评分标准。《中国市级政府财政透明度研究报告》时间很新，2020年及以前年份的数据均可得，研究对象为市级政府，符合我们的需求，因此，本报告直接对其进行借鉴。

（19）预算管理指数：参照《中国各地区财政发展指数2018年报告》的做法，本报告采用支出/收入决算总数与预算总数相比的偏离比例的绝对值来进行度量，偏离程度越低，则说明政府预算管理做得越好。具体的测算公式为：支出/收入偏离比例=〔（支出/收入决算－支出/收入预算）/支出/收入预算〕。本报告还将支出/收入偏离比例负向标准化，以更好地呈现结果和进行横纵向对比。

（20）高质量发展综合绩效评价：参照《中华人民共和国国民经济和社会发展第十四个五年规划和2035年远景目标纲要》的做法，本报告采用全员劳动生产率的增长率来进行度量，理由如下：全员增长率可以解读经济发展，评价政府财政绩效，因此，全员劳动生产率的增长率便可以衡量经济发展和政府财政政策的可持续性。具体测算公式为：全员劳动生产率增长率 = $\frac{GDP}{年平均从业人数}$ =（本年GDP/本年常住人口 - 上一年GDP/上一年常住人口）/（上一年GDP/上一年常住人口）。本报告还将全员劳动生产率增长率正向标准化，以更好地呈现结果和进行横纵向对比。

本报告的数据来源主要有各省市统计年鉴、国民经济和社会发展统计公报、预算表、决算表、预算执行情况和预算草案及报告，Wind和Ceic数据库导出数据，各省市政府网站上的其他公开文件等。并对每个分项指标进行无量纲化处理，参考樊纲等（2011）构造市场化指数的方法，计算得出每个指数的得分，便于比较。指标权重选择为直接采用相同权重进行平均。

本报告的创新之处在于：一是目标导向。以地方经济高质量发展为目标，以年初的财政收支目标为参照，从发展目标、完成过程、绩效评价等多个方面综合评价地方财政可持续性。注重理论含义与现实含义相结合，基于实际完成情况评价可持续性。二是着眼地方。以地市为研究对象，反映省级和国家的财政可持续性。地方财政是国家财政的重要组成部分，财政风险主要集中在地方。团队以往在地方政府行为上有扎实的研究基础，基于地方政府的治理逻辑研究财政可持续性。三是聚焦高质量。财政高质量包括两方面：财政本身的高质量和财政服务于经济高质量发展。一方面，新阶段地方财政收支矛盾加剧，如何提高财政收支效率，成为维持财政可持续性的关键；另一方面，财政是地方各级政府进行治理、提供公共服务的基础支撑，需要从区域经济的高质量发展绩效来评价财政可持续性。

第二节　地方财政可持续指数

一、省际比较

2020年各省（自治区、直辖市）中，上海、西藏、北京和浙江的财政可持续指数居于前列，均超过5，财政持续性强。其中，上海最高，达5.2。吉林和内蒙古的财政可持续指数较低，均低于4.2，财政稳定性欠佳。其中，内蒙古最低，仅为4.08。大部分省份的地方财政可持续指数的三年（以下文中的"三年"均指2018—2020年）均值高于2020年的值，呈下降趋势，只有青海的三年均值明显低于2020年的值，出现上涨。见图1-1。

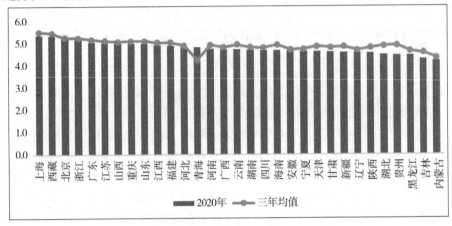

图1-1　地方财政可持续指数的省际对比

二、重要地级行政区比较

2020年财政可持续指数排名前30的地级行政区由高到低依次为：深圳市、珠海市、杭州市、苏州市、南京市、宁波市、厦门市、合肥市、甘孜州、广州市、无锡市、玉树州、嘉兴市、舟山市、青岛市、烟台市、长沙市、晋城市、绍兴市、湖州市、芜湖市、福州市、榆林市、中山市、郑州市、温州市、济南市、长治市、吕梁市、韶关市。其中，排名最高的是深圳市，2020年的值为5.83，三年平均值为5.93。见图1-2。

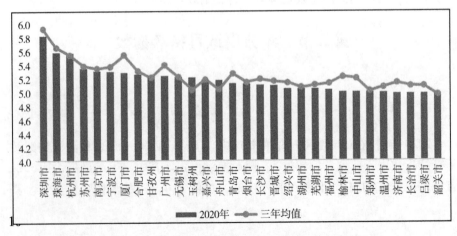

图1-2　2020年前30地区的地方财政可持续指数

2020年财政可持续指数排名前30的地级行政区中，隶属浙江省的地级行政区数量最多，有7个。其次是广东省，隶属广东省的地级行政区有5个。隶属江苏省的地级行政区、山东省的地级行政区、山西省的地级行政区各有3个，隶属安徽省的地级行政区与福建省的地级行政区各有两个，隶属河南省的地级行政区、湖南省的地级行政区、青海省的地级行政区、陕西省的地级行政区和四川省的地级行政区各有1个。

除韶关市、无锡市、玉树州、甘孜州、杭州市、舟山市在2020年财政可持续指数高于2018—2020年三年平均财政可持续指数，其他排名前30的地级行政区财政可持续指数在2020年均低于2018—2020年三年平均财政可持续指数。其中厦门市低的最多，2020年财政可持续指数比2018—2020年三年平均财政可持续指数低了0.26，玉树州高的最多，2020年财政可持续指数比2018—2020年三年平均财政可持续指数高了0.18。见图1-3。

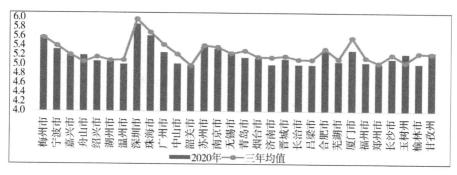

图1-3　2020年前30地区的地方财政可持续指数（按省份排）

三、分省份地级行政区比较

（一）北京

2020年北京地方财政可持续指数最高的是丰台区，2018—2020年分别为5.09、4.95和7.71，均值为5.92。最低的是怀柔区，三年分别为5.49、5.07和4.27，均值为4.94。2018—2020年，北京各区财政可持续指数均值分别为5.21、5.04和5.05，呈现先下降后有所回升趋势。除了丰台区和延庆区有上升，其他地区三年都有一定的下降。丰台区2020年指标较大，是由于绩效评价改善。之前两年丰台区绩效指标不超过7，但在2020年达到7.71。见图1-4。

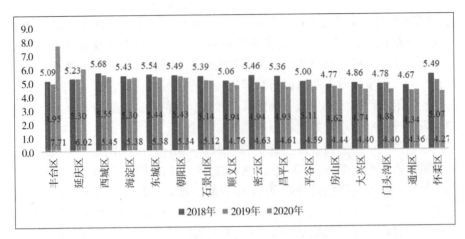

图1-4 北京各区地方财政可持续指数对比

(二) 天津

2020年天津地方财政可持续指数最高的是河西区，2018—2020年分别为5.12、5.09和5.12，均值为5.11。最低的是蓟州区，三年分别为4.80、4.25和3.62，均值为4.22。2018—2020年，天津各区财政可持续指数均值分别为4.98、4.66和4.49，呈现下降趋势。除了滨海新区有所上升，其余各区均呈现下降趋势，其中静海区降幅最大，达到25%。2018年津南区财政可持续指数较其他两年比较突出，原因是2018年津南区的发展目标指数、完成过程指数和绩效评价指数是三年最高的。见图1-5。

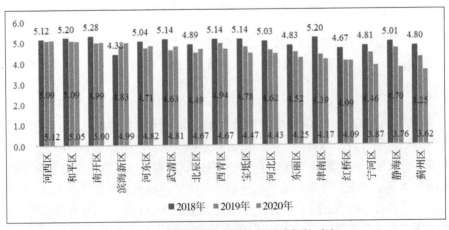

图1-5 天津各区地方财政可持续指数对比

（三）河北

2020年河北地方财政可持续指数最高的是廊坊市，2018—2020年分别为5.17、5.18和4.94，均值为5.10。最低的是承德市，三年分别为4.43、4.52和4.37，均值为4.44。2018—2020年，河北各市财政可持续指数均值分别为4.78、4.78和4.70，呈现一定的下降趋势。唐山市2018年财政可持续指数比较突出，这是由于完成过程指数较高，比其他两年多出了20%。见图1-6。

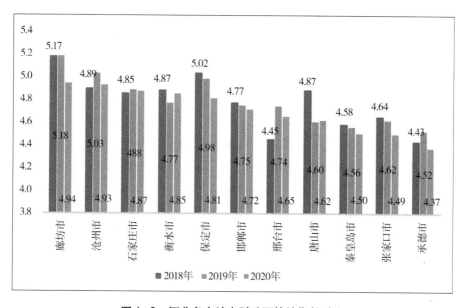

图1-6 河北各市地方财政可持续指数对比

（四）山西

2020年山西地方财政可持续指数最高的是晋城市，2018—2020年分别为5.25、5.12和5.10，均值为5.16。最低的是阳泉市，三年分别为4.86、4.72和4.61，均值为4.73。2018—2020年，山西各市财政可持续指数均值分别为4.95、4.95和4.85，呈现一定的下降趋势。长治市2018年的数值较高，这是因为2018年长治市的发展目标指数、完成过程指数以及绩效评价指数都是三年里最高的。见图1-7。

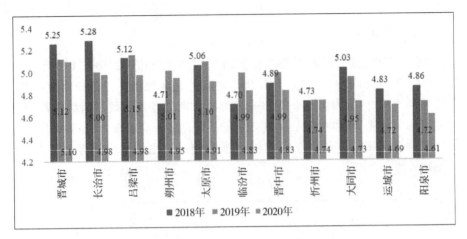

图1-7 山西各市地方财政可持续指数对比

(五) 内蒙古

2020年内蒙古地方财政可持续指数最高的是乌海市，2018—2020年分别为4.83、4.65和4.59，均值为4.69。最低的是阿拉善盟，三年分别为3.79、3.69和3.51，均值为3.66，均值比乌海市低1.03。2018—2020年，内蒙古各市财政可持续指数均值分别为4.40、4.19和4.09，呈下降趋势。全省各市均呈小幅下降趋势。其中，巴彦淖尔市降幅最大，超过12个百分点。见图1-8。

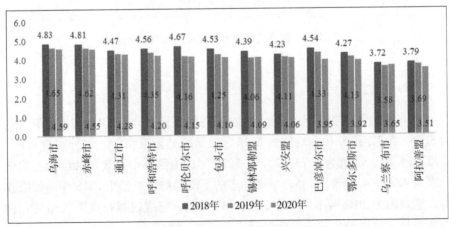

图1-8 内蒙古各市地方财政可持续指数对比

(六) 辽宁

2020年辽宁地方财政可持续指数最高的是铁岭市，2018—2020年分别为4.55、4.31和4.92，均值为4.59。最低的是朝阳市，三年分别为5.06、4.46和3.95，均值为4.49，均值比铁岭市低0.10。2018—2020年，辽宁省各市财政可持续指数均值分别为4.68、4.53和4.43，呈下降趋势。除铁岭市和辽阳市有所上升，其余各市均呈下降趋势。其中，铁岭市增幅最大，三年约增长8%；朝阳市降幅最大，超过21个百分点。朝阳市地方财政可持续指数下降最明显，2018年朝阳市的财政可持续指数位列全省第二，而2020年位列全省末位，可见朝阳市财政并不稳健。见图1-9。

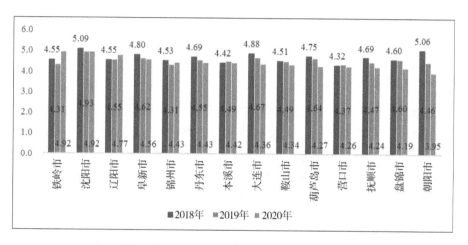

图1-9 辽宁各市地方财政可持续指数对比

(七) 吉林

2020年吉林地方财政可持续指数最高的是长春市，2018—2020年分别为4.93、4.56和4.61，均值为4.70。最低的是白山市，三年分别为4.49、4.30和3.63，均值为4.14，均值比长春市低0.56。2018—2020年，吉林省各市财政可持续指数均值分别为4.72、4.50和4.18，呈下降趋势。省内各市均呈下降趋势。其中，白山市降幅最大，超过19个百分点。白山市财政可持续指数2020年大幅下降的原因之一或许是新冠肺炎疫情，白山市的旅游业受到巨大影响。见图1-10，"＊"为市本级/市直/市级数据，由于数据统计口径不一致，故采用该类数据的地区不参与前/后30地区指标的排序。

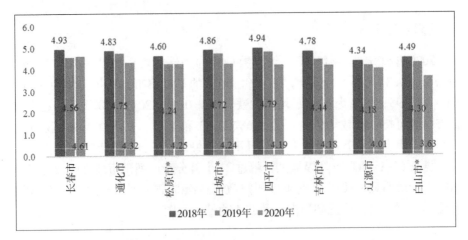

图1-10 吉林各市地方财政可持续指数对比

（八）黑龙江

2020年黑龙江地方财政可持续指数最高的是齐齐哈尔市，2018—2020年分别为4.95、4.79和4.93，均值为4.89。最低的是七台河市，三年分别为4.69、4.34和3.56，均值为4.20，均值比齐齐哈尔市低0.69。2018—2020年，黑龙江省各市财政可持续指数均值分别为4.65、4.56和4.31，呈下降趋势。全省各市均呈下降趋势。其中，七台河市降幅最大，超过24个百分点。鸡西市、鹤岗市、伊春市和七台河市2020年财政可持续指数与2019年相比降幅较大，可见这些城市在财政方面受新冠肺炎疫情影响较大。见图1-11。

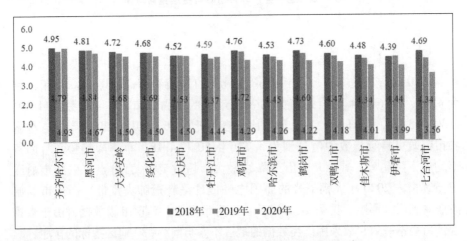

图1-11 黑龙江各市地方财政可持续指数对比

(九) 上海

2020年上海地方财政可持续指数最高的是崇明区，2018—2020年分别为5.48、5.65和5.81，均值为5.65。崇明区的地方财政可持续指数最高或许与它的财政扶持政策有关，崇明区享受市政府的海岛扶持政策，除中央收取50%的税收外，留存的50%的税全部留在崇明区，市财政局不再收取，而除了崇明区，上海市其他区还要继续收取30%～50%的地方税，所以崇明区占据了很大的政策优势。最低的是金山区，三年分别为5.15、5.33和4.57，均值为5.02，均值比崇明区低0.63。2018—2020年，上海市各区财政可持续指数均值分别为5.43、5.41和5.20，呈下降趋势。除崇明区有所上升，其余各区均呈小幅下降趋势，其中，嘉定区降幅最大，超过11个百分点。闵行区、黄浦区、奉贤区、虹口区、金山区2019年的财政可持续指数在三年中最高。见图1-12。

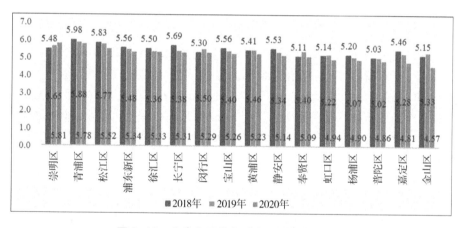

图1-12 上海各区地方财政可持续指数对比

(十) 江苏

2020年江苏地方财政可持续指数最高的是苏州市，2018—2020年分别为5.40、5.39和5.35，均值为5.38。最低的是镇江市，三年分别为4.67、4.56和4.33，均值为4.52，均值比苏州市低0.86。2018—2020年，江苏各市财政可持续指数均值分别为5.03、4.96和4.87，呈下降趋势。除连云港市有所上升，其余各市均呈小幅下降趋势。其中，盐城市降幅最大，超过9个百分点。见图1-13。

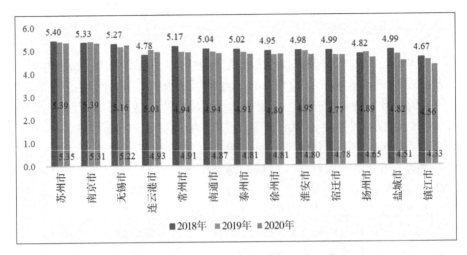

图1-13 江苏各市地方财政可持续指数对比

（十一）浙江

2020年浙江地方财政可持续指数最高的是杭州市，2018—2020年分别为5.46、5.60和5.57，均值为5.54。最低的是台州市，三年分别为5.03、4.89和4.59，均值为4.84，均值比杭州市低0.7。2018—2020年，浙江各市财政可持续指数均值分别为5.13、5.10和5.01，呈下降趋势。除杭州市、嘉兴市、湖州市和舟山市有所上升，其余各市均呈下降趋势。其中，台州市降幅最大，超过8个百分点。见图1-14。

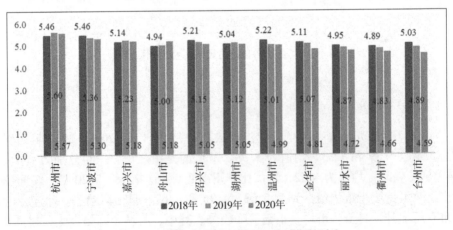

图1-14 浙江各市地方财政可持续指数对比

(十二) 安徽

2020年安徽地方财政可持续指数最高的是合肥市，2018—2020年分别为5.41、5.26和5.26，均值为5.31。最低的是亳州市，三年分别为4.25、4.29和4.10，均值为4.21，均值比合肥市低1.10。2018—2020年，安徽各市财政可持续指数均值分别为4.60、4.58和4.51，呈下降趋势。地方财政可持续指数三年均值排在后三位的依次为宿州市、亳州市、六安市，分别为4.27、4.21、4.11。各市2018—2020年三年间的发展呈平稳趋势。见图1-15。

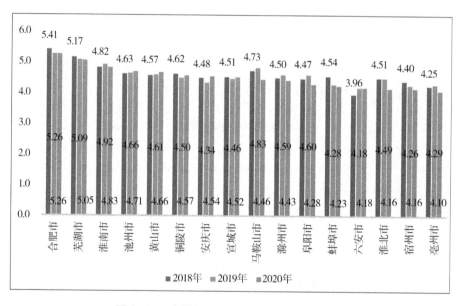

图1-15 安徽各市地方财政可持续指数对比

(十三) 福建

2020年福建地方财政可持续指数最高的是厦门市，2018—2020年分别为5.75、5.60和5.28，均值为5.54。最低的是三明市，三年分别为4.58、4.46和4.37，均值为4.47，均值比厦门市低1.07。2018—2020年，福建各市财政可持续指数均值分别为5.02、4.86和4.75，呈下降趋势。地方财政可持续指数三年均值排在后三位的依次为宁德市、南平市、三明市，分别为4.76、4.70和4.47。见图1-16。

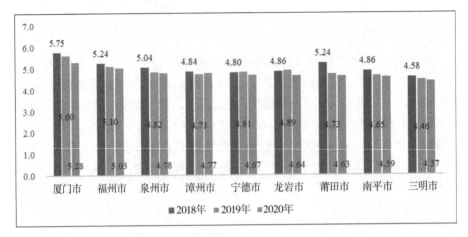

图1-16 福建各市地方财政可持续指数对比

(十四)江西

2020年江西地方财政可持续指数最高的是宜春市,2018—2020年分别为5.05、5.19和4.94,均值为5.06。最低的是萍乡市,三年分别为4.54、4.32和4.54,均值为4.47,均值比宜春市低0.59。2018—2020年,江西各市财政可持续指数均值分别为4.87、4.96和4.77,呈先上升后下降趋势。景德镇市、抚州市、南昌市、萍乡市呈小幅上升趋势,其余各市呈下降趋势。其中,景德镇市增幅最大,约为0.6个百分点;九江市降幅最大,超过3个百分点。见图1-17。

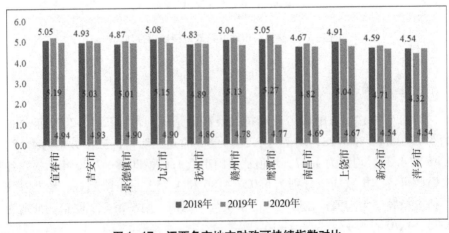

图1-17 江西各市地方财政可持续指数对比

（十五）山东

2020年山东地方财政可持续指数最高的是青岛市，2018—2020年分别为5.41、5.27和5.13，均值为5.27。最低的是临沂市，三年分别为5.05、4.83和4.59，均值为4.82，均值比青岛市低0.45。2018—2020年，山东各市财政可持续指数均值分别为5.10、4.89和4.84，呈下降趋势。所有市均呈下降趋势。其中，日照市降幅最大，超过11个百分点。日照市2019年绩效评价指数降幅超过15个百分点，2020年发展目标指数降幅超过17个百分点，因此日照市呈现出年降幅较大的趋势。见图1-18。

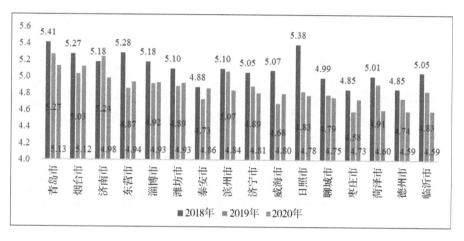

图1-18　山东各市地方财政可持续指数对比

（十六）河南

2020年河南地方财政可持续指数最高的是郑州市，2018—2020年分别为4.96、5.09和5.00，均值为5.02。最低的是信阳市，三年分别为4.61、4.69和4.14，均值为4.48，均值比郑州市低0.54。2018—2020年，河南各市财政可持续指数均值分别为4.78、4.95和4.61，没有明显的上升或下降趋势。除驻马店市呈下降趋势以外，其余各市均先上升后下降，2019年最高。其中，焦作市波动幅度最大，三年标准差达到42.84%。总体而言，河南各市财政可持续水平相差不大，大多在4～5之间。见图1-19。

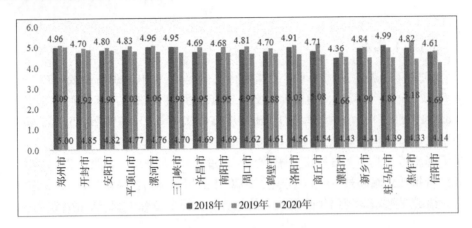

图 1-19 河南各市地方财政可持续指数对比

(十七) 湖北

2020年湖北地方财政可持续指数最高的是武汉市，2018—2020年分别为5.41、5.31和4.78，均值为5.17。最低的是恩施州，三年分别为5.11、4.77和3.63，均值为4.50，均值比武汉市低0.67。2018—2020年，湖北各市（州）财政可持续指数均值分别为4.94、4.90和4.35，呈下降趋势。其中，恩施州[①]降幅最大，同比下降29%。恩施州财政可持续指数的大幅下降主要是由于2019—2020年绩效评价指数大幅下降了53.42%。见图1-20。

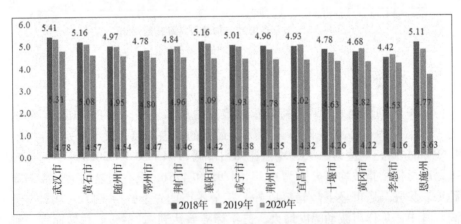

图 1-20 湖北各市（州）地方财政可持续指数对比

---

① 本书为行文方便计，对于有的地名采用简称，如恩施土家族苗族自治州简称为恩施州。其余同。

(十八) 湖南

2020年湖南地方财政可持续指数最高的是长沙市，2018—2020年分别为5.24、5.22和5.10，均值为5.19。最低的是怀化市，三年分别为4.22、4.30和4.17，均值为4.23，均值比长沙市低0.96。2018—2020年，湖南各市（州）财政可持续指数均值分别为4.77、4.70和4.55，呈下降趋势。除岳阳市有所上升，其余各市均呈小幅下降趋势。其中，邵阳市降幅最大，超过10个百分点。湖南各市（州）只有岳阳市的财政可持续指数逐年上升，源于其2018—2020年逐年上升的绩效评价指数。见图1-21。

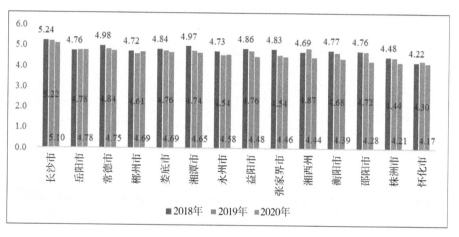

图1-21 湖南各市（州）地方财政可持续指数对比

(十九) 广东

2020年广东地方财政可持续指数最高的是深圳市，2018—2020年分别为6.14、5.83和5.83，均值为5.93。最低的是肇庆市，三年分别为4.81、4.80和4.51，均值为4.71，均值比深圳市低1.22。2018—2020年，广东各市财政可持续指数均值分别为5.14、5.02和4.88，呈下降趋势。除韶关市、阳江市、湛江市外，其余各市均呈小幅下降趋势。其中，东莞市降幅最大，超过9个百分点。总体而言，深圳市与珠海市的财政可持续水平在其他城市之上，三年均在5.5以上，其余城市财政可持续性水平相差不大。见图1-22。

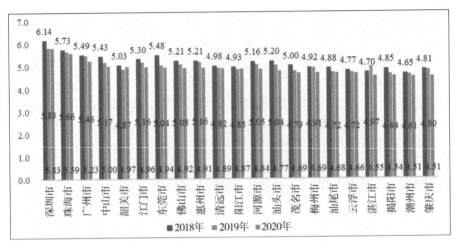

图1-22　广东各市地方财政可持续指数对比

（二十）广西

2020年广西地方财政可持续指数最高的是贵港市，2018—2020年分别为4.83、4.84和4.92，均值为4.86。最低的是崇左市，三年分别为4.62、4.45和4.20，均值为4.42，均值比贵港市低0.44。2018—2020年，广西各市财政可持续指数均值分别为4.74、4.70和4.59，呈下降趋势。除贵港市、百色市有小幅度上升趋势外，大部分呈下降趋势。其中，崇左市降幅最大，超过9个百分点。见图1-23。

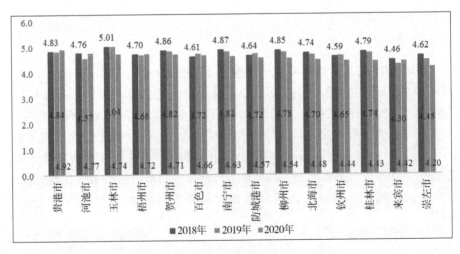

图1-23　广西各市地方财政可持续指数对比

(二十一)海南

2020年海南地方财政可持续指数最高的是三亚市,2018—2020年分别为5.13、5.23和4.86,均值为5.07。最低的是儋州市,三年分别为4.87、4.54和4.15,均值为4.52,均值比三亚市低0.55。2018—2020年,海南各市财政可持续指数均值分别为4.93、4.86和4.53,呈下降趋势。其中,儋州市降幅最大,有近15个百分点。见图1-24。

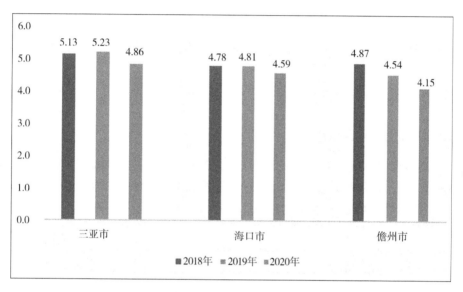

图1-24 海南各市地方财政可持续指数对比

(二十二)重庆

2020年重庆地方财政可持续指数最高的是荣昌区,2018—2020年分别为4.99、5.17和5.06,均值为5.07。最低的是大渡口区,三年分别为4.75、4.53和4.57,均值为4.62,均值比荣昌区低0.45。2018—2020年,重庆各区财政可持续指数均值分别为5.05、4.93和4.84,有下降趋势。除荣昌区、渝中区、长寿区有所上升,其余各区均呈小幅下降趋势。其中,黔江区降幅最大,超过10个百分点。见图1-25。

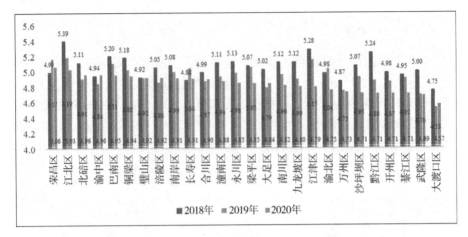

图1-25 重庆各区地方财政可持续指数对比

(二十三) 四川

2020年四川地方财政可持续指数最高的是甘孜州,2018—2020年分别为5.15、5.23和5.25,均值为5.21。最低的是巴中市,三年分别为4.09、4.16和3.89,均值为4.05,均值比甘孜州低1.16。2018—2020年,四川各市(州)财政可持续指数均值分别为4.68、4.71和4.55,波动较小。除甘孜州、阿坝州、内江市、达州市有所上升,其余各市(州)均呈不同幅度下降趋势。其中,成都市降幅最大,接近7个百分点。见图1-26。

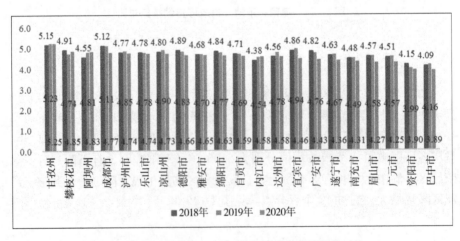

图1-26 四川各市(州)地方财政可持续指数对比

(二十四) 贵州

2020年贵州地方财政可持续指数最高的是黔南州，2018—2020年分别为4.71、7.49和4.65，均值为5.62。最低的是铜仁市，三年分别为4.47、4.22和4.02，均值为4.24，均值比铜仁市低1.38。2018—2020年，贵州各市（州）财政可持续指数均值分别为4.67、5.26和4.33，波动较小。三年各市（州）均呈不同幅度下降趋势。其中，六盘水市降幅最大，高达12个百分点。见图1-27。

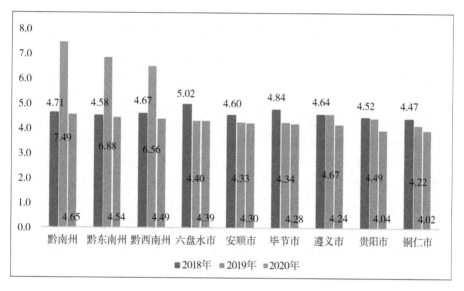

图1-27 贵州各市（州）地方财政可持续指数对比

(二十五) 云南

2020年云南地方财政可持续指数最高的是怒江州，2018—2020年分别为5.09、5.07和4.92，均值为5.03。最低的是临沧市，三年分别为4.77、4.98和4.26，均值为4.67，均值比怒江州低0.36。2018—2020年，云南各市（州）财政可持续指数均值分别为4.88、4.91和4.57，呈下降趋势。除德宏州有所上升，其余各市（州）均呈小幅下降趋势。其中，丽江市降幅最大，超过11个百分点。见图1-28。

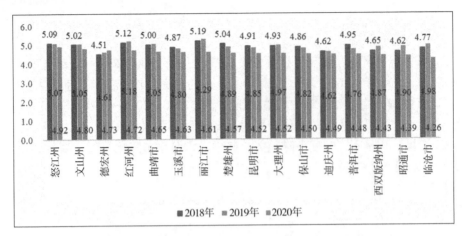

图 1-28　云南各市（州）地方财政可持续指数对比

（二十六）西藏

2020 年西藏地方财政可持续指数最高的是拉萨市，2018—2020 年分别为 5.99、6.05 和 5.92，均值为 5.99。最低的是日喀则市，三年分别为 4.87、4.54 和 4.57，均值为 4.66，均值比拉萨市低 1.33。2018—2020 年，西藏各市财政可持续指数均值分别为 5.56、5.15 和 5.17，有下降趋势。各市均呈现不同幅度的下降趋势。其中，那曲市降幅最大，2018 年为 5.77，2020 年仅为 4.59，降幅超过 20 个百分点。见图 1-29。

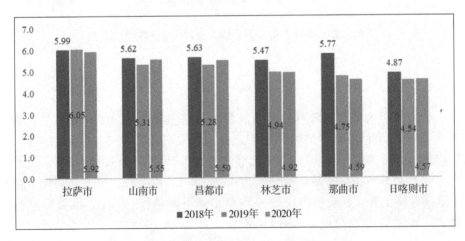

图 1-29　西藏各市地方财政可持续指数对比

(二十七) 陕西

2020年陕西地方财政可持续指数最高的是榆林市，2018—2020年分别为5.30、5.37和5.00，均值为5.22。最低的是安康市，三年分别为4.44、4.38和3.82，均值为4.21，均值比榆林市低1.01。2018—2020年，陕西各市财政可持续指数均值分别为4.86、4.68和4.42，呈下降趋势。其中，商洛市降幅最大，超过17个百分点。见图1-30。

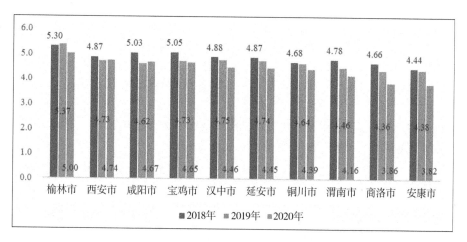

图1-30 陕西各市地方财政可持续指数对比

(二十八) 甘肃

2020年甘肃地方财政可持续指数最高的是天水市，2018—2020年分别为4.79、4.79和4.70，均值为4.76。最低的是陇南市，三年分别为4.86、4.88和4.26，均值为4.67，均值比天水市低0.09。2018—2020年，甘肃各市（州）财政可持续指数均值分别为4.85、4.67和4.46，呈下降趋势。其中，嘉峪关市降幅最大，超过14个百分点。见图1-31。

(二十九) 青海

2020年青海地方财政可持续指数最高的是玉树州，2018—2020年分别为4.60、5.28和5.21，均值为5.03。最低的是黄南州，三年分别为5.26、4.97和4.25，均值为4.83，均值比玉树州低0.20。2018—2020年，青海各市（州）财政可持续指数均值分别为4.85、2.84和4.67，呈先下降后上升

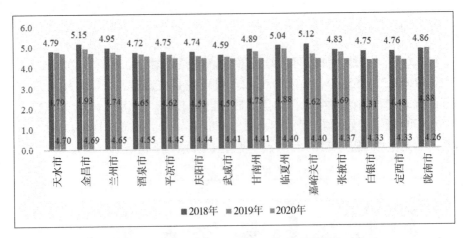

图1-31 甘肃各市（州）地方财政可持续指数对比

趋势。除玉树州、海东市有所上升，其余各市（州）均呈下降趋势。其中，黄南州降幅最大，超过19个百分点。见图1-32。

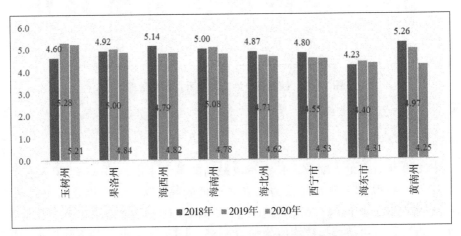

图1-32 青海各市（州）地方财政可持续指数对比

（三十）宁夏

2020年宁夏地方财政可持续指数最高的是银川市，2018—2020年分别为4.82、4.50和4.72，均值为4.68。最低的是中卫市，三年分别为4.50、4.67和4.23，均值为4.47，均值比银川市低0.21。2018—2020年，宁夏各市财政可持续指数均值分别为4.73、4.53和4.50,呈下降趋势。宁夏各市均呈小幅下降趋势。其中,固原市降幅最大,超过7个百分点。见图1-33。

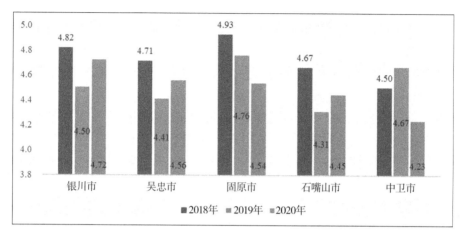

图1-33 宁夏各市地方财政可持续指数对比

(三十一)新疆

2020年新疆地方财政可持续指数最高的是阿克苏地区,2018—2020年分别为5.16、4.95和4.81,均值为4.97。最低的是克孜勒苏州,三年分别为5.01、4.37和4.03,均值为4.47,均值比阿克苏地区低0.50。2018—2020年,新疆财政可持续指数均值分别为4.97、4.68和4.45,呈下降趋势。其中,克孜勒苏州降幅最大,超过19个百分点。见图1-34。

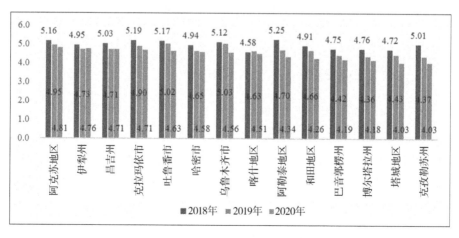

图1-34 新疆地方财政可持续指数对比

第三节　发展目标指数

本部分介绍发展目标指数。该指数由 GDP 增长目标、财政收入目标、财政支出目标、债务存量目标 4 个二级指标构成，本年 4 个二级指标又划分为年初 GDP 增长目标、年初财政收入目标、年初财政支出目标、本年地方债务余额限额目标 4 个三级指标，具体见表 1-2。

表 1-2　发展目标指数

指标名称	指标方向	指标类别	指标定义
发展目标指数		一级指标	
1. GDP 增长目标	正	二级指标	
a. 年初 GDP 增长目标	正	三级指标	每年 GDP 预计增长率
2. 财政收入目标	正	二级指标	
a. 年初财政收入目标	正	三级指标	$\dfrac{一般公共预算收入预算数}{(1+预期GDP)\times 上一年GDP}$
3. 财政支出目标	正	二级指标	
a. 年初财政支出目标	正	三级指标	$\dfrac{一般公共预算支出预算数}{(1+预期GDP)\times 上一年GDP}$
4. 债务存量目标	负	二级指标	
a. 本年地方债务余额限额目标	负	三级指标	$\dfrac{一般债务余额限额+专项债务余额限额}{上一年GDP\times(1+预期增长率)}$

一、发展目标指数的平均趋势

（一）一级指数的平均趋势

2018—2020 年我国发展目标指数分别为 4.28、4.10 和 3.81，呈下降趋势。2020 年同比下降 7.1 个百分点，2019 年同比下降 4.2 个百分点。见图 1-35。

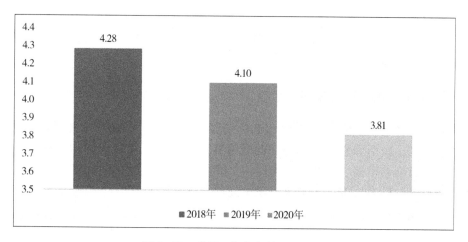

图1-35 发展目标指数的平均趋势

（二）三级指数的平均趋势

从2018年到2020年，年初GDP增长目标由7.7%变为7.1%而后变为6.3%，呈现下降趋势。对于财政收支目标，年初财政收入目标指数在2018—2020年分别为3.35、3.26、3.11，逐年下降；年初财政支出目标指数在2018—2020年分别为1.54、1.55、1.48，整体波动不大。本年地方债务余额限额目标在2018—2020年分别为7.88、7.68、7.35，逐年下降。见图1-36。

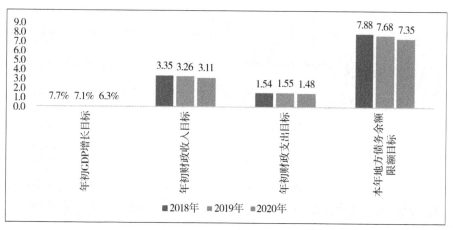

图1-36 发展目标指数的平均趋势

二、发展目标指数的省际比较

(一) 一级指数的省际比较

2020年发展目标指数排名前五位的省（自治区、直辖市）为西藏、上海、浙江、山西和青海。其中，西藏最高，达5.74。发展目标指数排名后五位的省（自治区、直辖市）为四川、陕西、吉林、内蒙古和安徽。其中，安徽最低，仅为3.27。大部分省份的发展目标指数的三年均值高于2020年值，说明该指标整体上呈现下降趋势。见图1-37。

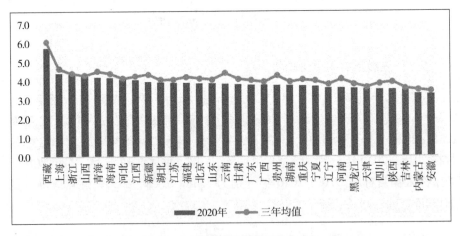

图1-37 发展目标指数的省际对比

(二) 三级指数的省际比较

1. 年初GDP增长目标

2020年，年初GDP增长目标排名前三位的省（自治区、直辖市）为西藏、贵州和江西，均超过8%。其中，西藏最高，达9.3%。黑龙江、吉林、天津和河南的年初GDP增长目标较低，均低于5.5%。其中，河南最低，仅为4.8%。从2018年到2020年，各省份的年初GDP增长目标指数呈现整体下降趋势。究其原因：其一，中国经济正处于从高速增长转为中高速增长的经济新常态；其二，受新冠肺炎疫情影响，部分省份的地级市在设置经济增长目标时较为保守。

贵州、云南、四川、陕西和河南的年初 GDP 增长目标的 2020 年值和三年均值差异较大。举例来说，河南在 2018—2019 年还保持在全国中上游水平，2020 年居于末位；云南在前两年都居于第三名，2020 年降到中游水平。原因是这几个省的大部分地级市在新冠肺炎疫情发生后发布政府工作报告，因此 2020 年的 GDP 增长目标大多描述成"维持全省/全国平均水平"，在处理数据中将这部分数据转化为"2020 年全省/全国的实际 GDP 增长率"，故 2020 年数值会与前两年产生较大差异。见图 1-38。

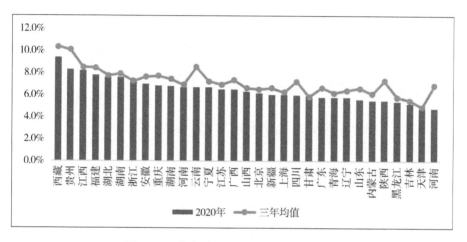

图 1-38　年初 GDP 增长目标的省际对比

2. 年初财政收入目标

2020 年，年初财政收入目标指数排名前三位的省（自治区、直辖市）为上海、海南和浙江，均超过 4.50。其中，上海最高，达 5.40。重庆、湖北、湖南、安徽的年初财政收入目标指数最低，均低于 2.20。其中，安徽最低，仅为 1.43。见图 1-39。

大部分省份的年初财政收入目标指数的三年均值高于 2020 年值，说明该指标整体上呈现下降趋势。福建财政收入目标指数三年均值与 2020 年值差异最大，经研究发现，福建各地级市的财政收入预算在三年内先上升后下降，但是预算 GDP 不断增长，这就导致 2020 年的财政收入目标指数有了较大水平的下降。

3. 年初财政支出目标

2020 年，年初财政支出目标指数排名前三位的省（自治区、直辖市）为西藏、青海和甘肃，均超过 3.50。其中，西藏最高，达 4.75。重庆、江

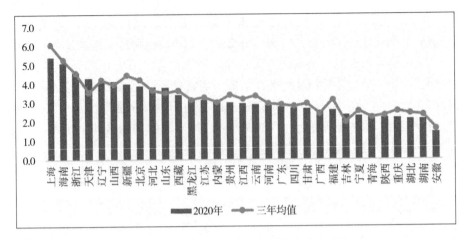

图 1-39　年初财政收入目标指数的省际对比

苏、福建、安徽的年初财政支出目标指数最低,均低于 1.00。其中,安徽最低,仅为 0.40。

大部分省份的年初财政支出目标指数的三年均值和 2020 年值重合,说明该指标在 2018—2020 年整体上基本稳定。西藏、青海、甘肃和宁夏年初财政支出目标指数的 2020 年值和三年均值差异较大。比较突出的是青海和甘肃,青海 2018 年和 2019 年的财政支出目标在 5.00 以上,而 2020 年就迅速下降到 4.67;甘肃 2018 年和 2019 年的财政支出指数都达到 3.40,而 2020 年只有 2.82。这可能是由于国家区域发展战略开始从数量扩张型转为质量提升型,对西部的帮扶要更多体现在质量上,因此他们的支出预算也有所减少。见图 1-40。

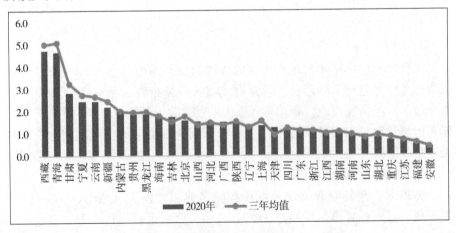

图 1-40　年初财政支出目标指数的省际对比

4. 本年地方债务余额限额目标

2020年,地方债务余额限额目标排名前七位的省(自治区、直辖市)为河南、西藏、湖北、江苏、重庆、广东和山西,标准化后的数据均超过8。[①] 其中,河南最高,标准化后的数据达到了8.5。内蒙古、新疆和贵州的地方债务余额限额的平均值较低,标准化后的数据均低于6。其中,贵州最低,仅为5.2。大部分省份的地方债务余额限额负向标准化后的三年均值高于2020年值,说明地方债务余额限额目标得分呈下降趋势,地方债务余额限额整体上呈现上升趋势。

天津地方债务余额限额2020年值与三年平均值差异最大,原因是天津从2018年到2020年大幅度提高了专项债务余额限额,这或许是天津市政府为应对GDP连年下降而出台的举措。见图1-41。

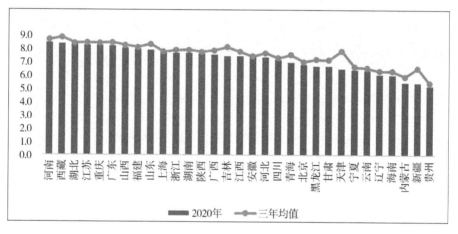

图1-41 地方债务余额限额目标的省际对比

三、发展目标指数的重要地级行政区比较

(一)一级指数的重要地级行政区比较

2020年发展目标指数排名前30的地区依次为:怒江州、玉树州、德宏州、甘孜州、果洛州、舟山市、三亚市、厦门市、吕梁市、廊坊市、杭州

---

① 此指标为负向指标,值越高代表越差。

市、宁波市、苏州市、景德镇市、上饶市、南京市、长沙市、晋城市、贵港市、榆林市、吉安市、太原市、长治市、宜春市、朝阳市、嘉兴市、齐齐哈尔市、黄南州、文山州、九江市，均超过4.3。其中，云南怒江州最高，达5.4。从2018年到2020年，排名前30地区的发展目标指数整体呈现下降趋势，只有德宏州、舟山市、贵港市和齐齐哈尔市出现明显上涨。观察排名前30地区的分布，位于江西、浙江和山西的地级市最多。见图1-42。

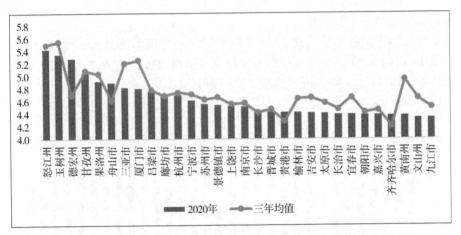

图1-42　2020年排名前30地区的发展目标指数

2020年发展目标指数排名后30的地区依次为：巴中市、安康市、广元市、资阳市、抚顺市、渭南市、辽源市、信阳市、阿拉善盟、临沧市、乌兰

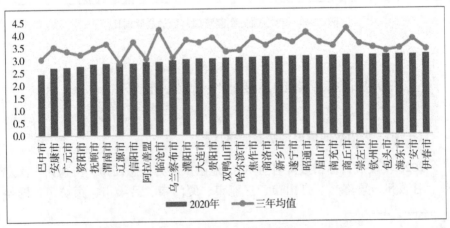

图1-43　2020年排名后30地区的发展目标指数

察布市、濮阳市、大连市、贵阳市、双鸭山市、哈尔滨市、焦作市、商洛市、新乡市、遂宁市、昭通市、眉山市、南充市、商丘市、崇左市、钦州市、包头市、海东市、广安市、伊春市。其中，四川巴中市最低，为 2.43。从 2018 年到 2020 年，排名后 30 地区的发展目标指数整体呈现下降趋势。观察排名后 30 地区的分布，位于河南和四川的地级市最多。见图 1-43。

（二）三级指数的重要地级行政区比较

1. 年初 GDP 增长目标

2020 年初 GDP 增长目标指数排名前 30 的地区依次为：德宏州、怒江州、文山州、迪庆州、舟山市、遵义市、黔南州、安顺市、黔西南州、保山市、宁德市、贵港市、六盘水市、毕节市、铜仁市、黔东南州、百色市、赣州市、吉安市、九江市、曲靖市、泸州市、衡阳市、绵阳市、乐山市、萍乡市、莆田市、南昌市、福州市、阜阳市。其中，云南德宏州最高，达 15%，其他地区则处于 8%～10% 区间。从 2018 年到 2020 年，排名前 30 地区的年初 GDP 增长目标指数整体呈现下降趋势，只有德宏州与舟山市出现明显上涨。

年初 GDP 增长目标前 10 中云南与贵州两省地级市共占据 9 席，前 30 中约占 2/3。由此可以看出，年初 GDP 增长目标指数排名前列的地区大部分是我国中西部地区，如云南、贵州、广西、江西、四川等，说明这些地区仍待发展，且具有一定的发展潜力。见图 1-44。

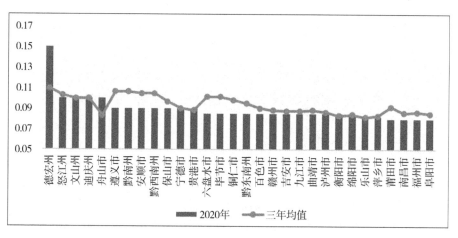

图 1-44　2020 年排名前 30 地区的年初 GDP 增长目标指数

2020 年初 GDP 增长目标指数排名后 30 的地区依次为：凉山州、大连市、濮阳市、渭南市、新乡市、焦作市、三门峡市、商丘市、驻马店市、洛阳市、信阳市、呼伦贝尔市、抚顺市、安康市、海北州、聊城市、滨州市、临沂市、日照市、成都市、眉山市、资阳市、巴中市、广安市、广元市、陇南市、铜陵市、鄂尔多斯市、汕头市、大理州。2018—2020年三年均值明显高于2020年值,说明GDP增长目标整体呈现下降趋势。

这些地区2020年初GDP增长目标指数处于2.3%~4%的区间,原因是受新冠肺炎疫情影响,在2020年2月后发布政府工作报告的地级市会将GDP增长目标设置得较为保守,例如,安康市、抚顺市将GDP增长目标数值直接调低至3%;河南大部分地级市2020年GDP增长目标为"与全国同步/保持全国平均水平",因此将其转化为2020年全国GDP实际增长率,即2.3%。也存在部分城市受限于本身的经济发展水平,设置GDP增长目标数值较小,如内蒙古呼伦贝尔市和青海海北州。见图1-45。

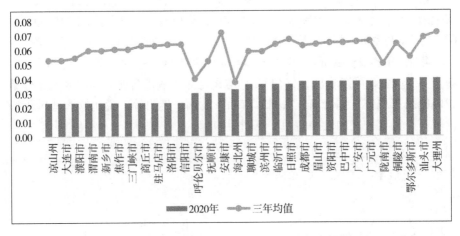

图1-45 2020年排名后30地区的年初GDP增长目标指数

2. 年初财政收入目标

2020年初财政收入目标指数排名前30的地区依次为:三亚市、杭州市、七台河市、宁波市、吕梁市、厦门市、廊坊市、盘锦市、辽阳市、苏州市、海口市、甘孜州、南京市、舟山市、张家口市、沈阳市、晋中市、嘉兴市、郑州市、湖州市、葫芦岛市、青岛市、景德镇市、海西州、阿拉善盟、晋城市、滨州市、石家庄市、珠海市、淄博市,均在4.46以上。其中,海南三亚市最高,达7.68,其他地区的区间为4.46~6.04。

比较2020年值与三年均值,只有福建厦门市的三年均值明显高于2020

年值,大多数地区的 2020 年值与三年均值相近或者略高于 2020 年值,说明 2018—2020 年地级市的财政收入目标指数整体呈现稳定趋势。而厦门市的三年均值与 2020 年值存在一定差距,这是因为厦门市的一般公共预算增长幅度小于 GDP 幅度,因此,财政收入目标指数不断降低。见图 1-46。

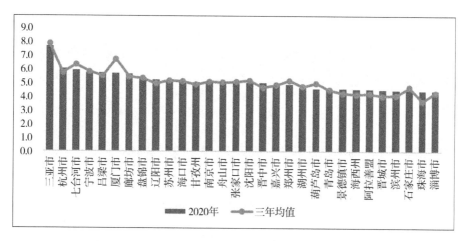

图 1-46　2020 年排名前 30 地区的财政收入目标指数

2020 年初财政收入目标指数排名后 30 的地区依次为：商洛市、安康市、辽源市、黄南州、汉中市、揭阳市、海东市、宝鸡市、随州市、汕尾市、玉树州、咸阳市、三明市、钦州市、自贡市、益阳市、岳阳市、茂名市、内江市、石嘴山市、崇左市、迪庆州、湛江市、潮州市、周口市、泉州市、绵阳市、信阳市、娄底市、南平市。其中,福建南平市最高,达到 1.81；陕西商洛市最低,为 0.65。比较 2018—2020 三年均值和 2020 年值,有 4 个地区（吉林辽源市、青海玉树州、广西钦州市、广西崇左市）2020 年值显著高于三年均值,存在上升趋势,其他地区 2020 年值相近或显著低于三年均值,说明财政收入目标有下降趋势。

吉林辽源市、青海玉树州和福建泉州市的三年均值和 2020 年值存在较大差异,辽源市和玉树州 2018 年的值较低,分别为 0.36 和 0.60,而在 2020 年分别达到了 0.86 和 1.47；泉州市则是因为 2020 年值较低,为 1.73,而在 2018 年达到了 2.41。辽源市和泉州市三年内一般公共预算收入变化不大,但是预算 GDP 有极大的变化,因此,三年均值和 2020 年值存在显著差异是预算 GDP 变化造成的；玉树州的 GDP 的变化不大,2018 年的一般公共预算收入显著低于后两年的数值,这说明玉树州的差异是一般公共预算收入变化导致的。见图1-47。

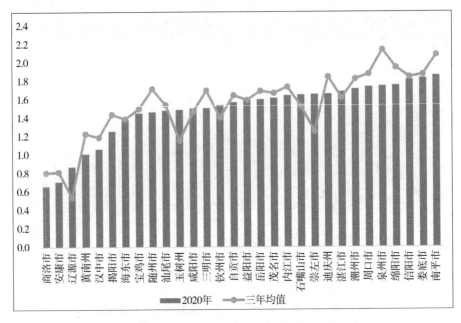

图1-47　2020年排名后30地区的财政收入目标指数对比

3. 年初财政支出目标

2020年初财政支出目标指数排名前30的地区由高到低依次为：玉树州、果洛州、怒江州、固原市、临夏州、黄南州、海北州、甘南州、兴安盟、延边州、平凉市、陇南市、乌兰察布市、甘孜州、齐齐哈尔市、鹤岗市、海南州、河池市、白城市、迪庆州、定西市、吴忠市、张掖市、呼伦贝尔市、庆阳市、张家口市、商洛市、临沧市、丽江市、昭通市。其中，青海果洛州最高，达到9.21；云南昭通市最低，为2.75。

2018—2020年初财政支出目标指数三年均值基本与2020年值相近（除甘肃临夏州），这说明财政支出目标指数基本保持不变。甘肃临夏州三年均值与2020年值存在较大差异的主要原因是三年预算GDP稳步上升，而2020年一般公共预算支出比其他两年低，导致2020年数值较低。见图1-48。

2020年初财政支出目标指数排名后30的地区依次为：泉州市、漳州市、松原市、莆田市、德阳市、福州市、南平市、常州市、攀枝花市、三明市、许昌市、东莞市、包头市、佛山市、随州市、无锡市、嘉峪关市、焦作市、湘潭市、龙岩市、烟台市、泰州市、南通市、嘉兴市、威海市、大庆

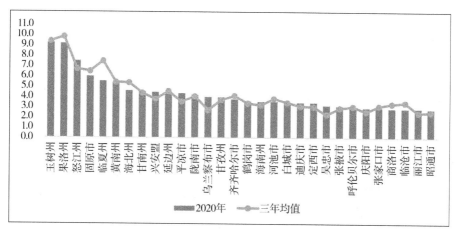

图 1-48　2020 年排名前 30 地区的年初财政支出目标指数

市、南京市、鄂州市、宜昌市、东营市。其中，山东东营市最高，达 0.62；福建泉州市最低，为 0.24。

2018—2020 年初财政支出目标指数三年均值基本高于 2020 年值或与 2020 年值相近，说明财政支出目标指数存在下降趋势。吉林松原市三年均值显著低于 2020 年值，这是因为 2020 年松原市预期 GDP 较低，使得一般公共预算支出与预期 GDP 的比值增大。见图 1-49。

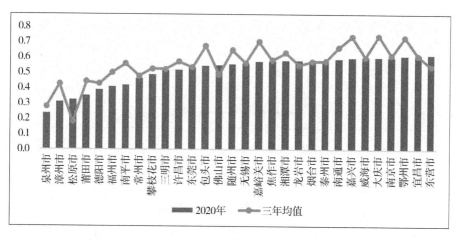

图 1-49　2020 年排名后 30 地区的年初财政支出目标指数

4. 本年地方债务余额限额目标

2020年地方债务余额限额目标排名前30的地区依次为：深圳市、苏州市、东莞市、大庆市、焦作市、榆林市、无锡市、茂名市、漯河市、宝鸡市、晋城市、咸阳市、中山市、随州市、荆门市、洛阳市、揭阳市、四平市、运城市、广州市、朔州市、合肥市、福州市、襄阳市、长治市、许昌市、周口市、汕头市、三门峡市、商丘市。其中，广东深圳市最高，2020年标准化后值达9.7，其他地区则处于8.5～9.5之间。从2018年到2020年，地级市的债务余额限额目标的得分整体呈现下降趋势。

广东、江苏、河南、陕西在地方债务余额限额目标方面控制较好，在地方债务余额限额目标排名前10的城市中有9个城市来自上述4个省份。深圳市的债务余额限额目标得分明显高于其余城市，这是由于深圳市是中国经济特区，在政策上，尤其是财政政策上，与其他城市不同。苏州市和合肥市2020年债务余额限额目标与三年均值相差不大，可见这两个城市三年的债务余额限额目标的设定较为稳定。见图1-50。

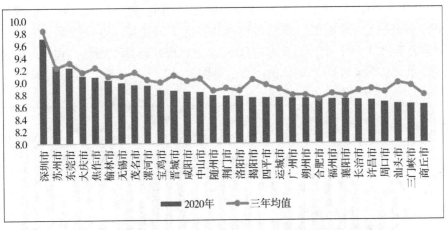

图1-50　2020年排名前30地区的地方债务余额限额目标指数

2020年地方债务余额限额目标排名后30的地区依次为：乌兰察布市、阿拉善盟、七台河市、黔西南州、营口市、巴中市、延边州、临夏州、兴安盟、贵阳市、盘锦市、铜仁市、临沧市、固原市、伊春市、锡林郭勒盟、怒江州、昭通市、甘南州、毕节市、张家口市、迪庆州、安顺市、湘西州、黔东南州、三亚市、巴彦淖尔市、六盘水市、葫芦岛市、丽江市。其中，乌兰察布市债务余额限额目标得分最低，2020年标准化后值为2.2，其余城市均处于 2.7～5.6 之间。从 2018 年到 2020 年，地级市的债务余额限额目标的得分整体呈现下降趋势。

地方债务余额目标排名后 10 的城市中有 3 个城市属于内蒙古。同时，排名后 30 的城市中属于东北三省的也不在少数，由此可以看出，地方债务余额限额目标排名末位的地区大部分是中国北部的地区，如内蒙古、黑龙江、吉林、辽宁等，说明这些地区债务压力较大。七台河市、延边州、临沧市 2020 年值与三年均值差异显著，是因为这 3 个城市 2020 年债务余额限额目标大幅度提高。见图 1-51。

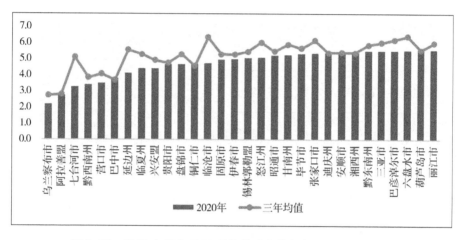

图 1-51　2020 年排名后 30 地区的地方债务余额限额目标指数

第四节　完成过程指数

本部分介绍完成过程指数，该指数由收入规模、收入结构、支出规模、支出结构、债务规模、债务结构 6 个二级指标构成，6 个二级指标又划分为人均财力、财政依存度、税收比率、政府性基金收入比、转移支付依存度、土地财政依存度、人均支出、财政自给率、民生支出比、科学技术支出比、一般公共服务支出比、社会保障和就业支出比、政府负债率、一般债务比、专项债务比 15 个三级指标，具体见表 1-3。

表1-3 完成过程指数

指标名称	指标方向	指标类别	指标定义
二、完成过程指数		一级指标	
1. 收入规模		二级指标	
a. 人均财力	正	三级指标	$\dfrac{\text{一般公共预算财政收入}}{\text{人口}}$
b. 财政依存度	正	三级指标	$\dfrac{\text{一般公共预算财政收入}}{\text{GDP}}$
2. 收入结构		二级指标	
a. 税收比率	正	三级指标	$\dfrac{\text{税收收入}}{\text{一般公共预算收入}}$
b. 政府性基金收入比	负	三级指标	$\dfrac{\text{政府性基金收入}}{\text{一般公共预算收入}+\text{政府性基金收入}}$
c. 转移支付依存度	负	三级指标	$\dfrac{\text{上级补助收入}}{\text{一般公共预算收入}}$
d. 土地财政依存度	负	三级指标	$\dfrac{\text{国有土地使用权出让收入}}{\text{一般公共预算收入}}$
3. 支出规模		二级指标	
a. 人均支出	正	三级指标	$\dfrac{\text{一般公共预算支出（消除通货膨胀）}}{\text{人口}}$
b. 财政自给率	正	三级指标	$\dfrac{\text{一般公共预算收入}+\text{政府性基金收入}}{\text{一般公共预算支出}+\text{政府性基金支出}}$
4. 支出结构		二级指标	
a. 民生支出比	正	三级指标	(教育支出+科学技术支出+文化旅游体育与传媒支出+社会保障和就业支出+卫生健康支出+住房保障支出)/一般公共预算支出
b. 科学技术支出比	正	三级指标	$\dfrac{\text{科学技术支出}}{\text{一般公共预算支出}}$
c. 一般公共服务支出比	负	三级指标	$\dfrac{\text{一般公共服务支出}}{\text{一般公共预算支出}}$

续表1-3

指标名称	指标方向	指标类别	指标定义
d. 社会保障和就业支出比	正	三级指标	$\dfrac{社会保障和就业支出占比}{一般公共预算支出}$
5. 债务规模		二级指标	
a. 政府负债率	负	三级指标	$\dfrac{总债务}{GDP}$
6. 债务结构		二级指标	
a. 一般债务比	负	三级指标	$\dfrac{一般债务余额}{GDP}$
b. 专项债务比	负	三级指标	$\dfrac{专项债务余额}{GDP}$

一、完成过程指数的平均趋势

（一）一级指数的平均趋势

完成过程指数2018—2020年分别为4.73、4.57和4.39，呈下降趋势。2020年同比下降4.0个百分点，2019年同比下降3.4个百分点。见图1-52。

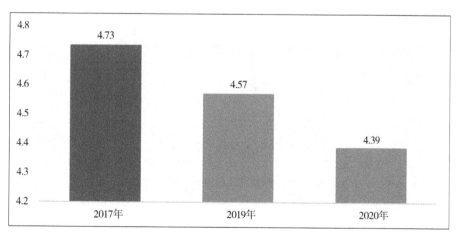

图1-52 完成过程指数的平均趋势

（二）三级指数的平均趋势

人均财力 2018—2020 年分别为 0.92、0.96 和 0.92，整体变动不大。财政依赖度 2018—2020 年分别为 0.08、0.08 和 0.07，整体变动不大。税收比率 2018—2020 年分别为 0.72、0.71 和 0.69，呈下降趋势。政府性基金收入比 2018—2020 年分别为 0.38、0.42 和 0.44，呈上升趋势。转移支付依赖度 2018—2020 年分别为 2.46、2.56 和 2.63，呈上升趋势。土地财政依赖度 2018—2020 年分别为 0.72、0.82 和 0.90，呈上升趋势。见图 1-53。

人均支出 2018—2020 年分别为 2.21、2.46 和 2.46，呈上升趋势。财政自给率 2018—2020 年分别为 0.43、0.41 和 0.42，整体变动不大。民生支出比 2018—2020 年分别为 0.47、0.46 和 0.48，整体变动不大。公共服务支出比 2018—2020 年分别为 0.09、0.10 和 0.09，整体变动不大。科技支出比 2018—2020 年分别为 0.02、0.02 和 0.02，整体变动不大。社保支出比 2018—2020 年分别为 0.14、0.14 和 0.14，整体变动不大。见图 1-54。

政府负债率 2018—2020 年分别为 0.21、0.23 和 0.28，呈上升趋势。一般债务比 2018—2020 年分别为 0.14、0.14 和 0.14，整体变动不大。专项债务比 2018—2020 年分别为 0.07、0.09 和 0.14，呈上升趋势。见图 1-55。

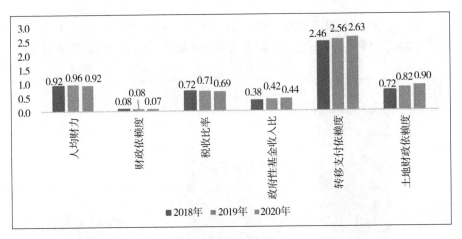

图 1-53 财政收入相关指数平均趋势

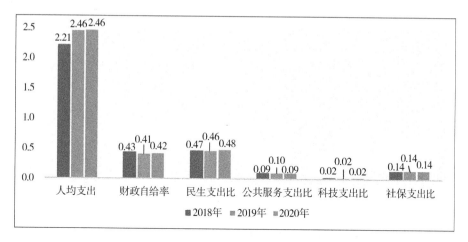

图 1-54　财政支出相关指数平均趋势

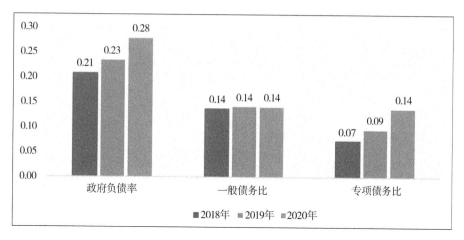

图 1-55　债务相关指数平均趋势

二、完成过程指数的省际比较

（一）一级指数的省际比较

2020年各省（自治区、直辖市）中，上海、广东、江苏的完成过程指数居于前列，均超过4.80，财政稳定性强。其中，上海最高，达5.22。甘肃、新疆、云南、宁夏、内蒙古、贵州的完成过程指数低，均低于4.00，财政稳定性欠佳。其中，贵州最低，仅为3.44。2018—2020年各省（自治区、直辖市）完成过程指数均值分别为4.70、4.52和4.33，呈下降趋势，地方政府财政稳定性有所降低。其中，天津降幅最大，超过20个百分点。见图1-56。

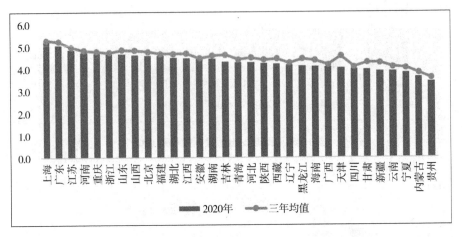

图1-56 完成过程指数的省际对比

（二）三级指数的省际比较

1. 人均财力

2020年各省（自治区、直辖市）中，广东、湖南、上海的人均财力居于前列，均超过1.60，财政收入较高。其中，广东最高，达5.34。宁夏、广西、吉林、黑龙江的人均财力低，均低于0.30，财政收入水平较低。其中，黑龙江最低，仅为0.24。受新冠肺炎疫情冲击，2018—2020年各省（自治区、直辖市）人均财力均值分别为0.81、0.85和0.82，2020年呈大幅下降趋势。其中，疫情暴发最严重的湖北降幅最大，超过26个百分点。见图1-57。

2. 财政依存度

2020年各省（自治区、直辖市）中，上海、海南、辽宁的财政依存度居于前列，均超过3.70。其中，上海最高，达4.55。陕西、重庆、宁夏、湖北的财政依存度低，均低于1.50。其中，湖北最低，仅为1.10。受新冠肺炎疫情冲击，2018—2020年各省（自治区、直辖市）财政依存度均值分别为2.65、2.58和2.47，呈下降趋势。湖北由于受新冠肺炎疫情影响最为严重，2020年一般公共预算收入同比大幅下降，因此财政依存度下降幅度最大，超过38个百分点。见图1-58。

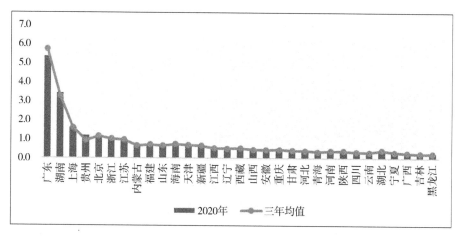

图1-57 人均财力的省际对比

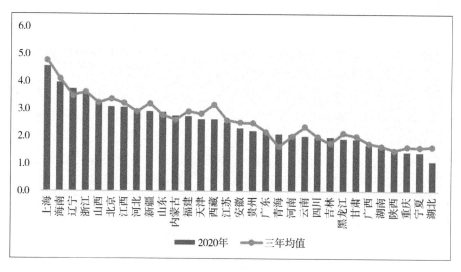

图1-58 财政依存度的省际对比

3. 税收比率

2020年各省（自治区、直辖市）中，上海、浙江、江苏的税收比率居于前列，均超过80%，财政收入稳定性强。其中，上海最高，达88.98%。海南、甘肃、广西、四川、吉林的税收比率低，均低于60%，财政稳定性欠佳。其中，吉林最低，仅为59.70%。新冠肺炎疫情冲击叠加减税降费政策影响，2018—2020年各省（自治区、直辖市）税收比率均值分别为72.17%、70.49%和68.73%，呈下降趋势，地方政府税收稳定性有所降低。其中，海南降幅最大，超过18个百分点。见图1-59。

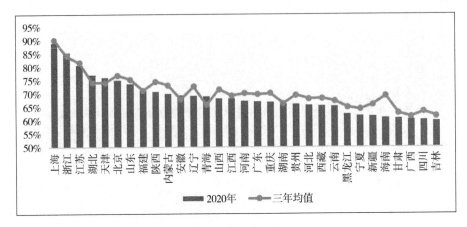

图1-59 税收比率的省际对比

湖北由于受新冠肺炎疫情影响最为严重，2020年税收规模降幅最大，但由于一般公共预算收入也同比大幅下降，故税收比率同比上升。

4. 政府性基金收入比

2020年各省（自治区、直辖市）中，浙江、贵州、湖南、江苏、江西、安徽的政府性基金收入比居于前列，均超过0.55。其中，浙江最高，达0.59。辽宁、内蒙古、西藏、新疆、青海、黑龙江的政府性基金收入比低，均低于0.3。其中，黑龙江最低，仅为0.19。2018—2020年各省（自治区、直辖市）政府性基金收入比均值分别为0.37、0.41和0.44，呈上升趋势。其中甘肃增幅最大，超过55个百分点。见图1-60。

5. 转移支付依赖度

2020年各省（自治区、直辖市）转移支付依赖度差异较大，青海、西藏、宁夏、黑龙江居于前列，均超过5，财政稳定性弱。其中，青海最高，达17.80。福建、浙江、山东、上海、江苏转移支付依赖度低，均低于1，财政稳定性高。其中，江苏最低，仅为0.37。2018—2020年各省（自治区、直辖市）转移支付依赖度均值分别为2.89、3.06和3.12，呈上升趋势。其中，黑龙江增幅最大，接近100个百分点。见图1-61。

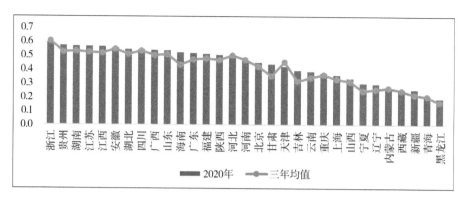

图 1-60 政府性基金收入比的省际对比

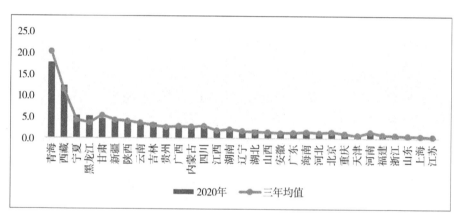

图 1-61 转移支付依赖度的省际对比

6. 土地财政依赖度

2020 年各省（自治区、直辖市）中，浙江、安徽、贵州、湖北土地财政依赖度居于前列，均超过 1.3，远高于一般公共预算收入。其中，浙江最高，达 1.49。西藏、新疆、青海、黑龙江土地财政依赖度低，均低于 0.35，财政稳定性较高。其中，黑龙江最低，仅为 0.21。浙江、江苏等发达省份的土地财政依赖度仍然高于全国平均水平。土地财政依赖度较低的省份主要是西部省份，如青海、新疆等。这些地区本地人口密度较低，人口流入较少，房价和土地价格也较低，土地出让收入相对较少。

2018—2020 年各省（自治区、直辖市）土地财政依赖度均值分别为 0.68、0.77、0.86，呈上升趋势。其中，吉林增幅最大，超过 100 个百分点，主要是因为长春受政策红利释放、服务环境升级、不再计提农业土地开发金等因素影响，土地需求大幅增加，土地出让收入大幅增加。见图1-62。

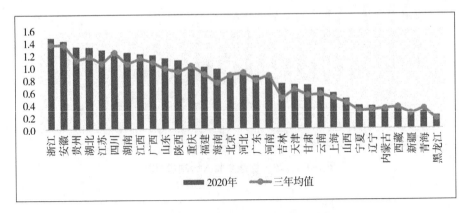

图1-62 土地财政依赖度的省际对比

7. 人均支出

2020年，广东、湖南的人均财政支出远高于其他省份，均超过10。其中，广东最高，达11.35。广西、河北、山东、安徽、重庆、河南的人均支出低，均不超过1.1。其中，河南最低，仅为0.91。2018—2020年各省（自治区、直辖市）人均财政支出均值分别为2.04、2.32和2.34，呈上升趋势。其中，吉林2020年增幅最大，超过27个百分点。西藏位居第四，主要是由于人口较少。见图1-63。

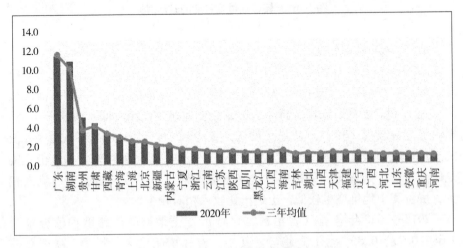

图1-63 人均支出的省际对比

8. 财政自给率

2020年各省（自治区、直辖市）中，上海、浙江、江苏、山东、福建的财政自给率较高，均超过0.6。其中，上海最高，达0.69。甘肃、吉林、宁夏、黑龙江、青海、西藏较低，均低于0.3。其中，西藏最低，仅为0.11。2018—2020年各省（自治区、直辖市）财政自给率均值分别为0.41、0.39、0.38，呈下降趋势。其中，吉林2020年的财政自给率降幅最大，考虑受新冠肺炎疫情影响，应为收入减少与支出增多叠加的结果。见图1-64。

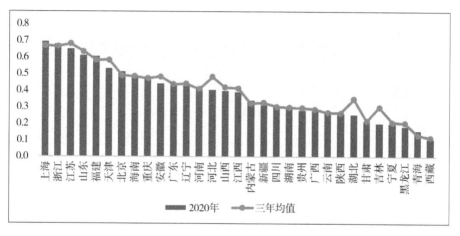

图1-64 财政自给率的省际对比

9. 民生支出比

2020年各省（自治区、直辖市）中，除西藏外，民生支出比均超过40%。其中，广东、北京、山东、辽宁、贵州、河南、天津居于前列，均超过50%，广东最高，达53.09%。西藏最低，仅为27.45%。2018—2020年各省（自治区、直辖市）民生支出比率均值分别为46.02%、45.08%和47.01%，三年变化较稳定。其中，北京增幅最大，超过22个百分点；西藏降幅最大，超过16个百分点。见图1-65。

10. 科学技术支出比

2020年各省（自治区、直辖市）中，安徽、浙江、海南、上海、江苏、广东的科学技术支出比居于前列，均超过3%。其中，安徽最高，达4.15%。广西、黑龙江、青海、西藏的科学技术支出比低，均低于0.5%。其中，西藏最低，仅为0.15%。2018—2020年各省（自治区、直辖市）科学技术支出比均值分别为1.62%、1.76%、1.74%，总体呈上升趋势。其中，海南增幅最大，超过 300 个百分点。见图 1-66。

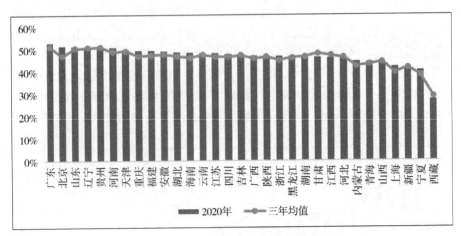

图 1-65 民生支出比的省际对比

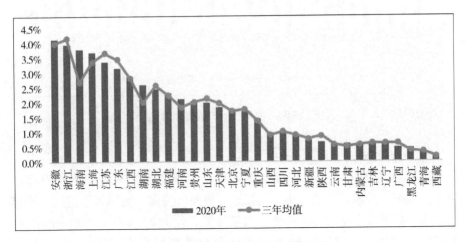

图 1-66 科学技术支出比的省际对比

11. 一般公共服务支出比

2020 年各省（自治区、直辖市）一般公共服务支出比存在差异，西藏、河南、浙江、湖南居于前列，均超过 11%。其中，西藏最高，达 12.43%。宁夏、上海一般公共服务支出比低，均低于 7%。其中，上海最低，仅为 5.32%。2018—2020 年各省（自治区、直辖市）一般公共服务支出比均值分别为 9.49%、9.53%、9.35%，多省呈下降趋势。其中，西藏增幅最大，超过 20 个百分点，贵州下降了 14 个百分点。见图 1-67。

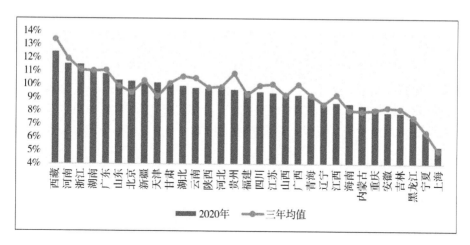

图 1-67 一般公共服务支出比的省际对比

12. 社会保障和就业支出比

2020年各省（自治区、直辖市）社会保障和就业支出比差异较大，辽宁、吉林、黑龙江居于前列，均超过20%。其中，辽宁最高，达25.04%；西藏最低，仅为5.17%，其余各省（自治区、直辖市）为11%～16%。2018—2020年各省（自治区、直辖市）社会保障和就业支出比均值分别为13.56%、13.37%、13.96%。其中，北京增幅最大，超过20个百分点；江西降幅最大，超过30个百分点。见图1-68。

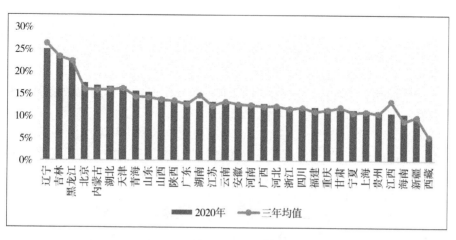

图 1-68 社会保障和就业支出比的省际对比

13. 政府负债率

2020年各省（自治区、直辖市）中，贵州、内蒙古、海南的政府负债率居于前列，均超过6。其中，贵州最高，达7.13。重庆、河南、西藏的政府负债率低，均低于2.5。其中，西藏最低，仅为2.08。2018—2020年各省（自治区、直辖市）政府负债率的均值分别为2.95、3.35和3.96，呈上升趋势，地方政府的经济规模相对债务的承担能力有所下降。其中，天津的增幅最大，超过1.83。见图1-69。

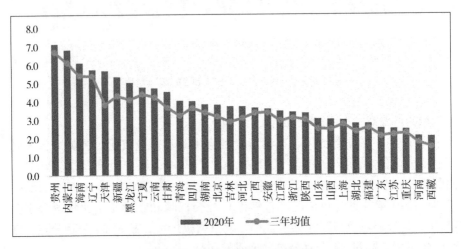

图1-69 政府负债率的省际对比

14. 一般债务比、专项债务比

各省（自治区、直辖市）债务比的三年平均值中，贵州、内蒙古、辽宁和海南居于前列，标准化数值均大于8，债务存量高。其中，贵州最高，各市平均债务比值达0.49。西藏和河南的债务比值低，标准化数值均小于3。其中，西藏最低，各市平均债务比为0.11。

2020年各省（自治区、直辖市）中，贵州、内蒙古和海南债务比较高，标准化数值均超过9，债务存量高。其中，贵州也是最高的，2020年各市平均债务比达到0.52。河南和西藏的债务比值低，标准化数值不超过3.2。其中，河南最低，2020年各市平均债务比为0.15。

对比图1-70和图1-71，各省（自治区、直辖市）债务比整体逐年增加。大部分省（自治区、直辖市）的一般债务比高于专项债务比值，而天津专项债务比明显高于一般债务比。专项债务比逐年升高。

2020年各省（自治区、直辖市）中，辽宁、贵州和黑龙江一般债务余

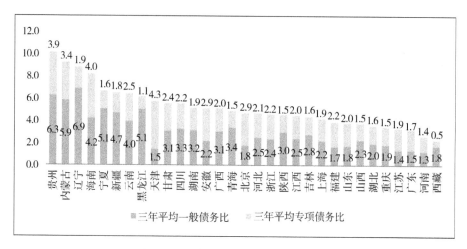

图1-70　省际三年平均债务结构值

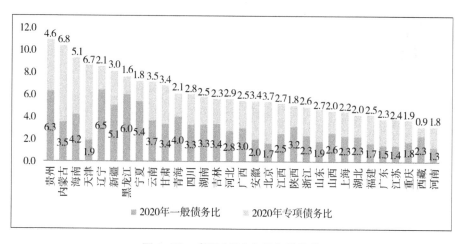

图1-71　省际2020年债务结构值

额/GDP较高，标准化数值均不小于6，一般债务存量高。其中辽宁最高，各市平均一般债务比达0.31。河南、江苏和广东的一般债务比值低，标准化数值不超过1.5，一般债务存量较低。其中，河南最低，仅为0.06。

2018—2020年各省（自治区、直辖市）一般债务比均值分别为0.14、0.15和0.15，一般债务存量有所上升。其中，西藏增幅最大，为157%。

西藏一般债务比同比增长157%，与2018—2020年逐年大幅增长的一般债务比有关。2018年，内蒙古曾表示将严格控制债务增量，有序化解债务存量，全面规范举债行为，以解决内蒙古政府债务率普遍较高的问题；各省（自治区、直辖市）中内蒙古的一般债务比降幅最大，同比下降49%。见图1-72。

2020年各省（自治区、直辖市）中，内蒙古、天津和海南专项债务比值较高，标准化数值均大于5，专项债务存量高。其中，内蒙古最高，各市平均专项债务比达0.33。西藏和黑龙江的专项债务比值低，标准化数值不超过1.6，专项债务存量较低。其中，西藏最低，仅为0.04。

2018—2020年各省（自治区、直辖市）专项债务比均值分别为0.07、0.09和0.14，所有省（自治区、直辖市）的专项债务比呈逐年递增趋势，因受新冠肺炎疫情冲击，许多省份产生了防疫专项债务。其中，内蒙古增幅最大，为396%。

内蒙古专项债务比的增幅最大，同比增长396%，与内蒙古政府控制债务率的规划有关。见图1-73。

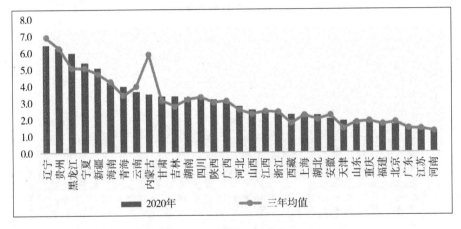

图1-72　省际一般债务比

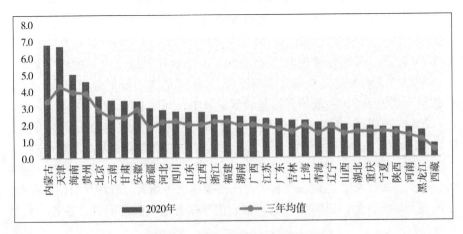

图1-73　省际专项债务余额/GDP

三、完成过程指数的重要地级行政区比较

(一) 一级指数的重要地级行政区比较

2020年全国完成过程指数排名前30的地区依次是深圳市、珠海市、苏州市、杭州市、广州市、佛山市、中山市、东莞市、合肥市、榆林市、南京市、宁波市、长沙市、无锡市、江门市、芜湖市、嘉兴市、厦门市、常州市、焦作市、惠州市、青岛市、长治市、晋城市、阳江市、黄山市、郑州市、平顶山市、烟台市、海西州，均在4.95以上，财政完成效果较好。其中，深圳市最高，达7.35。2018—2020年排名前30地区的完成过程指数均值分别为5.48、5.43、5.36，呈下降趋势；其中，烟台市降幅最大，超过7个百分点。见图1-74。

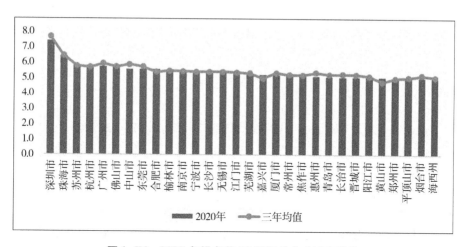

图1-74 2020年排名前30地区的完成过程指数

2020年全国完成过程指数排名后30的地区依次是乌兰察布市、阿拉善盟、铜仁市、巴中市、资阳市、兴安盟、七台河市、贵阳市、德宏州、佳木斯市、毕节市、安顺市、定西市、遵义市、保山市、六盘水市、怒江州、张家口市、安康市、博尔塔拉蒙古自治州、锡林郭勒盟、商洛市、南充市、盘锦市、眉山市、巴彦淖尔市、迪庆州、平凉市、吴忠市、临沧市，均在3.64以下，财政完成效果较差。其中，乌兰察布市最低，仅为2.12。2018—2020年后30地区的完成过程指数均值分别为3.83、3.53和3.25，呈

下降趋势;其中,七台河市降幅最大,超过34个百分点。见图1-75。

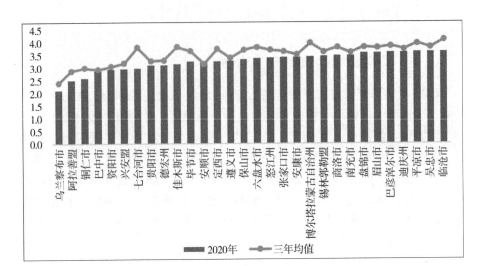

图1-75 2020年排名后30地区的完成过程指数

(二)三级指数的重要地级行政区比较

1. 人均财力

2020年全国人均财力排名前30的地区依次是深圳市、珠海市、长沙市、广州市、佛山市、惠州市、东莞市、中山市、江门市、株洲市、湘潭市、黔南州、韶关市、常德市、黔西南州、清远市、郴州市、肇庆市、岳阳市、河源市、云浮市、衡阳市、汕头市、湘西州、阳江市、永州市、茂名市、梅州市、怀化市、鄂尔多斯市,均在2.16以上。其中,深圳市最高,达21.97。2018—2020年排名前30地区的人均财力值分别为5.24、5.53、5.14,呈先上升后下降趋势;其中,中山市增幅最大,超过22个百分点。见图1-76。

2020年人均财力排名后30的地区依次是玉树州、陇南市、定西市、商洛市、四平市、安康市、资阳市、果洛州、固原市、绥化市、伊春市、齐齐哈尔市、辽源市、河池市、雅安市、汉中市、通化市、崇左市、渭南市、周口市、恩施州、昭通市、黄南州、黄冈市、贵港市、随州市、玉林市、平凉市、巴中市、双鸭山市,大多为东北三省和陕甘宁地区城市,均在0.18以下,人均财力水平相对较低。其中,玉树州最低,仅为0.06。2018—2020年排名后30地区的人均财力均值分别为0.14、0.15和0.14,呈先上升后下降趋势;其中,通化市降幅最大,超过36个百分点。见图1-77。

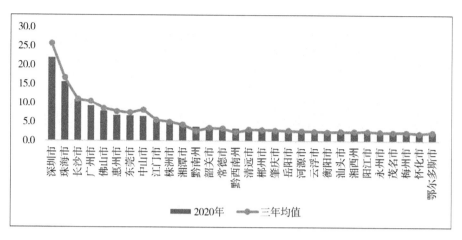

图1-76 2020年排名前30地区的人均财力指数

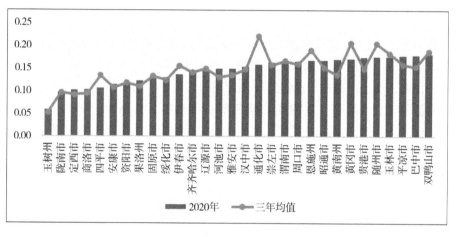

图1-77 2020年排名后30地区的人均财力指数

2. 财政依存度

2020年全国财政依存度排名前30的地区依次是盘锦市、三亚市、深圳市、鄂尔多斯市、杭州市、厦门市、海西州、宁波市、吕梁市、朝阳市、辽阳市、晋中市、苏州市、南京市、萍乡市、张家口市、锡林郭勒盟、廊坊市、沈阳市、珠海市、嘉兴市、舟山市、湖州市、郑州市、宣城市、景德镇市、海口市、营口市、延安市、石家庄市，均在3.50以上。其中，盘锦市最高，达7.33。2018—2020年排名前30地区的政府性基金收入比均值分别为4.16、4.17、4.36，呈上升趋势；其中，海西州增幅最大，超过93个百分点。见图1-78。

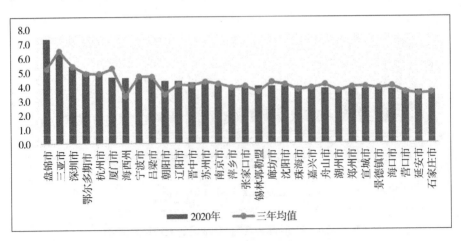

图1-78　2020年排名前30地区的财政依存度指数

2020年全国财政依存度排名后30地区依次是安康市、商洛市、汉中市、随州市、宜昌市、襄阳市、揭阳市、岳阳市、宝鸡市、玉树州、辽源市、石嘴山市、渭南市、汕尾市、固原市、三明市、咸阳市、崇左市、荆门市、益阳市、信阳市、黄南州、茂名市、自贡市、潮州市、湛江市、荆州市、泉州市、内江市、周口市，大多为中西部城市，均在1.06以下，财政依存度相对较低。其中，安康市最低，仅为0.15。2018—2020年排名后30地区的财政依存度均值分别为0.98、0.91和0.79，呈下降趋势；其中，襄阳市降幅最大，超过69个百分点。见图1-79。

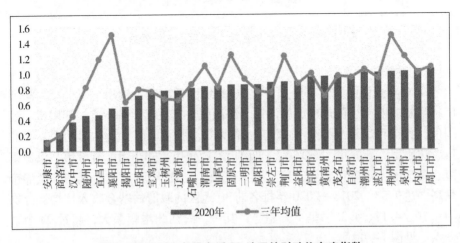

图1-79　2020年排名后30地区的财政依存度指数

受新冠肺炎疫情影响，加之税收减免政策，部分城市如随州市、宜昌市、襄阳市 2020 年一般公共预算收入下降幅度远大于国民生产总值下降幅度，其中，襄阳市 2020 年国民生产总值同比下降 4.0%，而一般公共预算收入下降 19.3%。

3. 税收比率

2020 年全国税收比率排名前 30 的地区依次是邢台市、杭州市、黔西南州、湖州市、嘉兴市、黄山市、金华市、苏州市、宿迁市、海口市、南京市、海西州、常州市、温州市、武汉市、西宁市、台州市、衢州市、淮安市、嘉峪关市、宁波市、榆林市、临沂市、哈尔滨市、呼和浩特市、无锡市、乌海市、东莞市、南通市、丽水市，均在 80% 以上，财政收入稳定性相对较强。其中，邢台市最高，达 96.54%。2018—2020 年排名前 30 地区的税收比率均值分别为 82.64%、81.89% 和 85.94%，呈上升趋势；其中，邢台市增幅最大，超过 40 个百分点。见图 1-80。

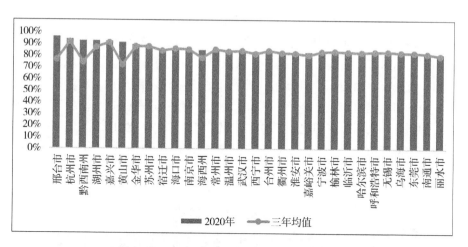

图 1-80　2020 年排名前 30 地区的税收比率

2020 年全国税收比率排名后 30 的地区依次是兴安盟、儋州市、甘南州、武威市、巴中市、黑河市、张掖市、安顺市、河池市、广安市、达州市、百色市、张家口市、茂名市、韶关市、临沧市、来宾市、天水市、果洛州、自贡市、梧州市、六盘水市、广元市、乐山市、临夏州、黔南州、三亚市、红河市、通化市，大多为中西部城市，均在 60% 以下，财政收入稳定性相对较弱。其中，兴安盟最低，仅为 40.07%。2018—2020 年排名后 30 地区的税收比率均值分别为 60.19%、56.52% 和 51.68%，呈下降趋势；其中，儋州市降幅最大，超过30个百分点。见图1-81。

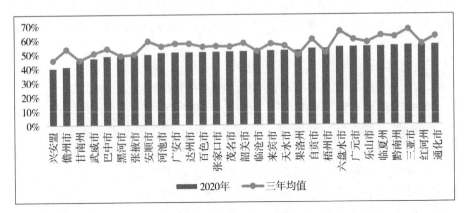

图1-81 2020年排名后30地区的税收比率指数

4. 政府性基金收入比

2020年全国政府性基金收入比排名前30的地区依次是眉山市、河源市、衢州市、丽水市、安康市、玉林市、张家界市、温州市、临沂市、黔南市、抚州市、宜宾市、南通市、阜阳市、鄂州市、绵阳市、南充市、咸阳市、崇左市、金华市、福州市、上饶市、常州市、巴中市、景德镇市、菏泽市、枣庄市、荆州市、永州市、铜仁市，均在0.64以上。其中，眉山市最高，达0.79。2018—2020年排名前30地区的政府性基金收入比均值分别为0.58、0.63、0.68，呈上升趋势；其中，河源市增幅最大，超过80个百分点。见图1-82。

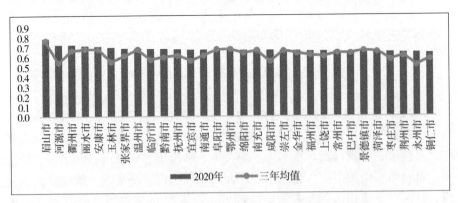

图1-82 2020年排名前30地区的政府性基金收入比指数

2020年全国政府性基金收入比排名后30的地区依次是玉树州、大兴安岭市、鹤岗市、黄南州、海西州、海南州、鸡西市、双鸭山市、乌海市、大庆市、榆林市、石嘴山市、海北州、鄂尔多斯市、阳泉市、伊春市、果洛州、黑河市、阿拉善盟、抚顺市、铁岭市、吕梁市、锡林郭勒盟、佳木斯市、辽阳市、兴安盟、甘孜州、怒江州、齐齐哈尔市、迪庆州，均在0.22以下。其中，玉树州最低，为0.05。2018—2020年排名后30地区的政府性基金收入比均值分别为0.12、0.13、0.14，呈上升趋势；其中，鄂尔多斯市增幅最大，超过260个百分点。见图1-83。

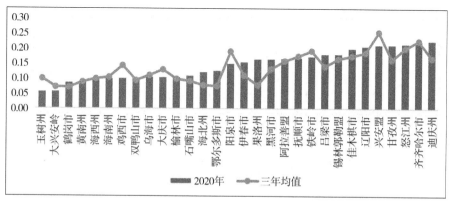

图1-83　2020年排名后30地区的政府性基金收入比指数

5. 转移支付依赖度

从整体来看，转移支付依赖度与人均GDP呈负相关关系。2020年全国转移支付依赖度排名前30的地区依次是玉树州、果洛州、黄南州、海北州、固原市、伊春市、金昌市、阿坝州、安康市、怒江州、定西市、迪庆州、商洛市、大兴安岭、河池市、海东市、嘉峪关市、张掖市、陇南市、白银市、齐齐哈尔市、汉中市、崇左市、黔东南州、昭通市、绥化市、乌兰察布市、佳木斯市、双鸭山市、吴忠市，大多为中西部欠发达地区，均在5以上。排名前30的地区之间差异较大，其中，玉树州最高，为50.31。2018—2020年排名前30地区的转移支付依赖度均值分别为9.48、10.80和10.92，呈上升趋势；其中，双鸭山市增幅最大。见图1-84。

2020年全国转移支付依赖度排名后30的地区依次是苏州市、深圳市、宁波市、南通市、东莞市、无锡市、镇江市、南京市、常州市、中山市、青岛市、嘉兴市、淮安市、成都市、济南市、佛山市、东营市、扬州市、烟台

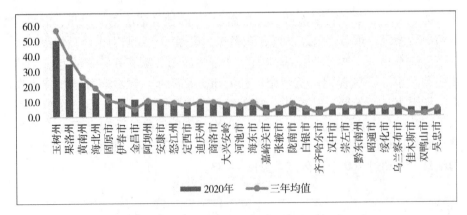

图1-84 2020年排名前30地区的转移支付依赖度指数

市、鄂尔多斯市、长沙市、兰州市、广州市、郑州市、珠海市、湖州市、乌鲁木齐市、淄博市、福州市、连云港市，大多为东部或中部发达地区，均在0.42以下。其中，苏州市最低，为0.05。2018—2020年排名后30地区的转移支付依赖度均值分别为0.26、0.24和0.25，呈下降趋势；其中，镇江市降幅最大，超过55个百分点。见图1-85。

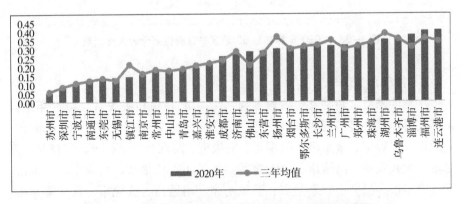

图1-85 2020年排名后30地区的转移支付依赖度指数

6. 土地财政依赖度

2020年全国土地财政依赖度排名前30的地区依次是眉山市、安康市、丽水市、玉林市、张家界市、黔南州、临沂市、抚州市、阜阳市、南通市、鄂州市、崇左市、衢州市、南充市、温州市、绵阳市、福州市、咸阳市、金华市、常州市、景德镇市、菏泽市、永州市、铜仁市、枣庄市、南宁市、荆州市、六安市、邵阳市、长春市，大多为中西部欠发达地区，均在1.62以上。其中，眉山市最高，达3.7，除眉山市外，其他地区之间差异不大。2018—2020年前30地区的土地财政依赖度均值分别为1.40、1.64、1.97，呈上升趋势；其中，永州市增幅最大，超过250个百分点。见图1-86。

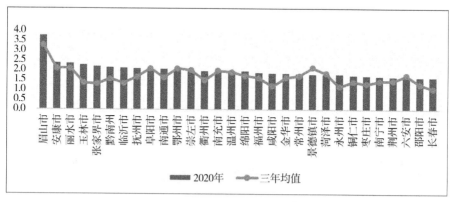

图1-86　2020年排名前30地区的土地财政依赖度指数

2020年全国土地财政依赖度排名后30的地区依次是果洛州、鹤岗市、大兴安岭市、海北州、鸡西市、双鸭山市、石嘴山市、甘孜州、金昌市、阿坝州、黄南州、大庆市、海南州、海西州、乌海市、榆林市、玉树州、三门峡市、鄂尔多斯市、黑河市、佳木斯市、伊春市、阳泉市、抚顺市、铁岭市、阿拉善盟、吕梁市、锡林郭勒盟、营口市、辽阳市，大多为中西部欠发达地区，均在0.22以下。其中，果洛州最低，为0.03。2018—2020年排名后30地区的土地财政依赖度均值分别为0.10、0.11、0.10，整体变动不大。见图1-87。

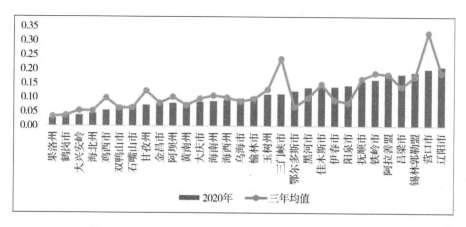

图1-87　2020年排名后30地区的土地财政依赖度指数

7. 人均支出

2020年全国人均财政支出排名前30的地区依次是甘南州、珠海市、深圳市、广州市、临夏州、长沙市、黔南州、湘西州、韶关市、张家界市、河源市、黔东南州、梅州市、株洲市、黔西南州、常德市、湘潭市、云浮市、岳阳市、佛山市、惠州市、怀化市、肇庆市、清远市、益阳市、汕尾市、郴州市、阳江市、永州市、江门市，均在9以上，大多为广东和湖南的城市。其中，甘南州最高，达31.46，主要是由于该地区人口少。2018—2020年排名前30地区的人均财政支出均值分别为11.46、13.16、13.14，波动幅度较小；其中，肇庆市增幅最大，超过23个百分点。见图1-88。

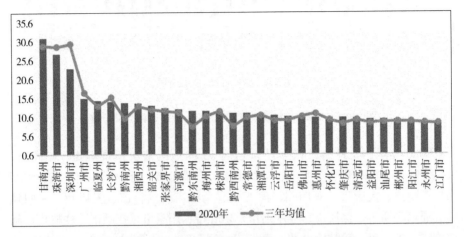

图1-88 2020年排名前30地区的人均支出指数

2020年全国人均财政支出排名后30的地区依次是资阳市、雅安市、泉州市、枣庄市、保定市、河北区、贵港市、菏泽市、临沂市、钦州市、商丘市、玉林市、吉林市、亳州市、新乡市、周口市、南阳市、聊城市、安阳市、泰安市、四平市、平顶山市、阜阳市、铁岭市、淮北市、淮南市、许昌市、济宁市、邯郸市、潍坊市，均在0.9以下。其中，资阳市最低，仅为0.44。2018—2020年排名后30地区的人均财政支出均值分别为0.66、0.69、0.73，呈上升趋势。此外，四平市2020年大幅下降，超过21个百分点。见图1-89。

8. 财政自给率

2020年全国财政自给率排名前30的地区依次是嘉兴市、苏州市、杭州市、鄂尔多斯市、南京市、深圳市、莆田市、无锡市、宁波市、常州市、厦门市、东莞市、绍兴市、东营市、青岛市、泉州市、中山市、佛山市、昆明

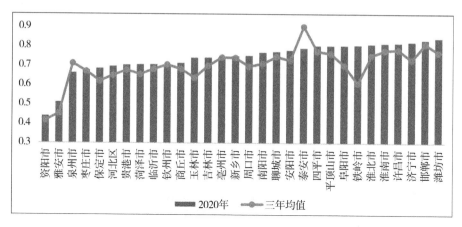

图 1-89　2020 年排名后 30 地区的人均支出指数

市、长沙市、郑州市、烟台市、潍坊市、威海市、克拉玛依市、福州市、成都市、济南市、大连市、湖州市，均在 0.7 以上。其中，嘉兴市最高，达 1.09。2018—2020 年排名前 30 地区的财政自给率均值分别为 0.83、0.80、0.83，波动幅度较小。见图 1-90。

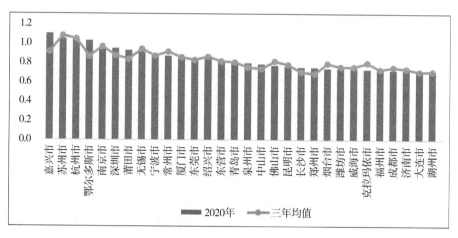

图 1-90　2020 年排名前 30 地区的财政自给率指数

2020 年全国财政自给率排名后 30 的地区依次是玉树州、果洛州、黄南州、甘南州、固原市、海北州、临夏州、陇南市、商洛市、安康市、伊春市、阿坝州、甘孜州、定西市、怒江州、迪庆州、海南州、大兴安岭市、河池市、中卫市、海东市、崇左市、恩施州、汉中市、绥化市、黔东南州、平凉市、昭通市、佳木斯市、铜仁市,均在0.15以下。其中,玉树州最低,为0.02。2018—2020年排名前30地区的财政自给率均值分别为0.10、0.10、0.09,呈下降趋势。其中,恩施州的降幅最大,超过31个百分点。见图1-91。

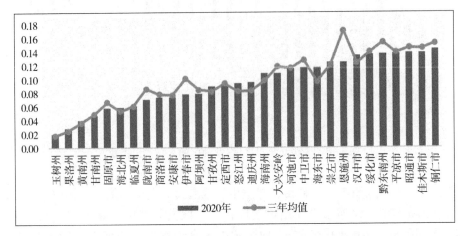

图1-91　2020年排名后30地区的财政自给率指数

9. 民生支出比

2020年全国民生支出比排名前30的地区依次是嘉峪关市、茂名市、攀枝花市、平顶山市、抚顺市、菏泽市、辽源市、临沂市、文山市、焦作市、揭阳市、湛江市、枣庄市、亳州市、南阳市、玉林市、江门市、儋州市、日照市、贵港市、曲靖市、六盘水市、淮北市、绍兴市、汕头市、钦州市、达州市、本溪市、泰安市、广安市,均在50%以上。其中,嘉峪关市最高,达64.32%。2018—2020年排名前30地区的民生支出比均值分别为55.28%、54.02%和57.69%,总体呈上升趋势。其中,攀枝花市增幅最大,超过23个百分点。见图1-92。

2020年全国民生支出比排名后30的地区依次是甘孜州、阿拉善盟、迪庆州、舟山市、阿坝州、中卫市、黑河市、甘南州、长沙市、松原市、防城港市、怒江州、青岛市、锡林郭勒盟、黄南州、郑州市、果洛州、晋城市、呼和浩特市、萍乡市、陇南市、厦门市、延安市、太原市、银川市、阳泉市、巴彦淖尔市、吕梁市、佳木斯市、黄山市,均在45%以下。其中,甘孜州最低,仅为31.46%。2018—2020年排名后30地区的民生支出比均值分别为38.69%、37.17%和38.40%。其中,郑州市增幅最大,超过22个百分点;阳泉市降幅最大,有近17个百分点。见图1-93。

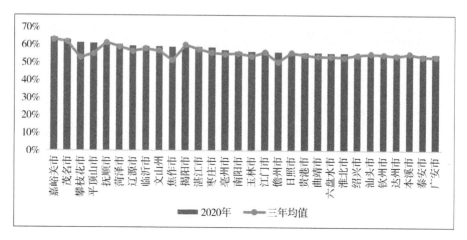

图 1-92 2020 年排名前 30 地区的民生支出比指数

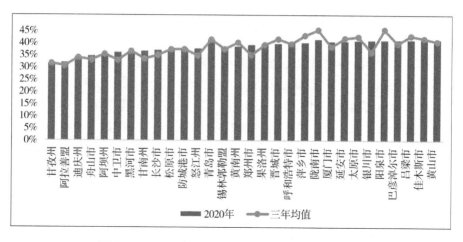

图 1-93 2020 年排名后 30 地区的民生支出比指数

10. 科学技术支出比

2020 年全国科学技术支出比排名前 30 的地区依次是合肥市、芜湖市、佛山市、苏州市、中山市、深圳市、株洲市、珠海市、广州市、三亚市、宁波市、武汉市、南京市、太原市、嘉兴市、成都市、绍兴市、福州市、宣城市、南昌市、鹤壁市、湘潭市、厦门市、湖州市、郑州市、无锡市、洛阳市、鹰潭市、宜春市、惠州市，均在 3.8% 以上。其中，合肥市最高，达 14.02%。2018—2020 年排名前 30 地区的科学技术支出比均值分别为 5.36%、6.10%、6.15%，呈上升趋势。其中，三亚市增幅最大，超过 330

个百分点。见图1-94。

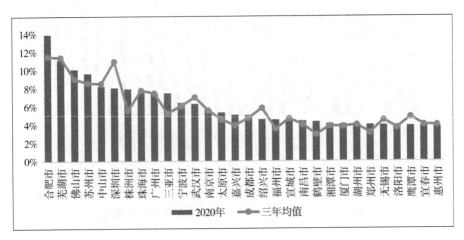

图1-94　2020年排名前30地区的科学技术支出比指数

2020年全国科学技术支出比排名后30的地区依次是庆阳市、玉树州、本溪市、儋州市、大兴安岭、贺州市、伊春市、朝阳市、双鸭山市、海东市、丹东市、河池市、昭通市、松原市、乌兰察布市、德宏州、来宾市、黄南州、渭南市、乐山市、巴中市、怒江州、临汾市、四平市、鹤岗市、崇左市、阜新市、忻州市、黑河市、南充市，均在0.3%以下。其中，庆阳市最低，为0.03%。2018—2020年排名前30地区的科学技术支出占比均值分别为0.26%、0.21%、0.15%，呈下降趋势。其中，庆阳市降幅最大，超过92个百分点。见图1-95。

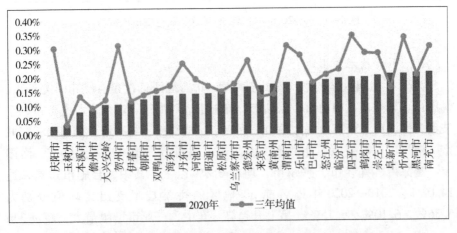

图1-95　2020年排名后30地区的科学技术支出比指数

11. 一般公共服务支出比

2020年全国一般公共服务支出比排名前30的地区依次是三门峡市、开封市、舟山市、株洲市、许昌市、贵阳市、兰州市、德宏州、普洱市、河源市、惠州市、眉山市、东营市、鹤壁市、佛山市、平顶山市、孝感市、甘南州、肇庆市、青岛市、长沙市、漯河市、温州市、湘潭市、珠海市、铜川市、衢州市、台州市、昆明市、邵阳市，均在11%以上。其中，三门峡市最高，为17.91%。2018—2020年排名前30地区的一般公共服务支出比均值分别为13.21%、13.68%和13.53%。其中，普洱市降幅最大，超过32个百分点。见图1-96。

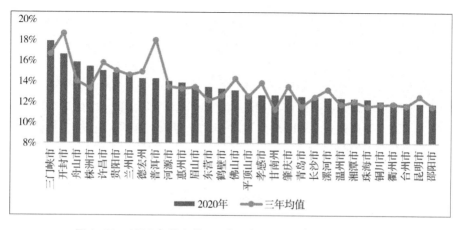

图1-96 2020年排名前30地区的一般公共服务支出比指数

2020年全国一般公共服务支出比排名后30的地区依次是吉林市、中卫市、绥化市、昭通市、阜新市、哈尔滨市、固原市、芜湖市、毕节市、齐齐哈尔市、伊春市、东莞市、合肥市、黑河市、三亚市、吴忠市、文山州市、滁州市、松原市、池州市、荆州市、鹰潭市、白银市、大连市、西宁市、阿坝州、兴安盟、临沧市、牡丹江市、赤峰市，均在8%以下。其中，吉林市最低，为3.83%。2018—2020年排名后30地区的一般公共服务支出比均值分别为7.43%、7.16%和6.43%，呈下降趋势。其中，吉林市降幅最大，有近50个百分点。见图1-97。

12. 社会保障和就业支出比

2020年全国社会保障和就业支出比排名前30的地区依次是辽源市、抚顺市、伊春市、本溪市、四平市、鸡西市、辽阳市、包头市、牡丹江市、齐齐哈尔市、鞍山市、大兴安岭市、白山市、阜新市、吉林市、沈阳市、通化

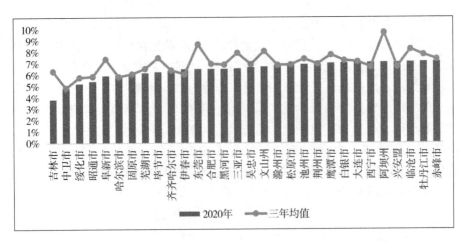

图1-97 2020年排名后30地区的一般公共服务支出比指数

市、葫芦岛市、铁岭市、营口市、锦州市、双鸭山市、大连市、鹤岗市、乌兰察布市、哈尔滨市、荆州市、延边市、丹东市、朝阳市，均在21%以上。其中，辽源市最高，达38.14%。2018—2020年排名前30地区的社会保障和就业支出比均值分别为26.38%、25.18%、25.74%。其中，丹东市降幅最大，接近30个百分点。见图1-98。

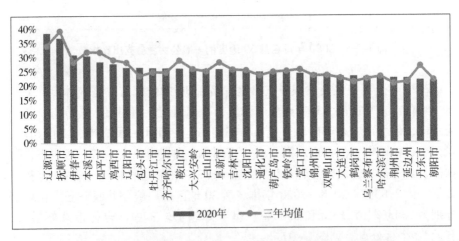

图1-98 2020年排名前30地区的社会保障和就业支出比指数

2020年全国社会保障和就业支出比排名后30的地区依次是深圳市、三亚市、厦门市、甘孜州、南昌市、东莞市、阿坝州、郑州市、长沙市、迪庆州、佛山市、贵阳市、鹰潭市、甘南州、凉山州、合肥市、嘉兴市、北海市、阿拉善盟、湖州市、东营市、成都市、攀枝花市、怒江市、舟山市、株洲市、宜宾市、苏州市、廊坊市、九江市，均在11%以下。其中，深圳市最低，为4.56%。2018—2020年排名后30地区的社会保障和就业支出比均值分别为9.29%、8.76%、8.80%。其中，九江市降幅最大，有近37个百分点。见图1-99。

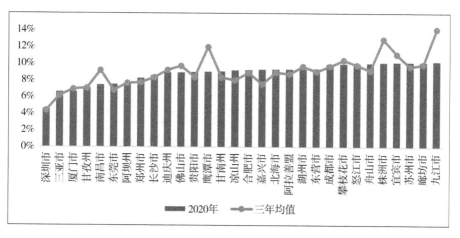

图1-99　2020年排名后30地区的社会保障和就业支出比指数

13. 政府负债率

2020年全国政府负债率排名前30的地区依次是七台河市、乌兰察布市、盘锦市、阿拉善盟、巴中市、营口市、黔西南州、兴安盟、铜仁市、临夏州、贵阳市、延边州、锡林郭勒盟、伊春市、安顺市、毕节市、葫芦岛市、湘西州、三亚市、六盘水市、黔东南州、临沧市、哈尔滨市、张家口市、抚顺市、怒江州、巴彦淖尔市、固原市、鄂尔多斯市、鞍山市，均在6.3以上，债务规模相对较大。其中，七台河市最高，达11.47。2018—2020年排名前30地区的政府负债率均值分别为5.95、6.64和7.78，呈上升趋势。其中，七台河市增幅最大，超过3.7。见图1-100。

2020年全国政府负债率排名后30的地区依次是驻马店市、运城市、青岛市、佛山市、商丘市、平顶山市、新乡市、三门峡市、许昌市、周口市、朔州市、焦作市、晋城市、中山市、福州市、广州市、安阳市、温州市、咸阳市、大庆市、漯河市、茂名市、无锡市、合肥市、榆林市、洛阳市、宝鸡市、东莞市、苏州市、深圳市，均在2以下，债务规模相对较小。其中，深圳市最低，仅为0.44。2018—2020年排名后30地区的政府负债率均值分别为1.24、1.43和1.68，呈上升趋势。其中，焦作市增幅最大，超过0.58。见图1-101。

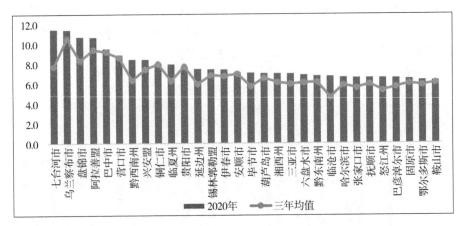

图1-100　2020年前30地区的政府负债率指数

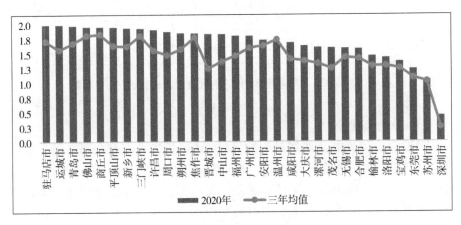

图1-101　2020年后30地区的政府负债率指数

14. 一般债务比、专项债务比

大部分排名前30地区的三年平均一般债务比多于专项债务比，只有三亚市、德宏州和贵阳市的专项债务比明显更大。乌兰察布市的债务比最大，标准化数值达到15.9，与乌兰察布市较高的一般债务余额有关。见图1-102。

2020年排名前30地区中债务结构分布各不相同，整体一般债务余额占比更高，比如七台河市、巴中市和营口市等；一些地区专项债务余额占比明显偏高，如乌兰察布市、贵阳市和阿拉善盟等。七台河市的债务比最大，标准化数值达到 17.4。见图 1-103。

2018—2020 年，排名前 30 地区债务比整体逐年增加。整体专项债务余额占比逐年升高。

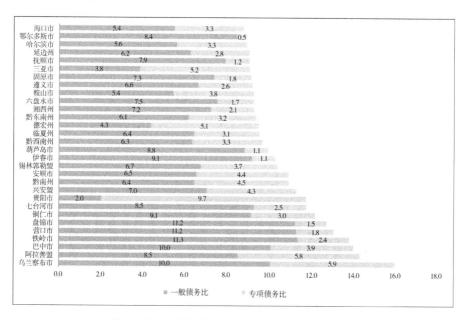

图 1-102　排名前 30 地区三年平均债务结构值

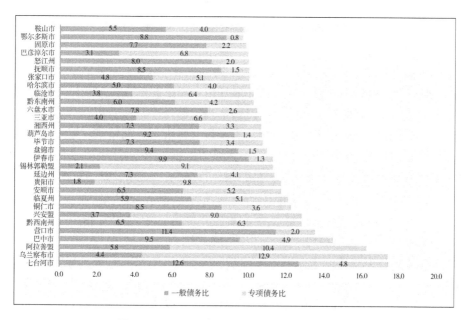

图 1-103　2020 年排名前 30 地区债务结构值

2020年全国一般债务比排名前30的地区依次是七台河市、营口市、伊春市、巴中市、盘锦市、葫芦岛市、鄂尔多斯市、铜仁市、抚顺市、怒江州、六盘水市、固原市、丹东市、毕节市、双鸭山市、湘西州、延边州、迪庆州、牡丹江市、临夏州、鹤岗市、商洛市、锦州市、中卫市、黔西南州、安顺市、辽阳市、遵义市、黔东南州、佳木斯市，一般债务比均大于0.28，一般债务存量较高。其中，七台河市最高，达到0.6。2018—2020年排名前30地区的一般债务比均值分别为0.32、0.36和0.37，呈上升趋势。其中，毕节市增幅最大，上涨136%；巴中市降幅最大，下降13.5%。见图1-104。

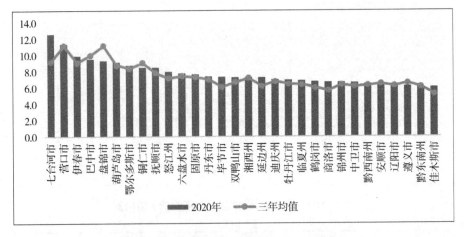

图1-104　2020年排名前30地区一般债务比

2020年全国专项债务比排名前30的地区依次是乌兰察布市、阿拉善盟、贵阳市、锡林郭勒盟、兴安盟、通辽市、巴彦淖尔市、呼伦贝尔市、阜阳市、三亚市、临沧市、乌海市、黔西南州、镇江市、六安市、德宏州、张掖市、安顺市、张家口市、临夏州、资阳市、包头市、亳州市、巴中市、保山市、七台河市、丽江市、铜陵市、儋州市、菏泽市，专项债务比均大于0.2，专项债务存量较高。其中，乌兰察布市最高，达到0.62。见图1-105。

2018—2020年排名前30地区的专项债务比均值分别为0.12、0.15和0.30，呈上升趋势。其中，锡林郭勒盟增幅最大，2020年专项债务比增长了26倍；只有贵阳市出现降幅，同比下降2%。

对比图1-106和图1-107，无论是2020年还是三年平均，专项债务比值的极差都大于一般债务比，且2020年与三年平均的专项债务比的变化差值更大，即一般债务比比专项债务比更稳定、波动更小。

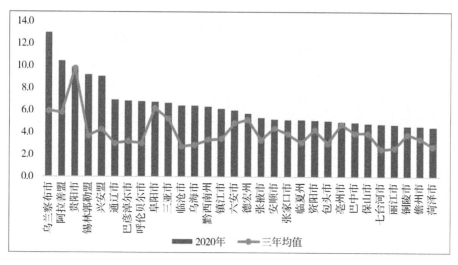

图 1-105　2020 年排名前 30 地区专项债务比

排名后 30 地区中债务结构分布各不相同，整体专项债务余额占比更高。三年平均和 2020 年债务余额总额/GDP 值最小的均是深圳市，标准化数值分别为 0.4 和 0.7，因其极高的 GDP 值和较小的债务余额值；深圳市专项债务余额占比较高，因其专项债务余额逐年增长，2020 年达 812.34 亿元。2018—2020 年，排名后 30 地区债务余额/GDP 整体逐年增加。整体专项债务余额占比升高。

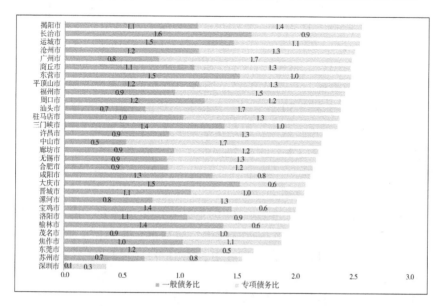

图 1-106　排名后 30 地区三年平均债务结构值

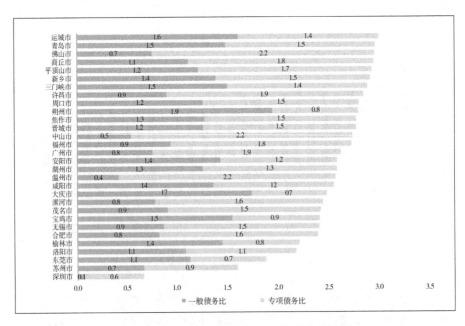

图1-107 排名后30地区2020年债务结构值

2020年全国一般债务比排名后30的地区依次是深圳市、温州市、济南市、中山市、苏州市、佛山市、广州市、汕头市、菏泽市、漯河市、合肥市、徐州市、无锡市、许昌市、兰州市、茂名市、福州市、德阳市、常州市、信阳市、厦门市、洛阳市、驻马店市、商丘市、廊坊市、东莞市、长沙市、湛江市、平顶山市、揭阳市,一般债务比均小于0.06,一般债务存量低。其中,深圳市最低,只有0.0025,因深圳市有着极高的GDP值。

2018—2020年排名后30地区的一般债务比均值分别为0.043、0.043和0.042,基本平稳无变化。其中,温州市增幅最大,同比增长144%;济南市降幅最大,同比下降28.7%。2020年温州市的一般债务比与三年平均值有明显差距,其他地区余额变化较稳定,因为温州2020年的一般债务余额相比2019年有大幅下降。见图1-108。

2020年全国专项债务比排名后30的地区依次是玉树州、海南州、深圳市、黑河市、大庆市、东莞市、石嘴山市、榆林市、鸡西市、鄂尔多斯市、朔州市、宝鸡市、苏州市、大兴安岭市、凉山州、白城市、甘孜州、洛阳市、安阳市、齐齐哈尔市、常德市、锦州市、咸阳市、河池市、丹东市、佳木斯市、辽阳市、伊春市、绥化市、双鸭山市,专项债务比均不超过

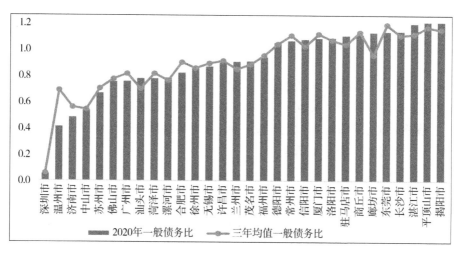

图 1-108　2020 年排名后 30 地区一般债务比

0.063，专项债务存量低。其中，玉树州最低，只有 0.016。

2018—2020 年排名后 30 地区的专项债务比均值分别为 0.023、0.034 和 0.046，呈上升趋势，与新冠肺炎疫情冲击有关。其中，深圳市增幅最大，2020 年上涨了 12.5 倍。只有玉树州出现降幅，同比下降 15.7%。大部分地区专项债务比的 2020 年值和三年均值差距较大，即排名后 30 地区专项债务比值波动变化较大。见图 1-109。

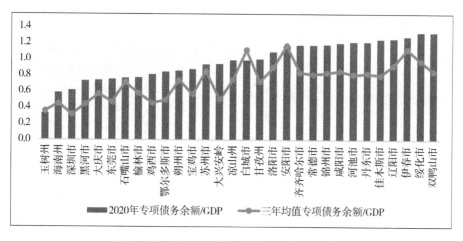

图 1-109　2020 年排名后 30 地区专项债务比

第五节 绩效评价指数

本部分介绍绩效评价指数。该指数由目标完成度和治理水平2个二级指标构成，2个二级指标又划分为GDP增长目标完成度、财政收支目标完成度、债务余额限额比、财政公开度、预算管理指数、高质量发展综合绩效评价6个三级指标，具体见表1-4。

表1-4 绩效评价指数

指标名称	指标方向	指标类别	指标定义
三、绩效评价		一级指标	
1. 目标完成度		二级指标	
a. GDP增长目标完成度	正	三级指标	GDP实际增长率 − GDP目标增长率
b. 财政收支目标完成度	正	三级指标	$\dfrac{\text{财政收入决算数}}{\text{财政收入预算数}} \times 100\%$ $\dfrac{\text{财政支出决算数}}{\text{财政支出预算数}} \times 100\%$
c. 债务余额限额比	正	三级指标	$\dfrac{\text{年末地方政府债务余额}}{\text{本年地方政府债务余额限额}} \times 100\%$
2. 治理水平		二级指标	
a. 财政公开度	正	三级指标	$\dfrac{\text{公布的财政数据量}}{\text{全部财政数据量}} \times 100$
b. 预算管理指数	负	三级指标	收入偏离比例 = （|一般公共预算收入决算 − 一般公共预算收入预算|）/ 一般公共预算收入预算 支出偏离比例 = （|一般公共预算支出决算 − 一般公共预算支出预算|）/ 一般公共预算支出预算
c. 高质量发展综合绩效评价	正	三级指标	全员劳动生产率 = $\dfrac{\text{GDP}}{\text{年平均从业人数}}$ 全员劳动生产率增长率 = （本年全员劳动生产率 − 上一年全员劳动生产率）/ 上一年全员劳动生产率

第一章 地方财政可持续性报告

一、绩效评价指数的平均趋势

（一）一级指数的平均趋势

绩效评价指数 2018—2020 年分别为 5.70、5.70 和 5.73，呈上升趋势。2020 年同比上升 0.6 个百分点。见图 1-110。

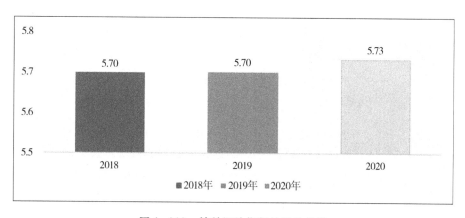

图 1-110 绩效评价指数的平均趋势

（二）三级指数的平均趋势

本节将分别描述 GDP 增长目标完成度、财政收入目标完成度、财政支出目标完成度、债务余额限额比、财政公开度、财政收入偏离度、财政支出偏离度、高质量发展综合绩效评价在 2018—2020 年的变动情况。从 2018 年到 2020 年，GDP 增长目标完成度由 7.77 变为 7.87 而后变为 7.05，呈现波动变化；对于财政收入完成度指数，其在 2018—2020 年分别为 3.49、3.32、3.47；财政支出目标完成度指数在 2018—2020 年分别为 1.90、1.87、1.98；债务余额限额比指数在 2018—2020 年分别为 3.14、3.18、3.18；财政公开度指数在 2018—2020 年分别为 5.98、6.52、7.59；财政收入偏离度指数在 2018—2020 年分别为 9.23、9.31、8.79；财政支出偏离度指数在 2018—2020 年分别为 8.74、7.83、8.58；高质量发展综合绩效评价指数在 2018—2020 年分别为 5.34、5.70、5.22。见图 1-111。

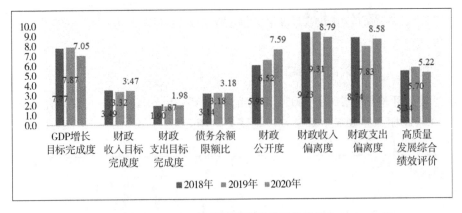

图 1-111　绩效评价指数的平均趋势

二、绩效评价指数的省际比较

（一）一级指数的省际比较

2020年绩效评价指数最高的是北京，为6.69，最低的是湖北，为4.64。北京2018—2020年绩效评价指数均值是6.41，湖北是5.46。2018—2020年绩效评价指数排名前五名的分别是北京、重庆、四川、浙江、云南，排名后五名的分别是海南、内蒙古、黑龙江、吉林、湖北。见图1-112。

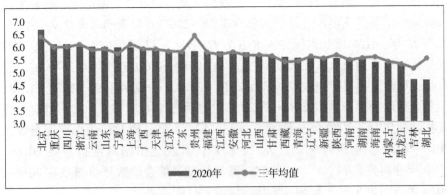

图 1-112　绩效评价指数的省际对比

（二）三级指数的省际比较

1. GDP 增长目标完成度

2020 年初 GDP 增长目标完成度的省（自治区、直辖市）排名从高到低为：西藏、甘肃、广西、山东、四川、云南、新疆、江苏、山西、宁夏、安徽、河北、重庆、天津、浙江、青海、广东、吉林、河南、贵州、湖南、海南、黑龙江、福建、江西、内蒙古、辽宁、北京、陕西、上海、湖北。据图 1-113 可知，全国所有省份就省内平均情况看均未能完成 2020 年 GDP 增长目标，受新冠肺炎疫情影响最为严重的湖北省 2020 年 GDP 实际增长较预期增长偏离最大，西藏 GDP 增长率最为接近其目标。见图 1-113。

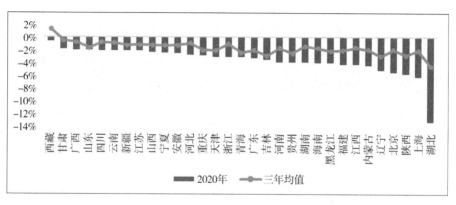

图 1-113 GDP 增长目标完成度的省（自治区、直辖市）际对比

2. 财政收支目标完成度

2020 年初财政收入目标完成度的省（自治区、直辖市）排名从高到低为：北京、安徽、青海、湖南、西藏、福建、内蒙古、四川、云南、重庆、广东、贵州、江苏、甘肃、江西、辽宁、河北、山西、广西、上海、山东、陕西、河南、浙江、海南、宁夏、黑龙江、新疆、吉林、天津、湖北。据图 1-114 可知，受新冠肺炎疫情影响，湖北省 2020 年整体上未完成年初财政收入预算数，而北京、安徽、青海等省份由于受新冠肺炎疫情影响较小、预算数制定时间较晚等，2020 年财政收入决算数甚至超过了预算数。

2020 年初财政支出目标完成度的省（自治区、直辖市）排名从高到低为：吉林、黑龙江、青海、四川、西藏、新疆、湖南、宁夏、安徽、辽宁、广西、福建、甘肃、山西、陕西、内蒙古、河南、湖北、江西、重庆、北

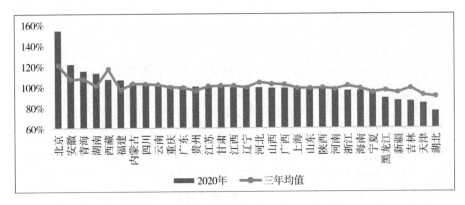

图1-114 财政收入目标完成度的省（自治区、直辖市）际对比

京、河北、江苏、贵州、广东、山东、云南、浙江、上海、天津、海南。吉林、黑龙江部分地级市出现财政支出决算数远高于预算数的情况，需要特别注意。见图1-115。

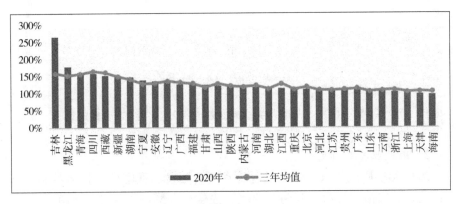

图1-115 财政支出目标完成度的省（自治区、直辖市）际对比

3. 债务余额限额比

2020年初债务余额限额比省（自治区、直辖市）排名从高到低为：宁夏、天津、贵州、湖南、内蒙古、广西、黑龙江、浙江、海南、湖北、重庆、四川、山西、山东、江苏、新疆、辽宁、安徽、吉林、广东、西藏、甘肃、云南、河北、福建、陕西、江西、青海、河南、上海、北京。从近三年整体得分所示，波动较小，变动不大。见图1-116。

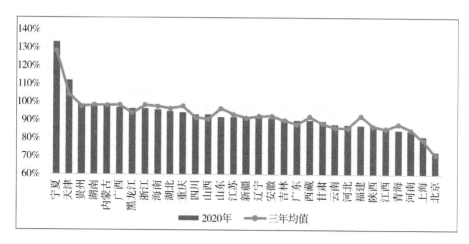

图 1-116 债务余额限额比的省（自治区、直辖市）际对比

4. 财政公开度

2020 年财政公开度得分省（自治区、直辖市）排名从高到低为：北京、上海、天津、重庆、浙江、四川、山东、广西、云南、江西、安徽、广东、江苏、福建、湖北、贵州、青海、宁夏、河北、辽宁、吉林、黑龙江、陕西、西藏、新疆、海南、湖南、河南、山西、甘肃、内蒙古。综观 2018—2020 年的财政公开度得分数据，各省的财政公开度得分都有明显的增长，表明各个省份的财政公开度都在不断提升。见图 1-117。

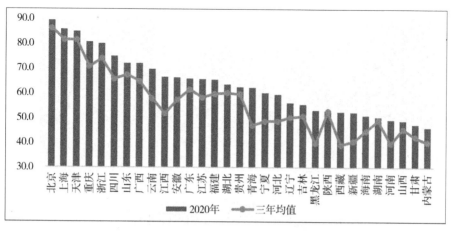

图 1-117 财政公开度的省（自治区、直辖市）际对比

5. 预算管理指数①

2020年财政收入偏离度的省（自治区、直辖市）排名从高到低为：青海、江苏、西藏、湖北、贵州、安徽、吉林、天津、黑龙江、湖南、广西、新疆、内蒙古、河南、北京、宁夏、甘肃、重庆、四川、海南、浙江、云南、河北、江西、陕西、山东、山西、辽宁、上海、广东、福建。见图1-118。

2020年财政支出偏离度的省级排名从高到低为：黑龙江、西藏、青海、四川、宁夏、安徽、贵州、广西、陕西、福建、甘肃、新疆、辽宁、内蒙古、山西、吉林、湖北、河南、海南、北京、江西、天津、重庆、广东、湖南、河北、江苏、云南、上海、山东、浙江。见图1-119。

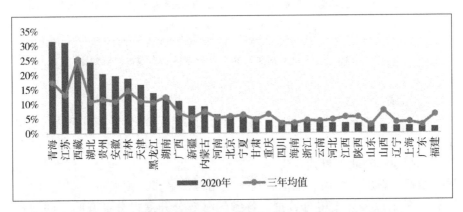

图1-118 财政收入偏离度的省（自治区、直辖市）际对比

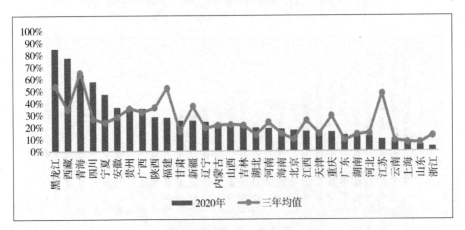

图1-119 财政支出偏离度的省（自治区、直辖市）际对比

---

① 负向指标。

从总体上看，经济较为发达的地区财政收支偏离程度较低，如北京、上海、广东等，而经济发展水平较为落后的地区财政收支偏离程度较高，如青海、西藏等。此外，除了部分省份2020年的财政收支偏离程度低于近三年财政收支偏离程度的平均值，全国绝大多数省份2020年的财政收支偏离程度都高于近三年财政收支偏离程度的平均值，这从某种程度上反映了新冠肺炎疫情对我国各地方政府的财政收支管理造成了比较大的影响。

6. 高质量发展综合绩效评价

2020年高质量发展综合绩效评价的省（自治区、直辖市）排名从高到低为：西藏、云南、天津、湖南、广西、安徽、辽宁、青海、江西、内蒙古、重庆、山西、宁夏、河北、上海、四川、甘肃、吉林、江苏、黑龙江、山东、福建、北京、陕西、湖北、广东、贵州、新疆、河南、浙江、海南。从总体上看，近三年来，中西部地区的评分较高，如西藏、云南、湖南等，说明中西部地区较东部沿海地区经济增速快。此外，除了部分省份2020年的评分高于近三年评分的平均值，全国绝大多数省份2020年的评分都低于近三年评分的平均值，这从某种程度上反映了新冠肺炎疫情对我国社会经济发展和全社会劳动生产造成了较大的影响。见图1-120。

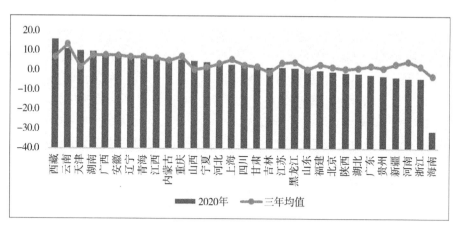

图1-120 高质量发展综合绩效评价的省（自治区、直辖市）际对比

三、绩效评价指数的重要地级行政区比较

（一）一级指数的重要地级行政区比较

2020年全国绩效评价指数排名前30的地区依次是铁岭市、银川市、巴

中市、烟台市、南充市、舟山市、聊城市、楚雄州、滨州市、杭州市、广元市、临沧市、来宾市、昭通市、遂宁市、内江市、梧州市、凉山州、成都市、雅安市、珠海市、汕尾市、红河市、广州市、黄山市、甘孜州、福州市、汕头市、铜陵市、滁州市，均在6以上，目标完成效果较好。见图1-121。

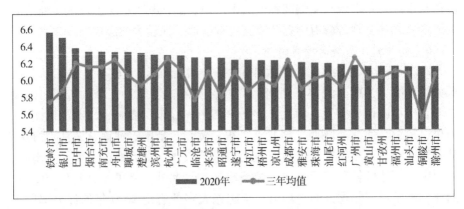

图1-121　2020年排名前30地区的绩效评价指数

2020年全国绩效评价指数排名后30的地区依次是恩施州、白山市、四平市、黄南州、通化市、宜昌市、七台河市、白城市、咸宁市、襄阳市、孝感市、荆州市、盘锦市、鸡西市、朝阳市、黄冈市、衡阳市、荆门市、辽源市、株洲市、焦作市、延边州、鹤岗市、巴彦淖尔市、大兴安岭市、十堰市、包头市、松原市、嘉峪关市、淮北市，均在5以下，目标完成情况较差，排名后30地区之间的差异较大，其中最低的是恩施州，在3以下，最高的是淮北。此外，排名后30地区中三年均值与2020年值差距较大，年度变化较大。见图1-122。

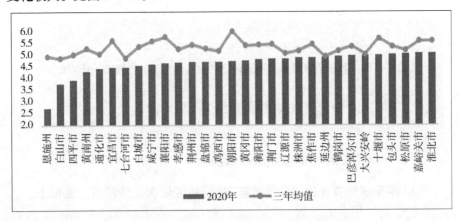

图1-122　2020年排名后30地区的绩效评价指数

(二) 三级指数的重要地级行政区比较

1. GDP 增长目标完成度

以 2020 年数据为排序标准，全国各地级市中 GDP 增长目标完成度最好的地区是金昌市，指数排名前 30 的地区依次是金昌市、楚雄州、铜陵市、凉山市、梧州市、驻马店市、红河州、崇左市、新乡市、珠海市、三门峡市、洛阳市、濮阳市、丽江市、来宾市、南通市、贵阳市、广元市、眉山市、玉树州、宿州市、临沂市、成都市、资阳市、昭通市、日照市、舟山市、滨州市、铜川市、信阳市。可以看到，GDP 增长目标完成度较好的主要为发达地区和受新冠肺炎疫情影响较小的地区。见图 1-123。

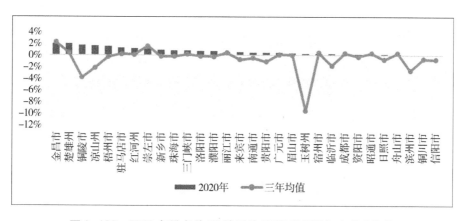

图 1-123　2020 年排名前 30 地区的 GDP 增长目标完成度指数

以 2020 年数据为排序标准，全国各地级市中 GDP 增长目标完成度最差的地区是焦作市，指数排名后 30 的地区依次是焦作市、鄂州市、商洛市、黄冈市、黄石市、荆州市、襄阳市、随州市、荆门市、咸宁市、十堰市、武汉市、宜昌市、安康市、孝感市、漳州市、恩施州、葫芦岛市、白山市、海西州、北海市、七台河市、德宏州、巴彦淖尔市、鄂尔多斯市、儋州市、延安市、南平市、咸阳市、呼伦贝尔市。可以看到，受新冠肺炎疫情影响，湖北省多数地级市的 GDP 增长率均与年初设定的目标值差距较大。见图 1-124。

2. 财政收支完成度

以 2020 年数据为排序标准，财政收入目标完成度指数排名前 30 的地区依次是株洲市、马鞍山市、松原市、淮北市、六安市、莆田市、海东州、迪庆州、海南州、西宁市、来宾市、黑河市、铜陵市、果洛州、钦州市、锡林郭勒盟、黄石州、遂宁州、贵港州、临夏州、兴安盟、鄂尔多斯市、乌海市、武威市、贺州市、雅安市、怒江州、海北州、乌兰察布市、南昌市。见图1-125。

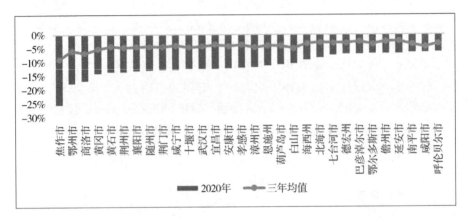

图1-124　2020年排名后30地区的GDP增长目标完成度指数

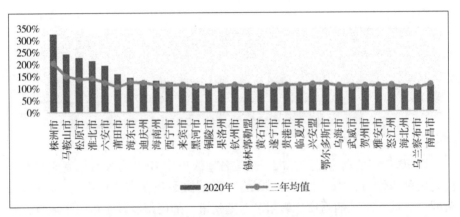

图1-125　2020年排名前30地区的财政收入完成度指数

以2020年数据为排序标准，财政收入目标完成度指数排名后30的地区依次是四平市、白山市、襄阳市、宜昌市、白城市、吉林市、鸡西市、七台河市、通化市、荆门市、恩施州、孝感市、咸宁市、十堰市、荆州市、桂林市、随州市、武汉市、伊春市、柳州市、大庆市、张家界市、葫芦岛市、渭南市、淄博市、廊坊市、固原市、临沂市、梧州市、台州市。见图1-126。

以2020年数据为排序标准，财政支出目标完成度指数排名前30的地区

第一章 地方财政可持续性报告

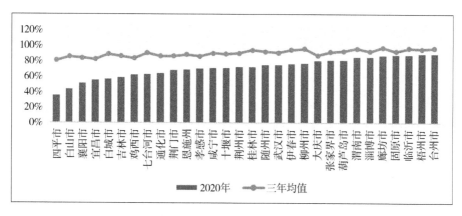

图1-126 2020年排名后30地区的财政收入完成度指数

依次是白山市、松原市、株洲市、白城市、马鞍山市、阿坝州、甘孜州、淮北市、佳木斯市、湘西州、七台河市、伊春市、鸡西市、朝阳市、阿拉善盟、绥化市、鄂尔多斯市、吉林市、双鸭山市、黑河市、大兴安岭市、广元市、玉树州、宜宾市、本溪市、中卫市、果洛州、攀枝花市、乌兰察布市、雅安市。白山市、松原市、株洲市、白城市等地级市财政支出决算数超预算数较多，需要特别注意。见图1-127。

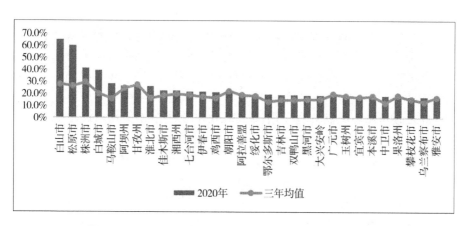

图1-127 2020年排名前30地区的财政支出完成度指数

以2020年数据为排序标准，财政支出目标完成度指数排名后30的地区依次是海口市、乌海市、深圳市、三亚市、赣州市、怒江州、呼和浩特市、包头市、商洛市、河源市、中山市、孝感市、通化市、曲靖市、保定市、东

95

莞市、平凉市、赤峰市、怀化市、齐齐哈尔市、江门市、兴安市、吴忠市、辽阳市、鞍山市、景德镇市、延边州、榆林市、安顺市、汕尾市。见图1-128。

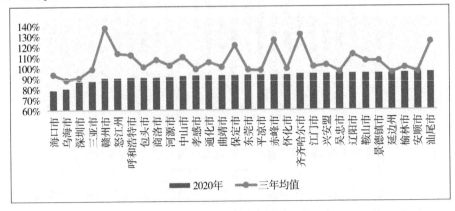

图1-128　2020年排名后30地区的财政支出完成度指数

3. 债务余额限额比

债务余额限额比排名前30的地区依次是固原市、鸡西市、中卫市、石嘴山市、宜宾市、嘉峪关市、银川市、哈尔滨市、安顺市、盘锦市、呼和浩特市、吕梁市、秦皇岛市、延边州、西安市、遂宁市、松原市、黔东南州、绍兴市、衢州市、丽水市、太原市、阳泉市、晋城市、白山市、长沙市、邵阳市、岳阳市、常德市、益阳市。其中，固原市、鸡西市、中卫市债务余额限额比值较高，其原因是债务余额远高于债务限额，债务余额限额比值过高可能是因为当年政府在公共设施建设等城市基建专项投入上较多，开支较大，导致政府债务余额远高于限额。2020年值比三年平均值波动较小，债务较为稳定。见图1-129。

债务余额限额比排名后30的地区从高到低依次是海西州、合肥市、红河州、商洛市、郑州市、阿坝州、朝阳市、新乡市、新余市、白城市、迪庆州、攀枝花市、青岛市、深圳市、鹤岗市、达州市、洛阳市、黑河市、双鸭山市、锡林郭勒盟、海南州、通辽市、兴安市、阿拉善盟、大兴安岭、乌海市、海口市、铁岭市、齐齐哈尔市、海东市。对比2020年值与三年平均数值其债务完成度波动幅度较大，最低的海东市与三年平均值相比差距较大，说明地方政府债务余额情况不稳定，这也与当年政府的财政收支有关。政府应稳定地区财政收支，保障地区的偿债能力和基础设施建设支出，稳定民生。见图1-130。

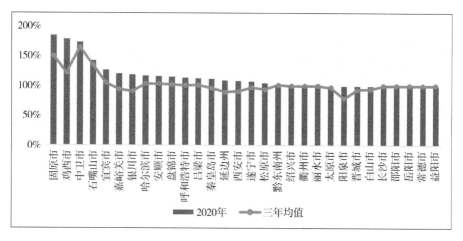

图 1-129 2020 年排名前 30 地区的债务余额限额比指数

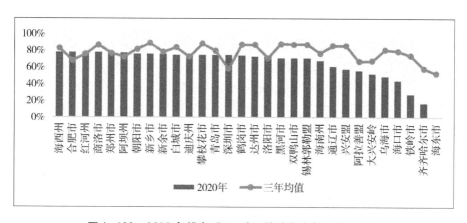

图 1-130 2020 年排名后 30 地区的债务余额限额比指数

4. 财政公开度

2020 年全国财政公开度排名前 30 的地区从高到低依次是烟台市、杭州市、广州市、深圳市、湖州市、珠海市、武汉市、成都市、雅安市、梧州市、淄博市、聊城市、南宁市、开封市、滨州市、乐山市、温州市、舟山市、昆明市、泉州市、绍兴市、巴中市、韶关市、无锡市、金华市、内江市、南充市、桂林市、滁州市、威海市,财政公开度数据均高于 85 分,与三年平均公开度数据对比,其波动趋势不大。其中排名靠前的烟台市、杭州市、广州市、深圳市等地,都是发展水平较高的地区。见图 1-131。

2020 年财政公开度全国排名后 30 的地区从高到低依次是黑河市、辽源

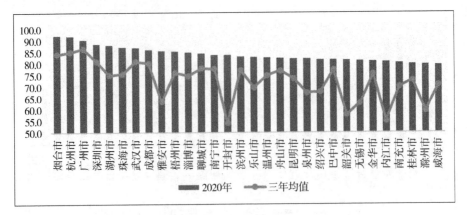

图 1-131　2020 年排名前 30 地区的财政公开度指数

市、武威市、衡阳市、三明市、淮南市、双鸭山市、湛江市、鄂尔多斯市、益阳市、乌兰察布市、抚顺市、秦皇岛市、漯河市、榆林市、驻马店市、包头市、宝鸡市、长治市、信阳市、上饶市、运城市、平顶山市、鹤壁市、新乡市、曲靖市、嘉峪关市、儋州市、怀化市、巴彦淖尔市。从图 1-132 可以看出，2020 年排名后 30 地区的得分整体不高，最高的黑河市为 38 分，而最低的巴彦淖尔市仅为 10 分。从其所处区域看，大多分布在中西部地区，经济发展水平不高。对排名后 30 的地区政府应该提高对政务公开度工作的重视程度。

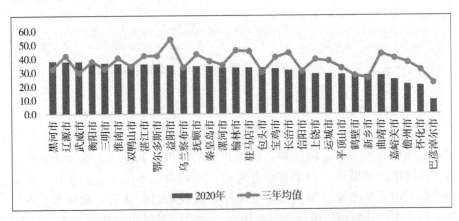

图 1-132　2020 年排名后 30 地区的财政公开度指数

5. 预算管理指数

2020 年财政收入偏离度排名前 30 的地区依次是株洲市、恩施州、马鞍山市、松原市、淮北市、盘锦市、黄南州、六安市、四平市、邵阳市、莆田市、盐城市、白山市、襄阳市、衡阳市、辽源市、宜昌市、白城市、吉林市、海东市、鸡西市、七台河市、通化市、呼和浩特市、荆门市、黄冈市、孝感市、咸宁市、十堰市、荆州市。见图1-133。

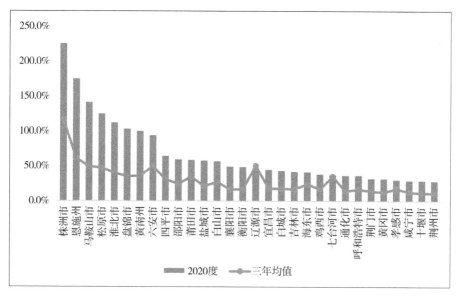

图1-133　2020年排名前30地区的财政收入偏离度指数

2020年财政收入偏离度排名后30的地区依次是通辽市、景德镇市、常州市、扬州市、泰安市、文山市、青岛市、湛江市、曲靖市、合肥市、大理州、资阳市、宣城市、六盘水市、楚雄市、威海市、延安市、本溪市、锦州市、德州市、沧州市、西双版纳州、临沧市、抚顺市、淮安市、红河市、娄底市、铜川市、石家庄市、泰州市。见图1-134。

2020年财政支出偏离度排名前30的地区依次是白山市、松原市、白城市、株洲市、马鞍山市、阿坝州、甘孜州、淮北市、佳木斯市、湘西州、鹤岗市、七台河市、黑河市、鸡西市、绥化市、双鸭山市、阿拉善盟、黄南州、吉林市、鄂尔多斯市、大兴安岭、广元市、黄冈市、伊春市、玉树州、宜宾市、本溪市、中卫市、果洛州、牡丹江市。见图1-135。

2020年财政支出偏离度排名后30的地区依次是泉州市、宣城市、保山市、文山市、新余市、盐城市、张家界市、红河州、金昌市、德州市、济宁市、随州市、襄阳市、丽江市、滁州市、上饶市、内江市、东营市、聊城

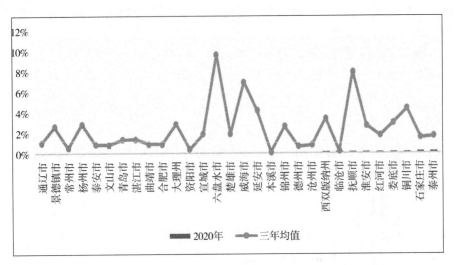

图 1-134　2020 年排名后 30 地区的财政收入偏离度指数

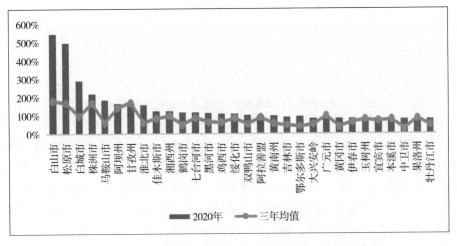

图 1-135　2020 年排名前 30 地区的财政支出偏离度指数

市、菏泽市、通辽市、宿州市、丽水市、信阳市、周口市、潍坊市、揭阳市、嘉峪关市、驻马店市、娄底市。见图 1-136。

6. 高质量发展综合绩效评价

2020 年高质量发展综合绩效评价排名前 30 的地区依次是淮南市、甘孜州、朝阳市、武威市、乌兰察布市、楚雄市、巴中市、广元市、忻州市、临沧市、阿坝州、岳阳市、内江市、铜川市、曲靖市、平凉市、自贡市、兴安

第一章 地方财政可持续性报告

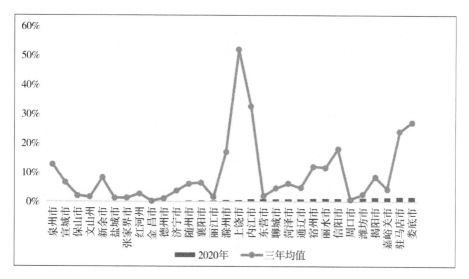

图1-136 2020年排名后30地区的财政支出偏离度指数

市、昭通市、固原市、普洱市、天水市、梧州市、益阳市、定西市、南充市、黔西南州、运城市、遂宁市、白银市。对比2020年与三年平均的数据，可以发现排名前30的地区2020年的财政收入偏离程度都高于三年平均值，这说明排名靠前的地区在2020年的发展状况比前两年更好。见图1-137。

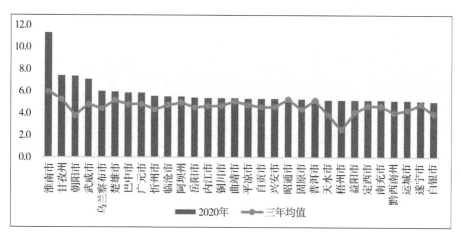

图1-137 2020年排名前30地区的高质量发展综合绩效评价指数

2020年高质量发展综合绩效评价排名后30的地区依次是四平市、盘锦

101

市、通化市、中山市、三亚市、焦作市、深圳市、海西州、嘉峪关市、惠州市、金华市、东莞市、成都市、银川市、珠海市、西安市、郑州市、黔南市、昆明市、佛山市、鄂州市、太原市、广州市、海口市、武汉市、长沙市、铁岭市、南宁市、苏州市、兰州市。见图1-138。

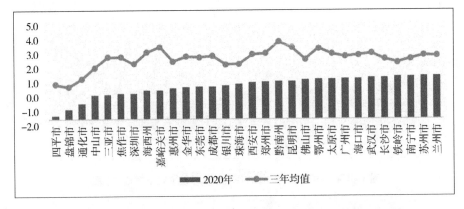

图1-138　2020年排名后30地区的高质量发展综合绩效评价指数

第二章 地级市政府债务现状及风险研究[①]

第一节 导　　言

一、研究背景

地方政府举债是解决资源跨期调配、实现代际公平的普遍途径（Gregory C，Brian D，2016；Merette M，1998；Catrina IL，2013；Pawa K，Gee C，2021）。中国地方政府举债主要用于公共基础设施建设，有效改善了招商引资环境和社会居住环境，对经济发展起到了积极作用（吕健，2015；郭步超、王博，2014；贾俊雪、郭庆旺，2011；毛捷、黄春元，2018；程宇丹、龚六堂，2014）。与此同时，一些地方政府盲目举债、违规举债也积累了债务隐患（封北麟，2009；魏加宁，2004）。根据审计署2011年和2013年的两次政府性债务审计结果，两年时间内，总计地方政府性债务余额由107174.91亿元增长为178908.66亿元，增长幅度67%；地方政府负有偿还责任的债务由67109.51亿元增长为108859.17亿元，增长幅度为62%；地方政府可能承担一定救助责任的债务由16695.66亿元增长为43393.72亿元，增长幅度为160%。过快增长的地方政府性债务为地方政府带来了财政压力、金融风险，成为中国经济发展最大的灰犀牛（周世愚，2021；骆晓强、梁权琦等，2017；廖茂林，2019；夏诗园，2020）。见图2-1。

[①] 本章作者简介：钟瑞，中山大学政治与公共事务管理学院，博士研究生；牛美丽，中山大学政治与公共事务管理学院，博士，教授；杨胜海，中山大学政治与公共事务管理学院，硕士研究生；赖玺滟，中山大学政治与公共事务管理学院，硕士研究生；张曲可，中山大学政治与公共事务管理学院，硕士研究生。

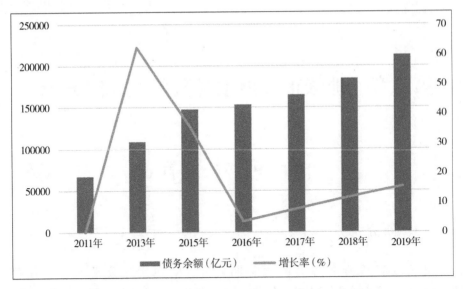

图 2-1　2011—2020 年全国地方政府债务余额①

市级地方政府债务占比最高，举债主体、偿债压力主要在市级，针对市级地方政府的债务研究更为重要，图 2-2 选取了最新的 2013 年地方政府债务数据。2011 年审计署的地方政府性债务审计结果表明，市级地方政府负有偿还责任的债务余额 46632.06 亿元，占总层级地方政府偿还责任债务的 43.51%②。2013 年的政府性债务审计结果表明，市级政府负有偿还债务的债务为 48434.61 亿元，占相应类型地方政府性债务的 45%③。见图 2-2。

由于不断增长的地方政府债务，以及由此可能引发的系统性金融风险，国家开始对地方政府举债进行管理。2014 年国务院出台了地方政府债务管理的纲领性文件——《国务院关于加强地方政府性债务管理的意见》（国发

---

①　2011 年和 2013 年的地方政府债务指审计报告中狭义的地方政府债务，仅包括政府负有偿还责任的债务，2015—2019 年的数据来源于中国地方政府债券信息公开平台（http://www.celma.org.cn/ndsj/index.jhtml）。

②　审计署 2011 年第 35 号"全国政府性债务审计结果"表明，省级地方政府负有偿还责任债务余额 32111 亿元，占所有地方政府的 29.96%；市级地方政府负有偿还责任债务余额 46632 亿元，占所有地方政府的 43.51%；县级地方政府负有偿还责任债务余额 28430 亿元，占所有地方政府的 26.53%。

③　审计署 2013 年"全国政府性债务审计结果"表明，省级地方政府负有偿还责任债务余额 17780 亿元，占所有地方政府的 16.3%；市级地方政府负有偿还责任债务余额 48434 亿元，占所有地方政府的 44.49%；县级地方政府负有偿还责任债务余额 39573 亿元，占所有地方政府的 36.3%。

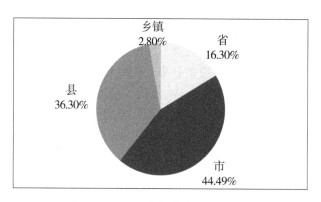

图2-2 2013年各级地方政府债务占比

〔2014〕43号)(以下简称"43号文")是中央对地方政府进行债务管理的标志性文件,它开启了地方债管理"开前门、堵偏门"的管理基调。随后,国务院出台了《国务院办公厅关于印发地方政府性债务风险应急处置预案的通知》(国办函〔2016〕88号),财政部出台了《财政部关于印发〈地方政府性债务风险分类处置指南〉的通知》(财预〔2016〕152号)、《关于进一步规范地方政府举债融资行为的通知》(财预〔2017〕50号)、《关于坚决制止地方以政府购买服务名义违法违规融资的通知》(财预〔2017〕87号)和《关于规范金融企业对地方政府和国有企业投融资行为有关问题的通知》(财预〔2018〕23号)等,中国银行保险监督管理委员会出台了《银行保险机构进一步做好地方政府隐性债务风险防范化解工作的指导意见》(银保监发〔2021〕15号)。政策的不断出台,标志着中央不断从多主体、全方位加强对地方政府举债的监管,债务管理政策逐步收紧。

二、研究内容

本报告收集了260个地级市[①]的地方政府债务(来源于各市财政局归口的地方政府债务余额)。其研究内容包括两部分:一部分是地级市政府债务的规模。具体而言,债务规模包括债务限额、债务余额、一般债务余额和专项债务余额4个指标,并从全国地级市债务规模总体分析[②]、全国地级市债

---

① 本报告不含新疆、西藏、吉林、江西4个省份的地级市。原因为新疆和西藏的特殊性,以及吉林省和江西省地级市未公布全市口径的债务与地方财力。

② 计算方式为所有样本260个地级市的债务现状之和,并不涵盖全国所有地级市,也不同于全国政府债务概念。下同。

务规模分区域分析①、全国地级市政府债务分重点城市分析②三个层级呈现。

另一部分是地级市政府债务的财政风险。具体而言，财政风险包括负债率、债务率、一般债务率、专项债务率、长期负债能力、长期债务能力6个指标，并从全国地级市财政风险总体分析、全国地级市财政风险分区域分析、全国地级市财政风险分重点城市分析三个层级呈现。

三、核心概念

（一）地方政府债务

Hana Polackova Brixi（1998）的债务风险矩阵是当下广为引用的划分，它根据是否有法律或合同保障、政府是否无论何时都具有偿还义务，将政府债务划分为显性债务和隐性债务、直接债务和或有债务。见表2-1。

表2-1 财政风险矩阵

类别	直接债务 （无论何时，政府 都有债权义务）	或有债务 （政府在特殊情况下 才有债权义务）
显性债务 （有合同和法律保护）	·主权债务或由中央政府认可的债务 ·预算法内的支出 ·拖欠行政事业单位工作人员的工资以及离退休金 ·地方政府发行的债务	·政府担保的非主权债务 ·政府担保的国内债务 ·国家安全计划（如自然灾害、战争）

---

① 计算方式为将本样本中的260个地级市按东、中、西、东北4个类型进行划分。由于东北区域缺少吉林省、中部区域缺少江西省，因此不采用区域债务总规模（区域内所有地级市债务之和）比较，而是区域地级市平均债务规模（区域内所有地级市债务之和/地级市个数）比较。下同。

② 重点城市即按照第一财经·新一线城市研究所在2019年5月24日举办的"新一线城市峰会"上发布的《2019城市商业魅力排行榜》中的一线城市、新一线城市、二线城市。该排行榜的依据是通过收集170个主流消费品牌的商业门店数据和18家各领域头部互联网公司的用户行为数据和数据机构的城市大数据，按照商业资源集聚度、城市枢纽性、城市人活跃度、生活方式多样性和未来可塑性五大维度指数来评估337个中国地级及以上城市，算法综合新一线城市研究所专家委员会打分的方式及主成分分析法综合得出最终结果。由于本研究使用的数据截至2019年，因此采用2019年的排行榜。下同。

续表 2-1

类别	直接债务 （无论何时，政府 都有债权义务）	或有债务 （政府在特殊情况下 才有债权义务）
隐性债务 （受公众预期和利益集团压力，政府对此有道德义务）	·未来常态化公共投资项目 ·法律未规定的未来社会养老金支出 ·法律未规定的未来公共安全支出 ·法律未规定的未来医疗保障金支持	·金融机构的债务危机 ·地方政府、国有企业、私营企业的债务危机 ·养老金、失业金、公共安全基金的投资失败 ·救助私有企业的资金流动困难 ·环境破坏、自然灾害、军队开支等

毛捷和徐军伟（2019）根据地方政府偿还责任划分了狭义和广义的地方政府。狭义的地方政府指2014年底经甄别后地方政府负有偿还责任的债务，以及2015年以来地方政府自发自还的债券。广义的地方政府债务指在此基础上还包括2014年经甄别后存量债务中政府负有担保、救助责任的债务，未甄别的隐性债务，以及社保资金缺口和应对公共风险支出三类。

审计署2011年将政府债务（亦称公共债务）定义为政府凭借其信誉，政府作为债务人与债权人之间按照有偿原则发生信用关系来筹集财政资金的一种信用方式，也是政府调度社会资金，弥补财政赤字，并借以调控经济运行的一种特殊分配方式①。同时将政府债务分为狭义的和广义的，狭义的政府债务包括国债、地方债等债券形成的债务，由政策性银行和商业银行贷款形成的债务，外国政府贷款、世界银行贷款和亚洲开发银行贷款等外资形成的债务。广义的政府债务除以上内容外，还包括政府举借由政府财政性资金偿还债务、政府提供担保的债务和政府为融资平台、事业单位的公益性项目承担救济责任的债务。

财政部是我国地方政府债务的归口管理部门，它在审计署狭义与广义之分的基础上，更进一步按照政府债务的责任类型划分了政府负有偿还责任的债务、政府负有担保责任的债务、政府可能承担一定救助责任的债务。（见表2-2）据《国务院关于加强地方政府融资平台公司管理有关问题的通知》（财预〔2010〕412号）规定，政府负有偿还责任的债务须由财政资金偿还，

---

① 参见审计署（http://www.audit.gov.cn/n6/n41/c19,751/content.html），2011年12月31日。

出现无力偿还时，政府可启动债务风险应急处置方案。政府负有担保责任的债务，政府并不以财政资金偿还，当被担保人无力偿还时，政府承担连带责任。政府可能承担一定救助责任的债务，政府也不以财政资金偿还，但当债务人出现偿债困难时，政府出于公共风险、社会影响的考虑须给予救助。

表2-2 财政部的地方政府债务口径

地方政府债务类型	定义
偿还责任债务	由财政资金偿还，出现无力偿还时，政府可启动债务风险应急处置方案
担保责任债务	不以财政资金偿还，当被担保人无力偿还时，政府承担连带责任
可能承担一定救助责任债务	不以财政资金偿还，但当债务人出现偿债困难时，政府出于公共风险、社会影响的考虑须给予救助

综上所述，按照Brixi（1998）的风险矩阵，本章所研究的地方政府债务属于直接显性债务，即具有法律保证，政府无论何时也都必须承担还债义务。按照毛捷等（2019）的狭义政府债务与广义政府债务分类，本报告的研究对象地方政府债务包括至2014年底甄别的政府承担救助责任的债务，加上2015年起新发行的债券构成，属于学术界定义的狭义地方政府债务，它未包括政府负有担保、救助责任的债务，也未包括隐性债务和社保资金缺口等。按照财政部的政府责任类型划分，本报告的研究对象地方政府债务已经纳入预算管理，必须法定主动公开，属于财政部分类下的政府负有偿还责任的债务。上述三种地方政府概念界定存在交叉，只是侧重点有所不同。Brixi创新性地提出了或有债务的概念，后在中国本土被延伸为隐性债务。

（二）地方政府债务余额

地方政府债务余额（以下简称"债务余额"）为地方政府通过合法合规形式举债的总额，纳入预算管理，政府明确承担偿还责任[①]。它包括截至2013年政府性债务审计核定的地方政府负有偿还责任的债务及之后新增的以政府债券形式举债的政府债务，它属于地方政府显性债务。政府债务余额包括一般债务余额和专项债务余额。

地方政府一般债务余额（以下简称"一般债务"）为项目没有收益、计

---

① 来源于《国务院关于加强地方政府性债务管理的意见》（国发〔2014〕43号）。

划偿债来源主要依靠一般公共预算收入的政府债务①，截至当年地方政府实际举债一般债务总额即当年该地方政府一般债务余额。一般债务包括地方政府一般债券（以下简称"一般债券"）、地方政府负有偿还责任的国际金融组织和外国政府贷款转贷债务（以下简称"外债转贷"）、清理甄别认定的截至2014年12月31日非地方政府债券形式的存量一般债务（以下简称"非债券形式一般债务"）②。

地方政府专项债务余额（以下简称"专项债务"）为项目有一定收益、计划偿债来源主要依靠项目收益对应的政府性基金收入或专项收入、能够实现风险内部化的政府债务③，截至当年地方政府实际举债专项债务总额即当年地方政府专项债务余额。专项债务包括地方政府专项债券（以下简称"专项债券"）、清理甄别认定的截至2014年12月31日非地方政府债券形式的存量专项债务（以下简称"非债券形式专项债务"）④。

（三）地方政府债务限额

地方政府债务限额即上级政府为下级政府制定的举债上限，年度地方政府债务限额等于上年地方政府债务限额加上当年新增债务限额（或减去当年调减债务限额），具体分为一般债务限额和专项债务限额⑤。

地方政府债务总限额由国务院根据国家宏观经济形势等因素确定，并报全国人民代表大会批准，最终合理确定地方政府债务总规模。此外，逐级下达分区域地方政府债务限额，省级财政部门依照财政部下达的限额，提出本区域政府债务安排建议，经省级政府报本级人大常委会批准；采用因素法，根据债务风险、财力状况重大项目支出、融资需求等情况统筹本区域建设投资需求提出省本级及所属各市县当年政府债务限额，报省级政府批准后下达各市县级政府。市县级政府须举借债务的，依照经批准的限额提出本区域当年政府债务举借和使用计划，报本级人大常委会批准，报省级政府备案并由省级政府代为举借。

（四）财政风险

当财政收支偏离了中长期规划，地方政府的公共支出难以保障，政府的

---

① 来源于《地方政府存量债务纳入预算管理清理甄别办法》（财预〔2014〕351号）。
② 来源于《地方政府一般债务预算管理办法》（财预〔2016〕154号）。
③ 来源于《地方政府存量债务纳入预算管理清理甄别办法》（财预〔2014〕351号）。
④ 来源于《地方政府专项债务预算管理办法》（财预〔2016〕155号）。
⑤ 来源于《财政部关于对地方政府债务实行限额管理的实施意见》（财预〔2015〕225号）。

财政风险便发生了（Cebotari et al.，2009）。当地方政府无法承担作为公共主体应承担的公共服务供给、防范化解公共风险等公共责任时，这意味着地方政府发生了财政风险（刘尚希，2003）。

财政风险指标通常包括负债率、债务率、长期负债率、长期债务率，由于中国地方政府债务分为一般债务和专项债务，且参考黄冈[①]、烟台[②]等地级市发布的市本级政府债务风险评估和预警办法的通知，本报告加入一般债务率和专项债务率指标，并以100%为一般债务和专项债务风险警戒值。见表2-3。

表2-3 指标介绍

类别		口径	备注	数据来源
债务规模	债务余额			2015—2019年度决算报告或债务情况表
	一般债务余额			
	专项债务余额			
	可用限额	债务限额 - 债务余额		
财政风险	负债率	$\dfrac{债务余额}{GDP}$		《中国经济社会大数据研究平台》
	债务率Ⅰ	$\dfrac{债务余额}{区域综合财力Ⅰ}$	区域综合财力Ⅰ = 一般公共预算收入合计 + 政府性基金收入合计 + 国有资本经营收入	年度决算报告
	债务率Ⅱ	$\dfrac{债务余额}{区域综合财力Ⅱ}$	区域综合财力Ⅱ = 一般公共预算收入合计 + 转移支付 + 政府性基金收入合计 + 国有资本经营收入	

---

① 来源于《黄冈市市本级政府债务风险评估和预警办法》，http://www.hg.gov.cn/art/2018/1/2/art_ 21963_ 1386630.html。

② 来源于《烟台市政府债务风险评估和预警办法》（烟政办发〔2016〕32号）。

续表 2-3

类别		口径	备注	数据来源
财政风险	一般债务率Ⅰ	一般债务余额 / 一般公共预算收入合计	一般公共预算收入合计①=税收收入+非税收入	
	一般债务率Ⅱ	一般债务余额 / (一般公共预算收入合计+转移支付)	转移支付=返还性收入+一般性转移支付收入+专项转移支付收入	
	专项债务率Ⅰ	专项债务余额 / 政府性基金收入合计	政府性基金收入合计即政府性基金非税收入	
	专项债务率Ⅱ	专项债务余额/(政府性基金收入合计+政府性基金转移收入)	政府性基金转移收入在2019年政府收支分类科目中编号为110-04	
	长期负债率	(1+该地政府债务增长率)/(1+该地GDP增长率)	GDP增长率=(本年GDP-上年GDP)/本年GDP×100%	
	长期债务率Ⅰ	长期偿债能力指标=(1+该地政府债务增长率)/(1+该地综合财力增长率Ⅰ)	同综合财力Ⅰ	
	长期债务率Ⅱ	长期偿债能力指标=(1+该地政府债务增长率)/(1+该地综合财力增长率Ⅱ)	同综合财力Ⅱ	

---

① 一般公共预算收入合计由地方税收收入加非税收入的公共财政能力,属于地方本级的财政收入,是狭义的地方公共预算收入。

四、统计口径与数据来源

本报告数据来源于2015—2019年[①]各城市年度决算报告、地方政府债务表、中国经济社会大数据平台、中国城市统计年鉴。城市年度决算报告主要从当地财政局官网或人民政府门户网站下载。另外,260个城市的决算报告存在诸多异质性,部分城市财政局对于全市、市级、市本级口径存在误用,其决算报告虽然名称为"市级决算报告",但仔细核对报表数值及财政局每年向人大汇报的文字版报告中数值时,实际口径为全市。因此,对于决算报告四本账的口径识别非常关键,需要多方核对数据。对于像江西省、吉林省的城市多方核对后只有市本级决算报告,且申请公开后仍不提供全市决算报告,故将其剔出样本。一些城市会缺失2015年、2016年偏早的决算数据,团队依照2014年新预算法通过政府门户网站向其申请公开。

43号文之后,地方政府重视债务公开制度建设,部分城市在财政局开设了政府债务专栏数据,它包括债务限额、债务余额、债券发行额、债务还本付息数等数据,本团队也可从债务专栏获取债务数据。中国经济社会大数据平台和中国城市统计年鉴提供了本次研究涉及的GDP数据。长期负债率即 $\frac{1+当年该地政府债务增长率}{1+当年该地GDP增长率}$,用于衡量政府长期负债能力;长期债务率即 $\frac{1+当年该地政府债务增长率}{1+当年该地综合财力增长率}$,用于衡量政府长期偿还债务的能力。长期负债率越低,政府能够长期保持债务余额增长与GDP增长速度相匹配的能力越高。长期债务率越低,政府能够长期保持债务余额增长与财政能力增速相匹配的能力越高。一旦长期负债率和长期债务率大于100%,则说明未来还债能力不容乐观。

[①] 2014年新预算法规定地方政府债务纳入预算管理并向社会公开,因此本报告以2015年为数据开始时间。又因为各地决算报告于下一年的10月及之后进行公布,在本研究截止时各地级市对2020年数据公布不全,所以本报告以2019年为数据截止时间。

第二节 地级市政府债务规模分析

一、地级市债务规模总分析[①]

260个地级市，总体上举债限额和举债规模逐年增加，且二者增速逐年增快，国家积极导向的宏观调控明显。同时，国家的债务管理呈向专项债务结构倾斜的趋势。

（一）债务余额在限额以内，债务限额增速大于债务余额增速

2015—2019年地级市政府债务总体上债务限额均大于债务余额，说明国家的限额管理政策得到了有效落实。同时，平均债务余额增长率16.95%小于平均债务限额增长率19.89%，平均限额完成率为2.21%的正增长，这说明从纵向上比较，地级市总体的限额完成情况越来越好，全国举债规模越来越接近举债上限，利用了举债权限。见表2-4。

表2-4 2015—2019年地级市总体平均[②]债务限额、余额及完成情况[③]

类别	年份					平均增速（%）
	2015	2016	2017	2018	2019	
平均债务限额（亿元）	419.02	450.25	444.85	517.59	587.95	—
平均债务限额增长率（%）	—	21.45	12.52	26.44	19.16	19.89
平均债务余额（亿元）	383.67	396.29	410.89	469.99	533.51	—
平均债务余额增长率（%）	—	15.32	13.32	20.29	18.87	16.95
平均限额完成率（%）	1.02	0.93	0.96	0.92	0.95	—
平均限额完成率增长率（%）	—	-2.51	7.28	0.31	3.76	2.21

（二）一般债务规模大于专项债务规模，但后者增速大于前者增速

如表2-5所示，2015—2019年一般债务余额始终大于专项债务余额，

[①] 地级市总分析指的是本样本260个地级市的总体分析，并不是全国地级市，也不是全国性政府债务。

[②] 平均值=有数据的城市的数据/有数据的城市的个数，下同。

[③] 由于文中多数表格内不止一种单位，因此每一张表格中特殊的单位标注在表格中，如"%"，其他多次使用的单位标注在表头，如"亿元"。下同。

这说明我国政府债务结构更主要投向没有收益、以财政资金为还款来源的项目。但是综观一般债务余额与专项债务余额的变化（图2-3），一般债务余额与专项债务余额的差距在不断缩小，2015年一般债务余额是专项债务余额的1.68倍，但2019年一般债务余额是专项债务余额的1.25倍。此外，从专项债务占全部债务的比重来看，2015—2019年的占比分别为7.24%、35.98%、37.23%、40.16%和44.31%，专项债务占全部债务的比重逐年升高。5年内专项债务平均增速14.95%是一般债务平均增速6.4%的两倍。以上数据表明，近几年国家越来越重视专项债券的发行，举债更偏向于有收益、可用项目收益还本的项目。

表2-5　2015—2019年地级市总体平均一般债务余额与专项债务余额

类别	年份					平均增速（%）
	2015	2016	2017	2018	2019	
平均一般债务余额（亿元）	222.07	243.63	239.89	265.11	276.62	—
平均一般债务余额增长率（%）	—	16.65	8.76	21.74	7.00	13.54
平均专项债务余额（亿元）	145.33	160.87	176.30	209.32	255.80	—
平均专项债务余额增长率（%）	—	50.79	39.15	49.88	44.46	46.07

图2-3　2015—2019年地级市总体上各类债务平均规模变化趋势

（三）举债限额与举债实际额逐年增加，且2019年增速最快

如表2-4和表2-5所示，2015—2019年地级市总体上债务限额、债务余额、一般债务余额、专项债务余额均逐年上升。2015—2019年地级市总体上债务余额从14568亿元增长到213098亿元，平均每年增长9.71%，2018—2019年增长最快，增速达15.43%；一般债务余额从92619亿元增长到118671亿元，平均每年增长6.40%，2019年增长最快，增速达7.41%；专项债务余额从54949亿元增长到94427亿元，平均每年增长14.95%，2019年增长最快，增速达27.37%。

二、地级市债务规模分区域分析

（一）各区域①债务规模分析

总体而言，经济发展水平越高的区域，其政府债务规模也越高。各区域5年平均债务余额由高到低为东部、东北、西部、中部。见表2-6。

表2-6 各区域2015—2019年平均债务规模

区域	债务限额（亿元）	债务余额（亿元）	一般债务余额（亿元）	专项债务余额（亿元）	限额完成率（%）
东部	633.45	594.72	311.03	275.15	99.29
东北	406.99	377.76	266.70	110.12	91.82
西部	400.71	364.58	211.17	155.01	94.80
中部	391.16	331.86	198.80	138.25	89.24

以样本最新的2019年数据资料为例，显示区域间债务余额从高到低排列分别为东部、中部、东北、西部。对比可知，区域间债务余额5年平均值排名与2019年债务余额排名并不一致。若以平均值排名，东北的债务余额居第二位，中部的债务余额居第四位。若以单年份的2019年排名，东北的债务余额居第三位，中部的债务余额居第四位。这说明，按5年债务余额平均值排名，东北区域的债务规模更高，大于中部区域。见表2-7。

---

① 四区域划分依据来源于国家统计局，东部区域：包括北京、天津、河北、上海、江苏、浙江、福建、山东、广东、海南10个省（市）；中部区域：包括山西、安徽、江西、河南、湖北、湖南6个省；西部区域：包括内蒙古、广西、重庆、四川、贵州、云南、西藏、陕西、甘肃、青海、宁夏、新疆12个省（自治区、市）；东北区域：包括辽宁、吉林、黑龙江3个省。

表2-7　2019年各区域债务规模

区域	债务限额（亿元）	债务余额（亿元）	一般债务余额（亿元）	专项债务限额（亿元）	限额完成率（%）
东部	818.90	752.43	347.17	400.92	94.59
中部	494.92	442.51	221.52	225.82	87.38
东北	456.31	421.33	310.09	111.23	94.71
西部	460.48	412.14	231.92	166.99	99.87

1. 东部区域5年平均债务规模最高

东部区域的债务限额逐年增加，从2015年的489.03亿元增长到2019年的818.90亿元，这体现了限额制定的正向激励原则[①]，即财政实力强、举债空间大、债务风险低、债务管理绩效好的地区多安排。随着举债上限的提升，东部债务余额也逐年增加，从2015年的503.70亿元增长到2019年的752.43亿元。

2015—2018年东部区域的一般债务余额大于专项债务余额，但二者差距逐渐缩小，2019年时东部区域专项债务余额超过一般债务余额。这一方面体现了国家层面以及东部区域层面重视专项债券的发行，在债务限额制度设计中放宽专项债务限额；另一方面体现了东部区域具备发行专项债券的能力，这依托于其市场活跃、经济前景好。见图2-4。

图2-4　2015—2019年东部区域债务规模[②]

[①] 来源于财政部《新增地方政府债务限额分配管理暂行办法》（财预〔2017〕35号）。

[②] 表中数据为东部区域地级市的数据平均值，计算方法为东部区域每一年的债务平均值相加并除以东部地级市个数，以下中部、西部、东北区域地级市数据算法相同。

2. 东北区域5年平均债务规模第二

东北区域的债务规模波动大，限额先升后降又升，最低值为2015年的295.68亿元，最高值为2019年的456.31亿元，体现国家对东北区域的债务管控波动大，动态实时调整。东北区域的债务余额也有相似趋势，最低值为2015年的270.99亿元，最高值为2019年的421.33亿元，体现东北区域积极顺应国家的债务政策，控制债务规模，只在2018年超出了债务限额。平均限额完成率始终位于87%～100%之间，整体控制能力较强。

东北区域的一般债务与专项债务规律呈现出与其他3个区域相反的变化趋势。5年间东北区域的一般债务余额始终大于专项债务余额，且一般债务余额显著大于专项债务余额的趋势强烈。这说明东北区域经济前景相对较差，政府举债更多用于没有市场收益的一般项目，且市场不乐观。见图2-5。

图2-5 2015—2019年东北区域债务规模

3. 西部区域5年平均债务规模第三

西部区域的债务限额逐年上升，从2015年的355.47亿元增长到2019年的460.48亿元。西部区域债务余额也逐年增加，从2015年的309.67亿元增长到2019年的412.14亿元，体现西部区域举债规模逐年扩大，发展需求强烈，主动顺应并利用国家宽松的债务政策。尽管如此，西部区域的债务余额始终小于债务限额，且限额完成率始终控制在93%～100%之间，说明西部区域对债务规模有较强的控制意识和能力。

在债务余额中,西部区域的一般债务余额在2015—2019年始终大于专项债务余额,差距较为稳定,保持在56亿元左右(由5年差值的平均值得出),这说明西部区域相对于东部、中部区域而言,市场活跃度不如后者,更多债务资金投向没有收益只能由财政资金偿还的一般债务。见图2-6。

图2-6 2015—2019年西部区域债务规模

4. 中部区域5年平均债务规模第四

中部区域的债务限额经历了先降后升的过程,2017年是谷值为311.20亿元,2019年是峰值为494.92亿元。平均债务余额也随债务限额的趋势而变动,在2017年下降到260.76亿元,随后增长到2019年的442.51亿元。中部区域虽然有扩大举债规模的趋势和需求,但当国家限额下降时,中部区域地方政府也能遵从国家调控,即时调整当年举债规模,因此债务余额始终小于债务限额,限额完成率保持在86%~92%之间,体现出中部城市对债务规模普遍较强的控制意识和能力。

中部区域限额完成情况与东部区域相似,2015—2018年一般债务始终大于专项债务余额,但差距逐渐缩小,2019年时专项债务余额反超一般债务余额,并有扩大的趋势。这说明中部区域的经济前景良好,政府债务资金更多投向有市场收益的项目,政府财政资金还债压力小。见图2-7。

第二章 地级市政府债务现状及风险研究

图2-7 2015—2019年中部区域债务规模

（二）各区域债务规模差异

1. 东部债务限额和债务规模领先全国

不论是从2015—2019年单年度的债务规模数据还是5年的平均债务规模数据，东部区域的债务限额（图2-8）、债务余额（图2-9）、一般债务余额（图2-10）、专项债务余额（图2-11）都大于中部、西部和东北区域，增长速度也是最快的，东部区域5年的平均限额完成率（图2-12）也最高。

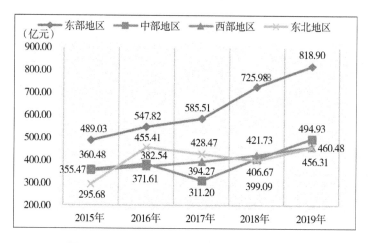

图2-8 2015—2019年各区域平均债务限额

119

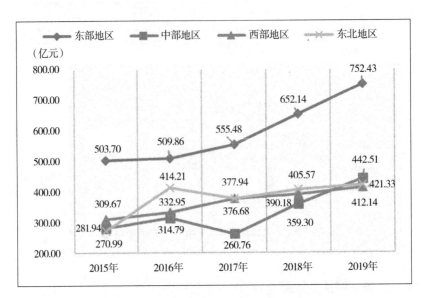

图 2-9　2015—2019 年各区域平均债务余额

图 2-10　2015—2019 年各区域平均一般债务余额

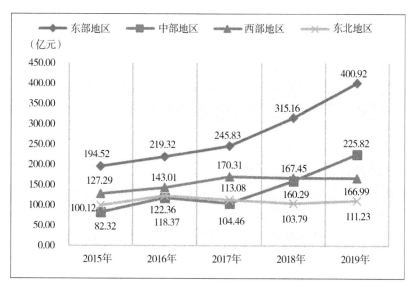

图2-11 2015—2019年各区域平均专项债务余额

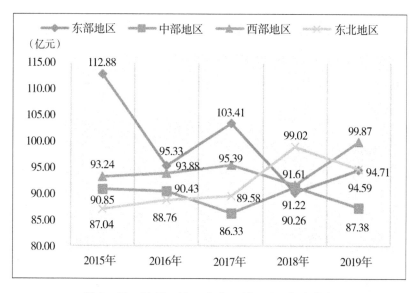

图2-12 2015—2019年各区域平均限额完成率

2. 经济水平越发达地区，专项债务较一般债务之比越高

从图 2-4 至图 2-7 各区域的债务规模图可知，东部和中部城市的平均专项债务余额与平均一般债务余额的差距逐渐减小，到 2019 年都实现了专项债务超过一般债务；西部城市这两项数据的差值较为平稳；东北城市的平均一般债务始终大于专项债务，且二者差距在不断拉大。可见经济越发达的区域，地方政府重视专项债务举借的趋势越明显，且其有能力建设有市场收益的项目。

3. 东部城市债务结构重心开始偏向专项债务

债务余额包括一般债务余额和专项债务余额，当前全国绝大多数城市的一般债务余额都大于专项债务余额，只有 52 个城市的专项债务余额占总债务余额的比例（下称"专项余额比"）大于 50%，其中，东部有 26 个城市，中部有 11 个，西部有 11 个，东北有 4 个。见表 2-8。因为本研究 260 个样本中总共有东部城市 84 个、中部城市 68 个、西部城市 84 个、东北城市 24 个，所以东部城市中有 31% 的城市专项债务余额超过一般债务余额，此比例在中部、西部、东北分别为 16%、13%、17%。

表 2-8 专项债务余额占总债务余额之比超过 50% 的城市

区域	省份	城市	专项余额比（%）	区域	省份	城市	专项余额比（%）
东部	江苏	泰州	83	东部	浙江	舟山	57
西部	四川	广安	83	东部	福建	泉州	57
东部	浙江	宁波	81	西部	四川	乐山	57
西部	陕西	安康	81	东部	浙江	嘉兴	56
西部	四川	遂宁	78	东部	河北	邢台	56
西部	贵州	六盘水	77	中部	河南	平顶山	56
西部	甘肃	金昌	76	中部	湖南	永州	56
东部	福建	龙岩	72	东部	江苏	盐城	55
西部	内蒙古	乌兰察布	71	中部	河南	安阳	55
东部	浙江	丽水	65	中部	湖南	长沙	55
中部	湖南	娄底	65	东部	广东	中山	54
东部	江苏	宿迁	64	东部	河北	衡水	54
东部	江苏	南京	64	东部	江苏	无锡	54

续表 2-8

区域	省份	城市	专项余额比（%）	区域	省份	城市	专项余额比（%）
中部	安徽	宣城	64	东部	广东	汕尾	54
东部	浙江	湖州	62	东部	广东	梅州	53
东北	黑龙江	绥化	61	中部	山西	吕梁	53
东部	福建	宁德	61	中部	河南	濮阳	53
东部	广东	佛山	61	中部	湖南	郴州	53
东部	广东	肇庆	60	中部	河南	郑州	52
东部	江苏	南通	60	东北	辽宁	阜新	51
东部	山东	泰安	60	东部	山东	临沂	51
西部	广西	贺州	59	东部	河北	承德	51
东北	黑龙江	佳木斯	58	东部	江苏	常州	51
西部	甘肃	武威	58	西部	广西	防城港	51
东北	黑龙江	双鸭山	57	西部	广西	北海	51
东部	广东	汕头	57	中部	安徽	滁州	51

（三）地级市债务规模分重点城市分析

重点城市 2019 年单年份的债务规模以及 5 年均值分别见表 2-9、表 2-10。

表 2-9　2019 年重点城市债务规模各项指标

城市	性质	债务限额（亿元）	债务余额（亿元）	可用限额（亿元）	完成率（%）	一般余额（亿元）	专项余额（亿元）	人均余额（元）
北京	一线/直辖市	9119.00	4964.00	4155.00	54.44	2117.00	2847.00	11947
上海	一线/直辖市	8577.00	5722.00	2855.00	66.71	2788.00	2934.00	23063
广州	一线/省会	3131.78	2714.94	416.84	86.69	881.50	1833.44	17738
深圳	一线/计划单列市	698.50	430.27	268.23	61.60	67.87	362.40	3202

续表 2-9

城市	性质	债务限额（亿元）	债务余额（亿元）	可用限额（亿元）	完成率（%）	一般余额（亿元）	专项余额（亿元）	人均余额（元）
成都	新一线/省会	3222.97	2822.99	399.98	87.59	1043.76	1779.23	17025
杭州	新一线/省会	2546.04	2540.86	5.18	99.80	1072.89	1467.97	24526
重庆	新一线/直辖市	6049.00	5604.00	445.00	92.64	2524.00	3079.00	17578
武汉	新一线/省会	3447.45	3376.70	70.75	97.95	1444.83	1931.87	30117
西安	新一线/省会	1834.70	1747.94	86.76	95.27	—	—	17130
苏州	新一线	1728.89	1390.62	338.27	80.43	620.27	770.35	12936
天津	新一线/直辖市	5054.00	4959.00	95.00	98.12	1504.00	3455.00	35805
南京	新一线/省会	2819.30	2585.60	233.70	91.71	1038.20	1547.30	30419
长沙	新一线/省会	1823.80	1823.30	0.50	99.97	610.20	1213.10	21720
郑州	新一线/省会	2563.41	1964.59	598.82	76.64	1228.05	736.54	18982
东莞	新一线	753.39	704.94	48.45	93.57	523.15	181.79	8328
青岛	新一线/计划单列市	1888.25	1581.66	306.59	83.76	773.36	796.68	16649
沈阳	新一线/省会	2018.10	1745.80	272.30	86.51	948.70	797.10	20978
宁波	新一线/计划单列市	2160.00	1921.50	238.50	88.96	1156.43	765.07	22495

续表 2-9

城市	性质	债务限额（亿元）	债务余额（亿元）	可用限额（亿元）	完成率（％）	一般余额（亿元）	专项余额（亿元）	人均余额（元）
昆明	新一线/省会	3751.88	1739.68	2012.20	46.37	391.16	1348.53	25031
石家庄	二线/省会	1462.62	1279.72	182.90	87.50	720.27	559.45	12312
哈尔滨	二线/省会	—						
福州	二线/省会	1233.98	1086.50	147.48	88.05	418.72	667.78	13929
济南	二线/省会	1288.86	1539.38	-250.52	119.44	295.93	1243.45	17279
兰州	二线/省会	546.22	649.66	-103.44	118.94	126.42	523.24	17137
南宁	二线/省会	1191.55	1068.01	123.54	89.63	607.84	460.16	14541
太原	二线/省会	590.64	565.33	25.31	95.71	—	—	12670
长春	二线/省会	—						
合肥	二线/省会	1198.60	876.27	322.33	73.11	384.10	492.17	10701
南昌	二线/省会	—						
海口	二线/省会	706.92	690.13	16.79	97.62	425.77	264.36	29646
贵阳	二线/省会	474.62	384.40	90.22	80.99	378.62	5.78	7732
无锡	二线	1235.60	1204.97	30.63	97.52	505.27	699.70	18280.66
佛山	二线	1768.71	1388.40	380.31	78.5	385.67	1002.73	17017.63
大连	二线/计划单列市	2167.10	1976.90	190.20	91.22	1340.20	636.70	33019.88
厦门	二线/计划单列市	887.00	788.20	98.80	88.86	294.60	493.60	18372.96
温州	二线	236.65	686.14	-449.49	289.94	119.71	566.43	7377.89
泉州	二线	1583.05	1435.05	148.00	90.65	661.15	773.90	3612.01
金华	二线	808.62	808.02	0.60	99.93	416.37	391.64	14367.30
常州	二线	1027.33	1006.84	20.49	98.01	387.91	618.93	21259.29
南通	二线	1673.21	1562.69	110.52	93.39	772.14	790.55	21354.06
嘉兴	二线	988.00	987.22	0.78	99.92	476.89	510.33	20567.08
徐州	二线	502.42	465.83	36.59	92.72	131.53	334.30	5278.17

续表2-9

城市	性质	债务限额（亿元）	债务余额（亿元）	可用限额（亿元）	完成率（%）	一般余额（亿元）	专项余额（亿元）	人均余额（元）
惠州	二线	775.35	626.35	149.00	80.78	403.47	222.88	12835.04
珠海	二线	676.93	545.58	131.35	80.6	251.38	294.20	26959.67
中山	二线	354.60	326.30	28.30	92.02	79.70	246.60	9653.85
台州	二线	990.47	986.51	3.96	99.6	610.37	376.15	16040.81
烟台	二线	1110.67	1025.33	85.34	92.32	636.58	388.74	14364.32
绍兴	二线	1039.35	1038.90	0.45	99.96	420.00	618.90	20543.80
扬州	二线	896.83	849.99	46.84	94.78	385.17	464.81	18685.18
银川	省会	700.48	530.95	169.53	75.80	343.86	187.09	23154
西宁	省会	400.24	357.08	43.16	89.22	172.55	184.53	14959
呼和浩特	省会	942.31	899.52	42.79	95.46	545.65	353.87	28675

表2-10　2015—2019年重点城市各规模债务指标平均值①

城市	性质	债务限额（亿元）	债务余额（亿元）	可用限额（亿元）	完成率（%）	一般债务余额（亿元）	专项债务余额（亿元）	人均余额（元）
北京	一线/直辖市	7811.40	4512.40	3299.00	58.66	1812.80	2699.80	20589.60
上海	一线/直辖市	7186.20	4963.40	2222.80	69.59	2617.40	2346.00	20095.80
广州	一线/省会	2607.09	2404.87	202.22	93.38	948.72	1355.74	16660.00
深圳	一线/计划单列市	415.84	194.48	221.36	43.77	105.12	89.36	1531.80

① 5年平均值＝已有数据之和/有数据的年份数，如常州只有2015—2018年的数据，则其5年平均值为前4年数据之和除以4。

续表 2-10

城市	性质	债务限额（亿元）	债务余额（亿元）	可用限额（亿元）	完成率（%）	一般债务余额（亿元）	专项债务余额（亿元）	人均余额（元）
成都	新一线/省会	2661.25	2370.92	290.34	89.29	912.35	1458.57	14874.80
杭州	新一线/省会	2254.04	2197.56	56.48	97.35	988.76	1208.80	22580.00
重庆	新一线/直辖市	4696.40	4420.00	276.40	94.66	2306.20	2113.80	14051.40
武汉	新一线/省会	2748.69	2661.93	86.76	96.53	1332.84	1329.09	24076.33
西安	新一线/省会	1912.47	1779.17	133.30	92.93	742.82	1124.81	18792.00
苏州	新一线	1743.96	1372.34	371.62	78.74	666.52	705.83	12803.33
天津	新一线/直辖市	3644.80	3525.60	119.20	96.11	1199.00	2326.80	25085.40
南京	新一线/省会	2617.46	2387.89	229.57	91.33	1034.38	1353.49	28568.40
长沙	新一线/省会	1308.22	1096.77	2.29	99.66	386.48	710.29	13437.25
郑州	新一线/省会	2333.52	1888.75	444.77	81.19	1335.25	565.00	19045.80
东莞	新一线	664.73	628.72	36.01	94.65	530.11	98.61	7532.60
青岛	新一线/计划单列市	1732.92	1158.05	306.04	82.20	673.87	457.96	12420.80
沈阳	新一线/省会	1757.12	1717.44	39.68	104.55	910.01	807.44	20684.60
宁波	新一线/计划单列市	2009.75	1669.26	340.49	82.77	1046.48	622.78	20412.25

续表 2-10

城市	性质	债务限额（亿元）	债务余额（亿元）	可用限额（亿元）	完成率（%）	一般债务余额（亿元）	专项债务余额（亿元）	人均余额（元）
昆明	新一线/省会	2333.44	1706.41	593.85	82.08	475.91	1230.50	25088.20
石家庄	二线/省会	1260.09	1100.21	159.88	87.29	690.25	409.97	10274.00
哈尔滨	二线/省会	—	—	—	—	—	—	—
福州	二线/省会	829.95	761.66	68.29	92.08	321.87	439.79	9925.00
济南	二线/省会	897.27	1069.12	-171.84	265.40	191.98	921.99	15264.67
兰州	二线/省会	546.72	523.55	23.17	95.78	101.24	422.31	13964.00
南宁	二线/省会	1003.19	899.89	103.30	89.94	544.69	355.19	12588.33
太原	二线/省会	454.77	435.21	19.56	95.62			9867.00
长春	二线/省会	—	—	—	—	—	—	—
合肥	二线/省会	1118.71	836.65	282.06	74.91	390.52	446.13	10420.25
南昌	二线/省会	—	—	—	—	—	—	—
海口	二线/省会	643.28	624.07	19.21	97.00	449.33	174.74	27276.75
贵阳	二线/省会	1717.69	1614.24	103.45	90.54	382.95	1231.29	33275.67
无锡	二线	1019.53	1083.72	-64.18	109.72	494.41	589.31	16483.33
佛山	二线	1596.64	1347.65	248.99	84.75	480.85	866.81	17476.00
大连	二线/计划单列市	2150.33	1963.80	186.53	91.33	1305.60	658.20	33020.00
厦门	二线/计划单列市	645.40	568.34	77.06	87.99	247.67	320.67	13967.20
温州	二线	458.50	550.62	-92.12	143.51	105.69	444.93	4967.25
泉州	二线	1401.68	1269.48	132.19	90.60	608.88	660.60	9765.00
金华	二线	621.74	607.12	14.62	97.16	390.30	308.17	10908.40
常州	二线	866.44	854.95	11.50	98.77	382.97	471.64	18080.67
南通	二线	1496.32	1428.27	68.05	95.61	797.94	630.33	19545.60
嘉兴	二线	535.67	985.23	-449.56	330.41	448.79	492.18	21102.80
徐州	二线	340.80	314.42	26.39	92.86	115.99	198.43	3584.80

续表 2-10

城市	性质	债务限额（亿元）	债务余额（亿元）	可用限额（亿元）	完成率（%）	一般债务余额（亿元）	专项债务余额（亿元）	人均余额（元）
惠州	二线	668.24	575.16	93.09	86.52	455.15	120.01	11970.60
珠海	二线	519.47	407.49	111.99	78.35	273.05	134.43	22490.40
中山	二线	231.97	208.37	23.60	89.01	75.20	133.18	6316.00
台州	二线	845.42	842.69	2.73	99.67	553.97	288.72	13730.00
烟台	二线	940.12	884.84	55.27	94.36	654.73	230.11	13063.00
绍兴	二线	542.23	539.51	2.72	97.78	224.20	315.32	10700.50
扬州	二线	737.15	710.25	26.89	96.63	375.46	334.79	15728.80
银川	省会	518.33	414.57	103.76	81.17	275.34	139.23	23154.00
西宁	省会	326.03	278.98	36.91	88.67	151.66	127.32	12816.00
呼和浩特	省会	906.93	859.16	36.83	95.96	531.48	327.68	27564.75

经统计发现，从 2015 年到 2019 年，虽然重点城市的各项债务指标随年份的变化，但每一年的总体规律大致类似，因而此处描述 2019 年重点城市的债务详细情况①。研究有如下发现：

1. 一线、新一线城市的债务规模大于二线城市，债务规模与经济发展水平呈正相关性

经过总结发现，一线和新一线城市的债务限额、债务余额和人均余额相比二线和其余省会城市整体更高，这与前者活跃的经济活动、巨大的发展需求和国家的重视有很大关系。但也存在一些特殊情况，如大连、海口、呼和浩特、珠海的人均债务余额比大多数一线、新一线城市更高，这与这些城市偏低的人口数量有关。

2. 同等经济水平城市，直辖市和计划单列市债务规模更大

表 2-11 显示，债务限额和债务余额在一线、新一线城市中排名前四的为北京、上海、重庆、天津，这很有可能因其直辖市的特殊地位。具体而言，北京和上海的债务限额超过 8500 亿元，天津和重庆超过 5000 亿元，同

---

① 2015—2018 年重点城市债务明细表见表 2-5 至表 2-8。

经济水平的深圳、东莞却低于 760 亿元。4 个直辖市的债务余额皆超过 4900 亿元，同经济水平的深圳、东莞则低于 710 亿元。

表 2-11　直辖市债务指标排名①

直辖市	债务限额						债务余额						限额完成率						人均余额					
北京	1	1	1	1	1	1	1	3	3	3	2.2	9	15	16	18	18	15	1	14	15	17	17	13
上海	2	2	2	2	2	2	2	1	1	1	1.4	11	14	15	16	18	15	6	9	8	7	6	7.2
重庆	3	3	3	3	3	3	3	2	2	2	2.4	2	2	7	8	7	5.2	11	13	11	14	12	12
天津	4	4	4	4	4	4	6	4	4	4	3.6	8	1	3	4	3	3.8	9	5	2	1	1	3.6

在二线城市和非一、二线省会城市中，债务限额的前四名城市分别为大连（2167.10 亿元）、佛山（1768.71 亿元）、南通（1673.21 亿元）、泉州（1583.05 亿元），债务余额的前四名城市分别是大连（1976.90 亿元）、南通（1562.69 亿元）、济南（1539.38 亿元）、泉州（1435.05 亿元）。大连作为计划单列市在同等二线城市中债务规模最高，可见政治体制特殊性在举债行为上的特殊性。

3. 债务限额完成率与经济发展水平无线性关系

限额完成率既取决于债务限额，又取决于债务余额，因此，其与经济水平的关系没有明显的线性关系，比如北京的债务余额很高，但其限额也最多，导致其限额完成率并不高。长沙、杭州、金华、天津、常州、台州、绍兴的债务限额完成率连续三四年保持在 98%～100% 之间，体现出这些城市充分利用上级政府规划的债务限额，但又不超额使用，在计划范围内争取最大化使用资金。

5 年间，债务限额完成率整体上升的重点城市有深圳、杭州、武汉、西安、天津、长沙、青岛、沈阳、宁波、石家庄、兰州、南宁、太原、海口、温州、金华、中山、绍兴，整体下降的重点城市有北京、上海、广州、成都、重庆、南京、郑州、东莞、昆明、福州、银川、合肥、贵阳、呼和浩特、无锡、佛山、常州、南通、徐州、惠州、珠海、烟台、扬州，济南、嘉兴波动起伏较大，苏州、西宁、大连、厦门、泉州、台州较为平稳，哈尔滨、长春、南昌的数据缺失。

---

① 每一个指标下面的 6 列数据对应该城市 2015—2019 年的排名以及 5 年的平均排名。此排名受数据所限而有所不足，因为部分城市在部分年份数据缺失，因此不是每一年参与排名的城市都有 19 个（4 个一线城市、15 个新一线城市）。

大多数城市的限额完成率虽然有所升降，但幅度不大。有8个城市在个别年份有较大幅度的变化：北京从2015年的85.65%变为2016年的51.91%；广州从2015年的120.61%变为2016年的87.77%；深圳从2018年的37.95%变为2019年的61.60%；沈阳从2017年的87.98%变为2018年的167.87%，2019年又退回到86.51%；昆明从2018年的89.28%变为2019年的46.37%；兰州从2018年的87.99%变为2019年的118.94%；济南2017年断崖式增长到939.72%，2019年也有较大增幅；嘉兴2015年增长高达941.48%，2016年降至241.76%，2017年又有所增长，直到2018年之后才开始落到正常水平。见表2-12。

表2-12 2015—2019年重点城市债务限额完成率

单位：%

城市	性质	年份				
		2015	2016	2017	2018	2019
北京	一线/直辖市	85.65	51.91	50.12	51.18	54.44
上海	一线/直辖市	81.09	68.80	66.00	65.36	66.71
广州	一线/省会	120.61	87.77	86.03	85.81	86.69
深圳	一线/计划单列市	45.48	38.53	35.30	37.95	61.60
成都	新一线/省会	92.47	89.50	89.68	87.23	87.59
杭州	新一线/省会	—	91.12	99.22	99.25	99.80
重庆	新一线/直辖市	99.03	97.44	92.09	92.09	92.64
武汉	新一线/省会	—	94.00	—	97.63	97.95
西安	新一线/省会	84.02	92.62	97.43	95.29	95.27
苏州	新一线	—	—	80.10	75.69	80.43
天津	新一线/直辖市	86.96	98.55	98.87	98.05	98.12
南京	新一线/省会	95.55	91.25	90.28	87.84	91.71
长沙	新一线/省会	—	—	99.07	99.93	99.97
郑州	新一线/省会	96.28	83.23	74.46	75.33	76.64
东莞	新一线	97.94	92.65	95.17	93.90	93.57
青岛	新一线/计划单列市	—	—	—	80.64	83.76
沈阳	新一线/省会	90.97	89.43	87.98	167.87	86.51
宁波	新一线/计划单列市	—	74.13	79.28	88.72	88.96

续表 2-12

城市	性质	年份				
		2015	2016	2017	2018	2019
昆明	新一线/省会	—	96.72	95.95	89.28	46.37
石家庄	二线/省会	—	—	87.13	87.25	87.50
哈尔滨	二线/省会	—	—	—	—	—
福州	二线/省会	94.67	93.04	88.96	95.70	88.05
济南	二线/省会	98.27	84.72	939.72	84.85	119.44
兰州	二线/省会	—	88.10	88.07	87.99	118.94
南宁	二线/省会	81.97	98.21	—	—	89.63
太原	二线/省会	—	94.27	96.58	95.93	95.71
长春	二线/省会	—	—	—	—	—
合肥	二线/省会	—	78.69	74.80	73.02	73.11
南昌	二线/省会	—	—	—	—	—
海口	二线/省会	—	98.98	94.37	97.04	97.62
贵阳	二线/省会	—	—	94.35	96.29	80.99
无锡	二线	—	—	133.23	98.42	97.52
佛山	二线	92.62	89.72	86.02	76.88	78.50
大连	二线/计划单列市	—	92.38	90.44	91.28	91.22
厦门	二线/计划单列市	86.62	89.53	88.25	86.71	88.86
温州	二线	—	85.38	98.97	99.75	289.94
泉州	二线	92.52	89.70	90.07	90.06	90.65
金华	二线	92.79	94.31	99.63	99.12	99.93
常州	二线	—	—	99.58	98.73	98.01
南通	二线	98.68	97.10	94.86	94.03	93.39
嘉兴	二线	941.48	241.76	270.49	98.39	99.92
徐州	二线	101.04	89.50	90.24	90.78	92.72
惠州	二线	93.36	94.94	82.36	81.14	80.78
珠海	二线	84.62	74.07	74.59	77.89	80.60
中山	二线	84.45	88.83	89.76	89.98	92.02
台州	二线	—	—	99.41	99.99	99.60

续表 2-12

城市	性质	2015	2016	2017	2018	2019
烟台	二线	99.86	94.65	93.34	91.65	92.32
绍兴	二线	—	92.97	98.23	99.94	99.96
扬州	二线	99.71	98.36	95.54	94.75	94.78
银川	省会	—	—	84.80	82.91	75.80
西宁	省会	—	89.63	87.82	88.02	89.22
呼和浩特	省会	—	—	—	96.46	

4. 大连在计划单列市中债务规模最大

计划单列市中，债务限额从高到低依次是大连（2167.10 亿元）、宁波（2160 亿元）、青岛（1888.25 亿元）、厦门（887 亿元）、深圳（698.50 亿元）；债务余额、人均债务余额的排名也一样；债务限额完成率的排名略有不同，依次是大连（91.22%）、宁波（88.96%）、厦门（88.86%）、青岛（83.76%）、深圳（61.6%）。这说明中央在所有计划单列市中对大连的举债权限设置较宽松，债券资金支持力度大。

第三节 地级市财政风险分析

一、地级市财政风险总分析[①]

（一）地级市总体上财政风险逐年加大

2015—2019 年，260 个地级市总体上财政风险逐年加大，需要引起重视。如表 2-13 所示，它显示以显性债务为财政风险测量指标，2015—2019 年 5 年间地级市政府总体负债率已达到 20%，债务率也达到 70%，而且负债率和债务率都经历了先降后升的过程，有抬头趋势。此外，表 2-13 还显

---

① 考虑到每年地级市样本数量变动，地级市政府总分析计算方式为当年所有地级市的平均值。如 2015 年地级市政府总体负债率 = 2015 年所有地级市负债率之和/2015 年样本个数 N。

示一般债务率与专项债务率突破 100% 风险警戒线①,且专项债务率逐年增加态势明显。再者,表 2-13 还显示 260 个地级市总体上长期负债率和长期债务率逐年增加,已在 2019 年突破 100% 的风险警戒线,说明存量债务增速大于 GDP 和政府财政能力增速,政府长期债务风险不容乐观。

表 2-13 地级市政府总体债务风险指标变化

单位:%

年份	负债率	债务率	一般债务率	专项债务率	长期负债率	长期债务率
2015	21.81	74.85	111.59	25.49	—	—
2016	20.64	73.52	112.69	82.10	95	98
2017	19.96	69.76	113.30	95.09	97	94
2018	20.51	70.53	112.85	101.64	103	98
2019	21.51	76.41	117.40	116.86	105	107

(二)地级市总体平均负债率与平均债务率先降后升

从图 2-13 和图 2-14 可以看到,我国地级市政府总体负债率与债务率均呈 U 形发展模式,2015—2017 年间有下降趋势,而 2017—2019 年间又回弹上升,2017 年成为我国地级市政府总体负债率和债务率变化的转折点。

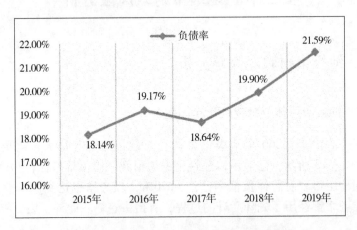

图 2-13 2015—2019 年地级市总体负债率

---

① 一般债务率与专项债务率风险警戒线的测量参考《黄冈市市本级政府债务风险评估和预警办法》,将一般债务率、专项债务率两项同时高于(含)100% 的区域,列入风险预警名单。

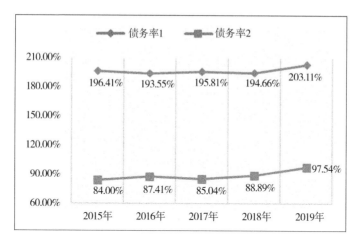

图 2-14　2015—2019 年地级市总体债务率

地级市政府总体负债率与总体债务率之所以先降后升，一方面是因为 2015—2017 年债务总额增速慢于 2017—2019 年的债务总额增速，另一方面是因为 2015—2017 年的经济发展状态快于 2017—2019 年的经济发展状态。

鉴于负债率与债务率分子采用了政府显性债务口径，以上数据并不能表明中国政府债务风险可控，但其表明中国经济发展能力足以承担政府显性债务规模。

（三）地级市总体一般债务率与专项债务率逐年上升，已突破100%警戒线

2015—2019 年，地级市政府总体一般债务率与专项债务率呈上升趋势，一般债务率在 2018—2019 年增速极快，专项债务率在 2015—2016 年增速极快。值得注意的是，地级市政府总体一般债务率近 5 年均超过 100% 警戒线，地级市总体专项债务率从 2018 年开始也触碰了 100% 警戒线。由此可见，近 5 年来我国地级市总体一般债务负担较重，一般债务风险并不乐观；地级市政府总体专项债务增速大于政府性基金收入增速，地级市政府总体专项债务压力越来越大，须引起重视。见图 2-15、图 2-16。

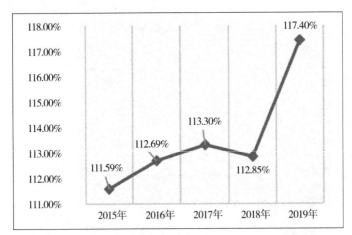

图 2-15 2015—2019 年地级市总体平均一般债务率①

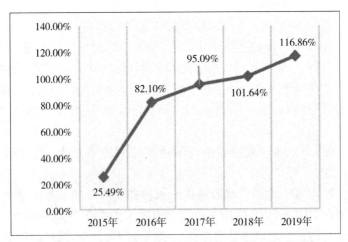

图 2-16 2015—2019 年地级市总体平均专项债务率②

（四）地级市总体长期负债率与长期债务率呈上升趋势，已突破 100% 警戒线

2016—2019 年，260 个地级市总体上的平均长期负债率一直呈持续上升的态势，并在 2018 年超过 100%，财政风险持续增大。同时，260 个地级市总体上的平均长期债务率呈先降后升的态势，尽管长期债务率在 2017 年有

---

① 计算方式：平均一般债务率 = 当年所有地级市政府一般债务率之和/当年地级市政府个数。
② 计算方式：平均专项债务率 = 当年所有地级市政府专项债务率之和/当年地级市政府个数。

所下降，但随后不断攀升，并在2019年超过了100%警戒线，长期债务情况不容乐观。见图2-17、图2-18。

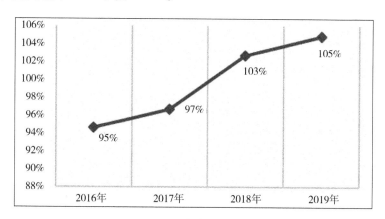

图2-17　2016—2019年地级市总体长期负债率

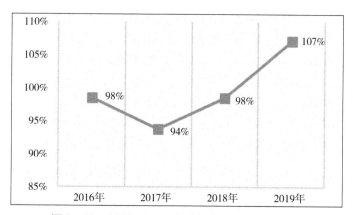

图2-18　2016—2019年地级市总体长期债务率

二、地级市财政风险分区域分析

本部分区域财政风险分析以最新的2019年东部、中部、西部、东北区域的负债率、债务率Ⅰ、一般债务率Ⅰ、专项债务率Ⅰ、长期负债率、长期债务率Ⅰ数据为基础[①]。如表2-14所示，总体而言，负债率从高到低排列

---

① 选取债务率Ⅰ、一般债务率Ⅰ、专项债务率Ⅰ、长期债务率Ⅰ是为了考察以区域自由财力为分母的区域财政风险。选取2019年时间点是考虑到2015—2019年每年的区域规律相似，分析篇幅有限，故选取最近的2019年。

表2-14　2019年东北、西部、东部、中部各项债务指标

单位：%

指标	东北	西部	东部	中部
负债率	34.19	24.69	18.00	16.89
债务率Ⅰ	297.70	282.19	134.95	138.54
一般债务率Ⅰ	323.45	302.30	136.39	140.14
专项债务率Ⅰ	366.06	259.28	171.91	150.87
长期负债率	113.64	110.02	115.68	113.79
长期债务率Ⅰ	99.83	116.30	115.36	108.24

分别为东北、西部、东部、中部；债务率Ⅰ从高到低排列分别为东北、西部、中部、东部。值得注意的是，东部区域和中部区域的负债率和债务率Ⅰ的数值相差不大，但东部、中部和东部、西部区域的负债率和债务率数值相差大，这表明东部和中部之间的财政风险相差小，东北、西部的财政风险与东部和中部的财政风险相差大。从债务存量的角度，区域债务风险与经济实力呈现正向关联趋势，因此，东部区域债务风险最低，东北区域债务风险最高。从债务增量的角度，即使最发达的东部区域，其债务风险也不容乐观，其长期负债率和长期债务率突破了100%，且高于中部、东北、西部。这说明东部区域须积极应对经济下行压力，否则还债压力大。

（一）西部和东北区域债务风险大，东部和中部区域债务风险较小

2015—2019年，负债率、债务率、一般债务率与专项债务率的区域分布均显示：西部和东北区域的债务风险普遍高于东部和中部区域。这说明经济发展状况与债务风险呈正相关：经济发展态势越好的区域，负债率越低，债务风险越小；经济基础较为薄弱的区域负债率越高，债务风险越大。

由图2-19可知，2015—2019年间，东北区域与西部区域的负债率远超过东部区域与中部区域，债务风险由高到低排名为东北、西部、东部、中部，东北区域的负债率接近西部区域负债率的1.41倍，西部区域负债率是东部区域的1.3倍，而东部区域与中部区域差距较小。

如图2-20所示，观察2019年的债务率Ⅰ数值，东北区域内位于超过

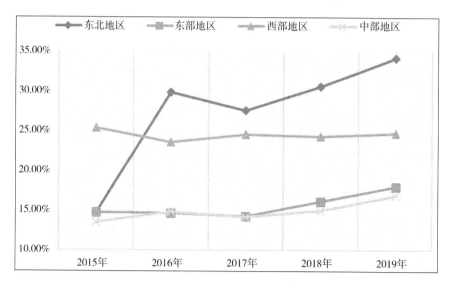

图 2-19 2015—2019 年各区域负债率

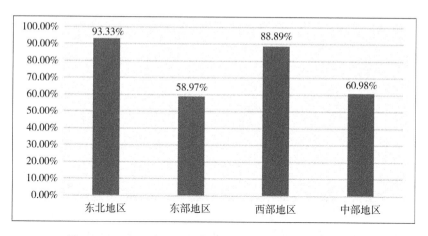

图 2-20 2019 年各区域债务率Ⅰ超过100%警戒线比例

100%警戒线①的城市比例达93.33%，西部区域内位于超过100%警戒线的

---

① 当债务率≥100%时，则该地债务率处于超警戒线。具体将债务率划分为红、橙、黄、绿4个等级，参考了一般债务率与专项债务率的划分方法。一般债务率的风险警戒线为100%，当一般债务率≥300%时，该区域处于红色高风险区；当200%≤一般债务率<300%时，该区域处于橙色中风险区；当100%≤一般债务率<200%时，该区域处于黄色低风险区；当一般债务率<100%时，该区域处于绿色无风险区。一般债务率Ⅰ与Ⅱ、专项债务率Ⅰ与Ⅱ的警戒线标准同上。此依据为《财政部关于印发〈地方政府法定债务风险评估和预警办法〉的通知》（财预〔2020〕118号）。

城市比例达 88.89%，中部区域内位于超过 100% 警戒线的城市比例达 60.98%，东部区域内位于超过 100% 警戒线的城市比例达 58.97%。这说明以债务率Ⅰ为测量指标，我国债务风险由高到低排序为东北、西部、中部、东部。

与此同时，债务率Ⅰ处于红色高风险区的共有 33 个城市，西部区域占比 66.60%，东北区域占比 22.20%。具体而言，西部区域城市债务率Ⅰ达到 300% 的有 20 个城市，东北区域城市债务率Ⅰ达到 300% 的有 10 个城市，中部区域城市债务率Ⅰ达到 300% 的有 2 个城市，东部区域城市债务率Ⅰ达到 300% 的有 1 个城市。债务率Ⅰ处于橙色中风险区的共有 43 个城市，其中，西部区域占比 53.48%；债务率Ⅰ处于黄色低风险区的共有 81 个城市，其中，西部区域占比 25.92%，东部区域占比 42.21%；债务率Ⅰ处于绿色低风险区的共有 56 个城市，其中，西部区域占比 10.71%。见图 2-21。

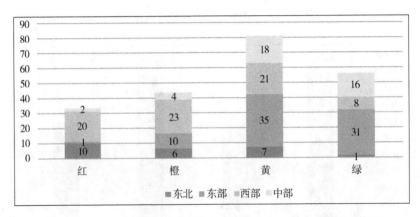

图 2-21 2019 年各区域债务率Ⅰ红、橙、黄、绿 4 个等级分布率

这说明，东部城市和中部城市的债务风险状况要优于东北城市和西部城市，东北城市和西部城市以税收收入和非税收入的自有一般公共预算收入能力有待加强。

如图 2-22 所示，若采取债务率Ⅱ作为判断地方政府债务风险的依据，则债务风险由高到低排名分别是东北、西部、东部、中部。东北区域 61.90% 城市的债务率Ⅱ已超过 100%，突破了债务率风险警戒线；西部区域 35.59% 城市的债务率Ⅱ已超过 100%，突破了债务率风险警戒线；东部区域 30.61% 城市的债务率Ⅱ已超过 100%，突破了债务率风险警戒线；中部区域 14.70% 城市的债务率Ⅱ已超过 100%，突破了债务率风险警戒线。

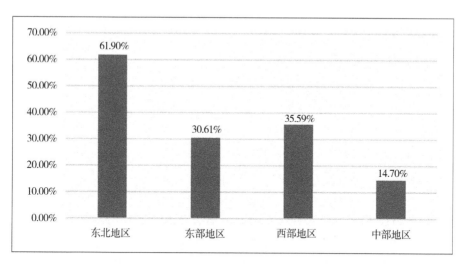

图 2-22 2019 年各区域债务率 Ⅱ 超过 100% 警戒线比例

此外，一般债务率Ⅰ、一般债务率Ⅱ、专项债务率Ⅰ、专项债务率Ⅱ 4 个指标细分的红色高风险区域、橙色中风险区、黄色低风险区、绿色无风险区也存在同质性的区域差异，即西部区域和东北区域的 4 类指标在高风险和中风险区域比重高，东部区域和中部区域的 4 类指标在低风险和无风险区域比重高。这反映了无论是以总计口径还是以合计口径测算负债率、债务率、一般债务率和专项债务率风险，经济发达区域的债务风险普遍低于经济欠发达区域的债务风险。

（二）近年来各区域债务风险均呈扩大趋势

通过测量各区域的年度平均负债率发现，如表 2-15 所示，东部区域、东北区域和中部区域的平均负债率都呈增长趋势。其中，东北区域的增长趋势最快，同东、中、西部区域呈现出断崖式差距，这说明东北区域已成为并且很有可能继续成为债务风险最高的区域。东部区域与中部区域的涨幅较小，总体保持平稳增长状态。西部区域负债率处于平稳波动状态，其债务规模和经济发展无重大变化。

观察 2015—2019 年平均负债率，其负债率由高至低分别为东北、西部、东部、中部，其中，东部区域与中部区域负债率只有 1% 左右的差距，但是东部区域与东北区域有将近 12% 的差距，这说明了区域间负债水平的不均衡。

表2-15 2015—2019年各区域平均负债率

单位：%

区域	年份					平均值
	2015	2016	2017	2018	2019	
东北	14.64	29.87	27.59	30.62	34.19	27.38
东部	14.73	14.63	14.22	16.17	18.00	15.55
西部	25.41	23.58	24.56	24.30	24.68	24.51
中部	13.52	14.80	14.17	14.99	16.88	14.87

表2-15显示，东北区域的负债率在2016年出现了显著跃升（从14.64%增加到29.87%），与其他三个区域的数值出现明显差异。其可能原因是东北区域地级市政府的信息公开工作滞后于其他城市，本团队2015年只收集到10个东北地级市全市口径的债务和综合财力样本数据，但2016年东北地级市样本扩增为30个。

整体而言，我国债务风险的区域分化现象非常显著：东北区域负债率不仅数值高而且增长快，其债务风险需要引起重大关注，西部区域也处于债务风险较高的状态，而中部区域与东部区域的债务风险处于较低水平。

从将转移支付纳入综合财力测算范围的图2-23中也可看出，近年来无

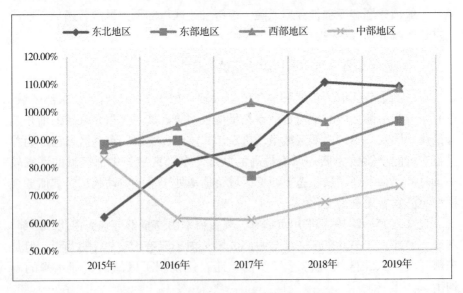

图2-23 2015—2019年各区域债务率Ⅱ

论是西部区域、东北区域,还是东部区域、中部区域,整体而言,债务率都处于上升阶段。尽管我国债务率整体上处于增长阶段,但大多数年份并未超出100%风险警戒线。然而,值得注意的是西部区域和东北区域连续在2018年和2019年超越了警戒线,且仍处于不断攀升的状态。

我国各区域的长期负债率总体呈现上升态势,且数值普遍高于100%。这说明无论是经济发达区域还是经济欠发达区域,其GDP增长速度已超过债务规模增速。见图2-24。

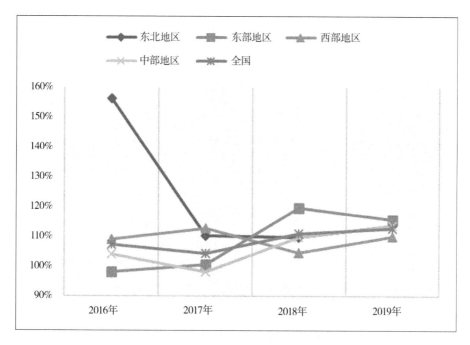

图2-24 2016—2019年各区域长期负债率

(三)东北和西部区域省份的省内负债风险与债务风险差异大,东部和中部区域反之

本研究发现位于东部区域与中部区域的省份内部的负债率与债务率差异较小,而位于西部区域与东北区域的省份内部负债率与债务率的差异较大。

以位于西部区域的陕西省与位于东部区域的江苏省2019年债务率Ⅰ为例。见表2-16。

表2-16 2019年陕西省内地级市与江苏省内地级市债务率Ⅰ对比

陕西省	风险区域	2019年债务率Ⅰ（%）	江苏省	风险区域	2019年债务率Ⅰ（%）
商洛市	红色	2313.13	镇江市	黄色	161.40
安康市	红色	902.55	宿迁市	黄色	151.46
铜川市	红色	304.15	盐城市	黄色	148.47
汉中市	橙色	284.48	连云港市	黄色	120.49
咸阳市	黄色	180.31	扬州市	黄色	115.84
延安市	黄色	147.07	淮安市	黄色	111.29
西安市	绿色	86.85	泰州市	黄色	103.42
宝鸡市	绿色	49.54	南通市	绿色	98.77
榆林市	绿色	46.32	南京市	绿色	78.36
			无锡市	绿色	64.16
			常州市	绿色	60.50
			徐州市	绿色	43.22
			苏州市	绿色	33.83

2019年陕西省采集到债务率数据的有9个样本，其中位于红色高风险区域的有商洛市、安康市、铜川市，位于橙色中风险区域的有汉中市，位于黄色低风险区域的有咸阳市、延安市，位于绿色安全区的有西安市、宝鸡市、榆林市。这9个城市中，排名最前的商洛市债务率高达2313.13%，但位于最末的榆林市债务率仅有46.32%，商洛市是榆林市的49倍。

而江苏省2019年的13个样本城市全部集中于黄色低风险区与绿色安全区，债务率最高的镇江市是债务率最低的苏州市的4.7倍。

（四）各区域的一般债务率普遍高于专项债务率

除2018年、2019年的东北区域外，东部、中部、西部区域的一般债务率均高于专项债务率，说明这三区域的专项债务与政府性基金收入的比重相对于一般债务与一般公共预算收入的比重要低，专项债务风险更低。但是，东北区域的专项债务率在2018年和2019年竟高于一般债务率，且东北区域专项债务余额相对一般债务余额并无增加，说明东北区域的专项债务风险更高。

具体看各区域的一般债务与专项债务趋势图（图2-25至图2-28），

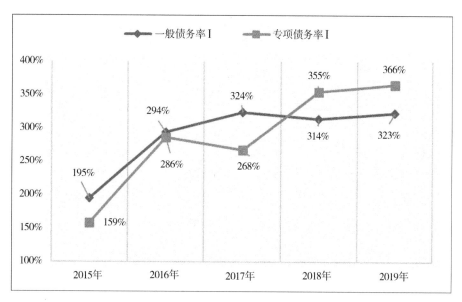

图2-25 2015—2019年东北区域一般债务率Ⅰ与专项债务率Ⅰ比较

图2-26 2015—2019年东部区域一般债务率Ⅰ与专项债务率Ⅰ比较

图 2-27　2015—2019 年西部区域一般债务率Ⅰ与专项债务率Ⅰ比较

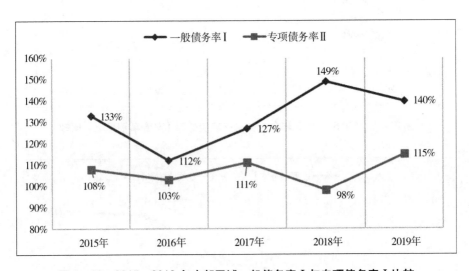

图 2-28　2015—2019 年中部区域一般债务率Ⅰ与专项债务率Ⅰ比较

东部区域的一般债务率与专项债务率差异最大，说明东部区域的专项债务风险最低。西部区域的一般债务率与专项债务率差异次之，说明西部区域的一般债务风险与专项债务风险变化小。中部区域的一般债务率和专项债务率差距经历了缩小—变大—再缩小的变动过程，说明中部区域的一般债务规模比一般公共预算收入比重变动大，专项债务规模比政府性基金收入比重变动大。东北区域的一般债务率与专项债务率经历了一般债务率略高于专项债务率，最后专项债务率反超一般债务率且呈差距扩大趋势，说明东北区域的专项债务还债压力越来越大。

由于专项债务用于有收益的项目，并通过项目收益偿还本金，所以只有在市场前景好、有专项项目的地方政府，其专项债务规模才会更高，即专项债务余额取决于当地政府的发行专项债券的能力。专项债务纳入政府性基金预算管理，政府性基金主要由国有土地出让收入构成，而人口越集中，经济越发达的城市，其土地价值越高，土地出让金越高，政府性基金收入越高。由此可见东部区域城市既具有发行有收益项目专项债的市场能力，也具有偿还专项债券的财政能力。

（五）各区域的负债率以上升趋势为主

本部分对各地级市在2016—2019年间（2015年样本较少，易影响研究结果，故剔除）的负债率变化情况进行了整理，分为"总体上升""总体下降""基本持平""波动变化"四种情况，并对东北区域、东部区域、中部区域与西部区域负债率的变化情况做出统计。见图2-29。

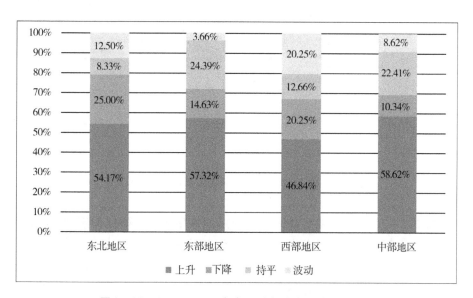

图2-29　2016—2019年各区域负债率四种变动趋势

观察图2-29可知，东部、中部、西部、东北四区域的负债率均以上升为主，占据50%及以上；东北和西部区域负债率变动趋势排第二的为下降，东部和中部区域负债率变动趋势排第二的为持平。可见东部与中部的负债率变动规律更为一致，以上升为主，持平排第二；东北和西部的负债率变动规律更为一致，以上升为主，下降排第二。

（六）各区域间长期负债率不断缩小

区域间长期负债率的极差从 2016 年的 58% 降至 2017 年的 15%，随后 2018 年保持 15% 的极差，并在 2019 年降至 6%，说明区域间长期负债率差异正不断缩小。2016—2019 年这 4 年内，东部区域的长期负债率在 2017 年就超过了 100%，并自 2018 年起一直保持在全国最高，长期负债能力堪忧。见图 2-30。

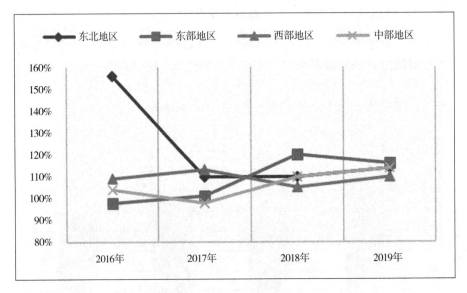

图 2-30　2016—2019 年各区域长期负债率

如图 2-31 所示，观察各区域的长期债务率指标，研究发现 2018 年后四地区的长期债务率排名发生了扭转。在 2018 年之前，长期债务能力水平从高到低为东部、中部、东北、西部，而在 2018 年之后，长期债务率从高到低为东部、西部、中部、东北，东北区域和西部区域的长期债务能力得到较大提升。

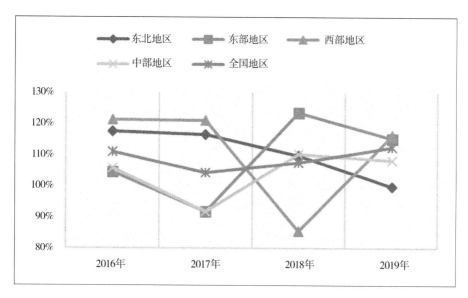

图 2-31 2016—2019 年各区域长期债务率 I

三、地级市财政风险分重点城市分析

（一）财政风险由高到低排列为二线、新一线、一线城市，与经济发展水平呈正相关

研究发现，2015—2019 年一线、新一线、二线城市的各项债务指标数值规律一致，为避免赘述，因此选择最近的 2019 年为分析代表。总体而言，各项债务指标由高到低，依次是一线、新一线、二线，说明经济发展水平越高的城市，债务风险越低。见表 2-17、表 2-18。

当然债务风险由诸多具体指标构成，每个指标并不完全遵循经济水平规律。从负债率指标角度，一线城市与新一线城市和二线城市的差距大，但是新一线和二线城市的差距并不大，甚至二线城市的负债率还略高于新一线城市的负债率。这说明从 GDP 承载量的角度，新一线城市与二线城市的债务风险相当。

从债务率指标角度，一线、新一线和二线城市呈明显的梯度分布，且差距明显。这说明从地方政府财政的角度，一线城市的化债能力显著高于新一线城市，新一线城市的化债能力显著高于二线城市。

表2-17　2019年按城市属性分类债务风险各项指标

单位：%

城市类型	负债率	平均债务率Ⅰ	平均债务率Ⅱ	平均一般债务率Ⅰ	平均一般债务率Ⅱ	平均专项债务率Ⅰ	平均专项债务率Ⅱ	平均长期负债率	平均长期偿债率Ⅰ	平均长期偿债率Ⅱ
一线	7	44	38	27	14	73	80	189	191	190
新一线	17	75	73	70	51	84	67	102	99	96
二线	16	114	108	136	58	125	86	104	103	101
重点城市总计	17	107	97	118	56	118	88	107	106	106

表2-18　2015—2019年重点城市债务风险各项指标平均值①

单位：%

城市类型	负债率	债务率Ⅰ	债务率Ⅱ	一般债务率Ⅰ	一般债务率Ⅱ	专项债务率Ⅰ	专项债务率Ⅱ	长期负债率	长期偿债率Ⅰ	长期偿债率Ⅱ
一线/省会	12	85	69	63	33	108	69	95	93	96
一线	1	4	4	3	2	9	1	136	140	139
新一线/省会	22	116	95	119	60	134	90	102	98	100
新一线	11	57	58	68	50	49	39	101	98	99
省会	26	210	120	202	72	334	174	117	86	93
二线城市/省会	21	113	96	110	69	146	82	99	99	99
重点城市总计	17	116	100	111	57	133	80	107	110	107

从一般债务率与专项债务率指标角度，若不考虑转移性收入，一线、新一线和二线城市呈明显的梯度分布，且二线城市的一般债务率与专项债务率超过100%风险警戒线。这说明从一般公共预算收入和政府性基金收入的角度，一线城市的化债能力显著高于新一线城市，新一线城市的化债能力显著高于二线城市，且二线城市化债能力堪忧。

----
① 计算方法为各重点城市2015—2019年的有效数据/相应有效数据城市个数。

从长期负债率和长期偿债率指标角度，债务风险由高到低为一线城市、二线城市、新一线城市，与之前的结论出现了倒挂。这说明一线城市的经济发展疲软，反而新一线与二线城市的经济发展相对有活力。值得注意的是，无论一线、新一线还是二线城市，其长期负债率和长期偿债率均超过100%风险警戒线，债务增速大于还债资本增速，不容乐观。

（二）重点城市的一般债务风险高于专项债务风险

不考虑纵向的转移支付，以自有财力为分母的债务测量指标，更能直接体现各地方政府的本土债务风险差异。如表2-19所示，研究发现：一，除武汉、长沙、广州、佛山、中山、厦门、济南外，其余41个重点城市一般债务率均高于专项债务率；二，重点城市一般债务率超过100%安全警戒线的比例大于专项债务率超过100%安全警戒线的比例，40%的重点城市的一般债务超过风险警戒线，且绍兴、兰州、南宁的一般债务达到了红色高风险线，另有25%的重点城市的专项债务超过风险警戒线，且兰州、银川、贵阳的专项债务达到了红色高风险线。

以上共同说明大部分重点城市的一般债务与一般公共预算匹配度低于专项债务与政府性基金匹配度，一般债务风险更值得关注。同时，也须注意重点城市一般债务风险与专项债务风险的异质性，一线城市中的广州、新一线城市中的武汉和长沙、二线城市中的佛山和中山，其专项债务风险比一般债务风险更高。

表2-19 2019年部分城市一般债务率与专项债务率[①]

单位：%

城市	属性	一般债务率Ⅰ	专项债务率Ⅰ
绍兴	二线	848.60	195.88
兰州	二线/省会	500.24	311.62
南宁	二线/省会	304.57	98.26
呼和浩特	省会	268.64	214.97
嘉兴	二线	264.20	279.25
海口	二线/省会	229.72	107.85

---

① 以上城市包括了一线（北京、上海除外）、新一线、二线、省会城市及计划单列市，以一般债务率Ⅰ从高往低排列。

续表 2-19

城市	属性	一般债务率Ⅰ	专项债务率Ⅰ
银川	省会	222.26	327.05
泉州	二线	195.41	245.15
大连	二线	193.44	180.67
西宁	省会	169.52	109.92
台州	二线	139.19	47.10
沈阳	新一线/省会	129.91	160.09
石家庄	二线/省会	126.56	90.12
南通	二线	124.69	83.37
扬州	二线	117.15	115.82
烟台	二线	106.91	112.56
温州	二线	101.43	163.63
金华	二线	101.23	—
惠州	二线	100.65	76.01
武汉	新一线/省会	92.37	110.75
贵阳	二线/省会	90.74	527.17
宁波	新一线	78.75	39.20
东莞	新一线	77.70	41.06
珠海	二线	72.97	67.84
成都	新一线/省会	70.38	83.43
常州	二线	65.74	58.27
南京	新一线/省会	65.71	90.77
长沙	新一线/省会	64.22	141.19
福州	二线/省会	62.68	66.18
青岛	新一线	62.28	66.11
昆明	新一线/省会	62.09	—
郑州	新一线/省会	54.56	52.04
佛山	二线	52.71	141.80
广州	一线/省会	51.88	109.86
合肥	二线/省会	51.49	52.66

续表 2-19

城市	属性	一般债务率Ⅰ	专项债务率Ⅰ
杭州	新一线/省会	50.57	42.68
无锡	二线	48.76	87.76
厦门	二线	38.34	123.40
济南	二线/省会	33.85	122.01
中山	二线	28.12	242.30
徐州	二线	28.09	54.95
苏州	新一线	27.92	41.33
深圳	一线	1.80	36.03
西安	新一线/省会	—	—
哈尔滨	二线/省会	—	—
长春	二线		
南昌	二线/省会	—	—
太原	二线/省会	—	—

（三）重点城市负债率与债务率逐年下降

如表 2-20 所示，无论一线、新一线、二线城市还是省会城市，大部分重点城市的负债率呈下降趋势，说明从 GDP 债务承载量的角度，重点城市债务风险逐年降低。

表 2-20　2015—2019 年各重点城市负债率

单位：%

城市	属性	年份				
		2015	2016	2017	2018	2019
广州	一线/省会	15	11	11	11	11
深圳	一线	1	1	1	1	2
沈阳	新一线/省会	24	31	29	27	27
南京	新一线/省会	24	22	20	19	18
苏州	新一线	—	—	8	7	7
杭州	新一线/省会	—	16	16	16	17

续表 2-20

城市	属性	年份				
		2015	2016	2017	2018	2019
宁波	新一线	—	16	15	16	16
青岛	新一线	10	10	10	11	13
郑州	新一线/省会	29	24	18	17	17
武汉	新一线/省会	—	17	—	18	21
长沙	新一线/省会	—	5	6	15	16
东莞	新一线	9	8	8	7	7
成都	新一线/省会	19	18	17	16	17
昆明	新一线/省会	40	37	33	33	27
西安	新一线/省会	28	27	26	23	19
呼和浩特	省会	—	38	35	32	32
西宁市	省会	21	20	20	23	27
银川	省会	—	—	12	29	28
石家庄	二线/省会	—	—	15	20	22
太原	二线/省会	—	12	12	12	14
大连	二线	—	35	32	31	28
无锡	二线	—	—	9	10	10
徐州	二线	4	4	4	6	7
常州	二线	—	—	11	12	14
南通	二线	21	20	18	17	17
扬州	二线	15	14	14	14	15
温州	二线	—	9	9	10	10
嘉兴	二线	41	20	18	18	18
绍兴	二线	—	2	2	17	18
金华	二线	13	14	15	16	18
台州	二线	—	—	16	17	19
合肥	二线/省会	—	13	11	10	9
福州	二线/省会	11	11	8	11	12
厦门	二线	11	13	13	13	13
泉州	二线	19	18	17	16	14
济南	二线/省会	15	12	15	13	16

续表 2-20

城市	属性	2015	2016	2017	2018	2019
烟台	二线	13	12	12	12	13
珠海	二线	18	14	12	14	16
佛山	二线	17	15	14	13	13
惠州	二线	18	17	14	14	15
中山	二线	4	5	7	8	11
南宁	二线/省会	23	23	—	—	24
海口	二线/省会	—	46	41	41	41
贵阳	二线/省会	—	—	64	58	10
兰州	二线/省会	—	20	20	19	23

当债务率大于100%时，则其地方政府财政能力还债达到风险警戒线。如表2-21所示，2015—2019年期间，债务率Ⅰ超过100%占比逐年下降，说明越来越少的重点城市债务风险超警戒线，进一步佐证重点城市的债务率逐年下降。债务率Ⅱ超过100%占比趋势呈先下降后上升的微型波动，说明了转移支付对各地方政府偿债能力的巨大平稳作用。

表2-21　2015—2019年重点城市债务率高于100%城市数量

单位：%

指标	2015	2016	2017	2018	2019
债务率Ⅰ超过100%占比	68	45	34	41	38
债务率Ⅱ超过100%占比	47	32	29	34	35

（四）重点城市长期负债率和长期债务率指标逐年上升

表2-22表明2016—2019年重点城市的长期负债率、长期债务率的变化趋势，并做出了长期负债率超过100%占比和长期债务率超过100%占比统计，发现重点城市的长期负债率和长期债务率超过100%占比逐年上升。这说明即使是经济实力优良的重点城市，其经济增速与财政增速相对于债务增速仍然滞后，从动态的长远来看，重点城市的还债压力大、债务违约风险高。

表2-22 2016—2019年重点城市长期负债率、长期债务率超过100%占比

单位：%

指标	年份			
	2016	2017	2018	2019
长期负债率超过100%占比	27	28	56	70
长期偿债率Ⅰ超过100%占比	43	35	51	62
长期偿债率Ⅱ超过100%占比	33	37	50	62

第四节 转移支付前后的债务风险

一、转移支付在区域间债务风险的影响

（一）各区域债务风险依赖中央转移支付

本研究发现，转移支付的加入使各区域的债务率、一般债务率、专项债务率与长期负债率的数值出现大幅降低的现象。

就债务率而言，对比图2-32和图2-33，在加入转移支付收入后，各

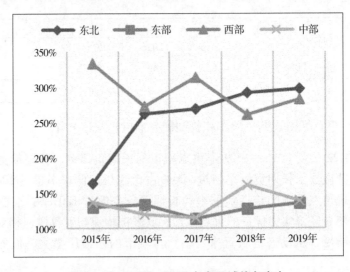

图2-32 2015—2019年各区域债务率Ⅰ

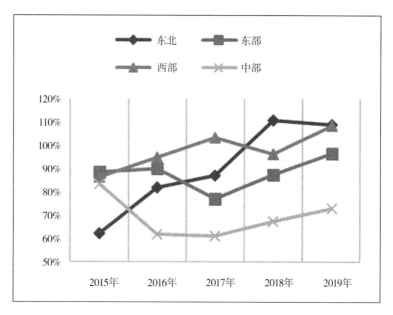

图 2-33　2015—2019 年各区域债务率Ⅱ

区域的债务率数值大幅下降。以 2019 年为例，西部区域的债务率由 282.19% 下降至 108.36%，东北区域的债务率由 297.70% 下降至 108.98%，两区域的债务率下降了近 2/3，而东部区域与中部区域的数值也下降了不止 1/2。

（二）转移支付缩小了区域间债务风险差距

如图 2-34 所示，当综合财力仅考虑地方政府的自身财力时，各个区域间位于红色、橙色和黄色的风险区域城市比例相差较大，折线波动大。而转移支付的加入使得折线波动平缓，即各区域间位于红档、橙档和黄档三类的风险区域城市比例差距在一定程度上被弥合，各区域偿债能力差距明显缩小。这体现了中央通过纵向转移支付均衡横向区域间综合财力，从而使各区域的债务风险均等化，是国家宏观调控的体现。

地方财政可持续性评估报告（2021）

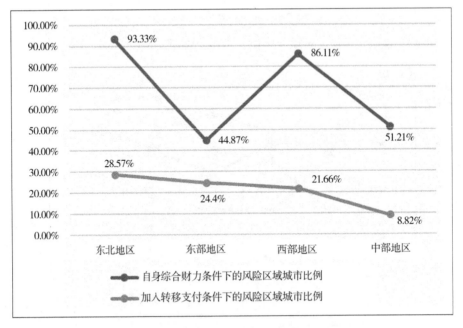

图 2-34　各区域转移支付前后超风险城市比例对比

二、转移支付在一般债务与专项债务间的差异

（一）一般债务风险与专项债务风险均依赖转移支付

将债务风险细分为一般债务风险和专项债务风险，并以一般债务率与专项债务率测量。对比图 2-35 和图 2-36，即四区域的两种一般债务率测量指标①呈现了明显的不同结果，转移支付显著降低了各区域的一般债务风险，并从超过 100% 风险警戒线降到了安全线以内。例如，2019 年东北区域的一般债务率在接受了上级转移支付后，其一般债务率从 323% 降低到 72%，约降低至原来的 22.30%。若参考一般债务率风险预警线，则东北一般债务率在有了上级转移支付之后从红色警戒区降低为绿色安全区。

---

① 一般债务率Ⅰ=一般债务余额/一般公共预算收入合计；一般债务率Ⅱ=一般债务余额/（一般公共预算收入合计+转移支付）；转移支付=税收返还+一般性转移支付+专项转移支付。一般债务率Ⅰ与一般债务率Ⅱ的对比可分析地方一般债务风险对上级转移支付的依赖度。

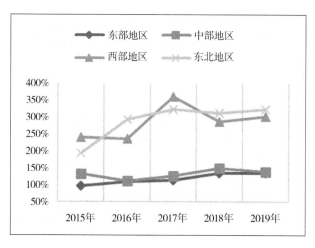

图 2-35　2015—2019 年各区域一般债务率 Ⅰ

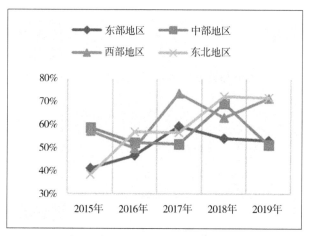

图 2-36　2015—2019 年各区域一般债务率 Ⅱ

对比图 2-37 和图 2-38，2015 年 260 个地级市总体上，若以地级市政府性基金收入合计作为偿债来源，17% 的地级市专项债务率超过 300% 红色高风险率，若以地级市自有政府性基金收入合计加转移支付作为偿债来源，6% 的地级市专项债务率超过 300% 红色高风险率。同年的专项债务率 200%～300% 的橙色中风险率也由 11% 降为 4%。且接下来的 2016 年、2017 年、2018 年、2019 年每一年地级市专项债务风险中的红色风险率和橙色风险率都下降了。

数据表明，政府性基金转移支付可以有效降低各地级市专项债务风险中的红色高风险率和橙色中风险率,这使得总体上各地级市发生专项债务爆雷的风险降低。它反映了总体上地级市的政府性基金财政能力自身造血能力不足,依赖上级转移支付。

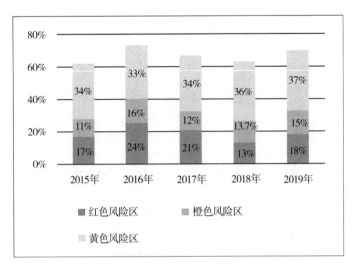

图2-37 2015—2019年地级市总体专项债务率Ⅰ红、橙、黄色风险区比例

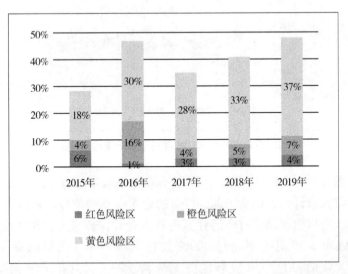

图2-38 2015—2019年地级市总体专项债务率Ⅱ红、橙、黄色风险区比例

(二)转移支付对一般债务和专项债务的影响力不同

对比一般公共预算收入和政府性基金收入中的转移支付,发现一般公共预算中转移支付对一般债务率的下降程度高于政府性基金中转移支付对专项债务率的下降程度。例如,对比图 2-35 和图 2-36,一般债务率在有了转移支付之后,四区域全部降在了 100% 警戒线以下;专项债务率在有了转移支付以后,仅东部区域降在了 100% 警戒线以下,其他三区域仍然在警戒线以上,只是由高风险降为中风险或从中风险降为低风险。

具体分区域而言,东北区域转移支付使一般债务率降低了 25%,但是专项债务率只降低了 33.33%;东部区域转移支付使一般债务率降低了 40%,但是专项债务率只降低了 66.67%;中部区域转移支付使一般债务率降低了 35.71%,但是专项债务率只降低了 76.92%;西部区域转移支付可以使一般债务率降低 1667%,但是专项债务率只降低了 50%。

三、重点城市间转移支付

(一)三、四线城市相对重点城市①的债务率更依赖转移支付

如表 2-23 所示,对比有无转移支付,各重点城市的债务率数值变化不大,但对比三、四线甚至更偏远的地级市,其债务率数值下降明显。这表明转移支付重点城市降温作用远没有三、四线城市的降温作用明显。其原因之一可能是上级转移支付坚持均衡原则,更多偏向欠发达区域;原因之二可能是重点城市作为经济强市,其自身财政能力雄厚,并不依赖上级转移支付。

表 2-23 2015—2019 年重点城市债务率Ⅰ和债务率Ⅱ

城市	属性	债务率Ⅰ(%)					债务率Ⅱ(%)				
		2015年	2016年	2017年	2018年	2019年	2015年	2016年	2017年	2018年	2019年
深圳	一线	4	3	3	3	9	4	3	2	3	8
广州	一线/省会	106	90	76	74	78		77	65	65	68
大连	二线	—	—	226	224	189	—	—	—	170	146
无锡	二线	—	—	62	62	64	—	—	57	58	59

---

① 重点城市包括一线、新一线、二线城市和除此以外的省会城市。

续表 2-23

城市	属性	债务率Ⅰ（%）					债务率Ⅱ（%）				
		2015年	2016年	2017年	2018年	2019年	2015年	2016年	2017年	2018年	2019年
徐州	二线	23	31	33	35	43	18	—	—	—	—
常州	二线	—	—	54	56	61	—	—	49	—	—
南通	二线	121	133	120	104	99	104	110	100	90	85
扬州	二线	111	129	126	128	116	—	—	—	—	—
温州	二线	—	—	134	213	148	—	—	111	164	121
嘉兴	二线	923	359	232	222	272	690	293	203	197	229
绍兴	二线	—	80	68	475	284	—	66	57	394	260
金华	二线	—	—	—	—	—	—	—	—	—	—
台州	二线	—	—	93	84	80	—	—	—	—	—
厦门	二线	38	43	48	54	66	38	—	—	—	—
泉州	二线	220	205	206	156	218	—	166	166	132	173
烟台	二线	108	117	14	103	108	—	—	—	—	—
珠海	二线	75	52	48	61	67	75	52	48	61	67
佛山	二线	149	114	82	80	96	132	103	76	74	88
惠州	二线	136	129	94	86	90	104	99	74	69	71
中山	二线	29	42	35	49	79	26	37	32	44	70
石家庄	二线/省会	—	—	97	99	107	—	—	72	74	81
太原	二线/省会	—	69	67	66	64	—	—	—	—	—
合肥	二线/省会	—	—	42	61	52	—	—	38	53	45
福州	二线/省会	65	56	43	49	64	54	48	37	44	56
济南	二线/省会	121	57	68	72	81	—	—	—	—	—
南宁	二线/省会	147	197	—	—	158	—	156	—	—	109
海口	二线/省会	—	263	—	164	160	—	192	—	124	131
贵阳	二线/省会	—	—	349	287	41	—	—	264	224	33
兰州	二线/省会	—	126	130	139	161	—	84	85	93	113
呼和浩特	省会	—	318	224	245	—	—	196	158	147	

续表 2-23

城市	属性	债务率Ⅰ（%）					债务率Ⅱ（%）				
		2015年	2016年	2017年	2018年	2019年	2015年	2016年	2017年	2018年	2019年
西宁	省会	—	231	207	169	132	—	84	85	81	77
银川	省会	—	—	113	—	250	—	—	75	—	177
苏州	新一线	—	—	39	36	34	—	—	—	—	—
宁波	新一线	—	—	—	—	56	—	—	—	—	—
青岛	新一线	62	61	63	60	64	59	54	55	54	59
东莞	新一线	—	68	74	61	63	—	61	66	56	58
沈阳	新一线/省会	228	—	575	148	140	166	—	263	112	107
南京	新一线/省会	120	85	79	78	78	—	79	72	73	72
杭州	新一线/省会	—	72	35	46	61	—	—	—	—	—
郑州	新一线/省会	142	79	—	51	53	120	71	—	46	48
武汉	新一线/省会	—	—	—	—	—	—	—	—	—	—
长沙	新一线/省会	—	44	47	103	100	—	35	38	86	86
成都	新一线/省会	105	110	88	86	92	93	96	78	78	83
昆明	新一线/省会	—	—	—	—	—	—	—	—	—	—
西安	新一线/省会	131	171	180	180	87	105	133	135	135	70

（二）重点城市的一般债务率和专项债务率依赖转移支付

从表 2-24 和表 2-25 可以看到，一般公共预算转移支付和政府性基金转移支付的存在，显著降低了重点城市的一般债务率和专项债务率，大大缓解了地方政府的财政风险。且一般公共预算中的转移支付使一般债务率下降要大于政府性基金中的转移支付使专项债务率下降。如未有转移支付收入，仅依靠地方政府自身财政能力，呼和浩特、南京、南通、泉州、烟台、惠州、东莞的一般债务率超过 100%，加入转移支付收入后，上述城市的一般债务率降为 100% 以下，一般债务风险转危为安。但上述城市的专项债务率下降则相对不明显。

表2-24 2015—2019年重点城市一般债务率Ⅰ和一般债务率Ⅱ

单位：%

城市	属性	2015年		2016年		2017年		2018年		2019年	
		一般债务率Ⅰ	一般债务率Ⅱ	一般债务率Ⅰ	一般债务率Ⅱ	一般债务率Ⅰ	一般债务率Ⅱ	一般债务率Ⅰ	一般债务率Ⅱ	一般债务率Ⅰ	一般债务率Ⅱ
石家庄	二线/省会	—	—	—	—	144	59	132	56	127	59
太原	二线/省会	—	—	—	—	—	—	—	—	—	—
呼和浩特	省会	—	—	200	83	262	94	251	107	269	103
沈阳	新一线/省会	147	63	144	70	1131	65	128	65	130	68
大连	二线	—	—	—	—	194	—	187	103	193	—
南京	新一线/省会	102	62	90	56	82	50	70	43	66	43
无锡	二线	—	—	—	—	52	35	49	35	49	34
徐州	二线	19	10	21	10	23	11	24	12	28	12
常州	二线	—	—	—	—	73	47	68	45	66	44
苏州	新一线	—	—	—	—	37	—	32	—	28	—
南通	二线	127	65	137	70	137	70	133	69	125	61
扬州	二线	108	—	108	—	117	56	111	55	117	50
杭州	新一线/省会	—	—	64	40	46	29	56	38	55	38
宁波	新一线	—	—	—	—	79	51	83	55	79	50
温州	二线	—	—	85	34	102	37	105	40	101	38
嘉兴	二线	—	—	—	—	—	—	253	132	264	130
绍兴	二线	—	—	67	35	62	25	776	233	849	254
金华	二线	—	—	—	—	101	57	100	58	101	54
台州	二线	—	—	—	—	128	60	130	65	139	61
合肥	二线/省会	—	—	64	39	60	37	55	31	51	30
福州	二线/省会	49	26	54	28	31	15	58	31	63	34
厦门	二线	29	21	36	22	36	26	37	26	38	27
泉州	二线	136	66	134	67	144	66	136	81	195	83

续表2-24

城市	属性	2015年		2016年		2017年		2018年		2019年	
		一般债务率Ⅰ	一般债务率Ⅱ	一般债务率Ⅰ	一般债务率Ⅱ	一般债务率Ⅰ	一般债务率Ⅱ	一般债务率Ⅰ	一般债务率Ⅱ	一般债务率Ⅰ	一般债务率Ⅱ
济南	二线/省会	—	—	22	15	28	18	39	22	34	19
青岛	新一线	63	40	58	35	55	37	56	38	62	41
烟台	二线	126	74	114	63	11	68	100	66	107	66
郑州	新一线/省会	180	180	90	141	52	109	57	102	55	100
武汉	新一线/省会	—	—	91	—	—	—	88	—	92	—
长沙	新一线/省会	—	—	22	13	27	16	63	38	64	38
广州	一线/省会	77	41	71	38	60	34	55	26	52	28
深圳	一线	5	3	4	2	3	2	2	2	2	1
珠海	二线	119	62	92	46	85	42	78	36	73	32
佛山	二线	103	50	91	64	77	53	55	38	53	36
惠州	二线	148	72	143	62	111	63	107	60	101	52
东莞	新一线	104	76	95	53	91	64	82	62	78	53
中山	二线	16	11	29	19	27	17	25	17	28	17
南宁	二线/省会	170	—	307	108	—	—	—	—	305	93
海口	二线/省会	—	—	405	146	323	796	260	99	230	112
成都	新一线/省会	68	38	70	40	76	41	66	40	70	42
贵阳	二线/省会	—	—	—	—	104	49	92	44	91	46
昆明	新一线/省会	83	43	81	40	77	39	119	66	62	36
西安	新一线/省会	—	—	225	54	230	114	228	112	—	—
兰州	二线/省会	—	—	0	0	0	0	0	0	0	0
西宁	省会	—	—	190	42	180	44	167	46	170	49
银川	省会	—	—	—	—	114	55	197	74	222	90

表2-25 2015—2019年重点城市专项债务率Ⅰ和专项债务率Ⅱ

单位：%

城市	属性	2015年		2016年		2017年		2018年		2019年	
		专项债务率Ⅰ	专项债务率Ⅱ	专项债务率Ⅰ	专项债务率Ⅱ	专项债务率Ⅰ	专项债务率Ⅱ	专项债务率Ⅰ	专项债务率Ⅱ	专项债务率Ⅰ	专项债务率Ⅱ
石家庄	二线/省会	—	—	—	—	55	42	69	53	90	66
太原	二线/省会	—	—	—	—	—	—	—	—	—	—
呼和浩特	省会	—	—	1118	216	502	159	191	157	215	141
沈阳	新一线/省会	550	—	420	—	379	146	187	152	160	113
大连	二线	—	—	—	—	332	—	364	—	181	—
南京	新一线/省会	142	—	82	—	77	59	86	63	91	67
无锡	二线	—	—	—	—	86	60	80	62	88	65
徐州	二线	31	22	53	31	47	32	47	33	55	40
常州	二线	—	—	—	—	42	—	48	40	58	48
苏州	新一线	—	—	—	—	42	—	41	—	41	—
南通	二线	113	92	128	72	104	75	84	68	83	67
扬州	二线	126	80	200	91	145	89	156	104	116	85
杭州	新一线/省会	—	—	81	53	29	24	41	35	67	43
宁波	新一线	—	—	—	—	75	54	66	51	39	34
温州	二线	—	—	—	—	147	—	283	124	164	118
嘉兴	二线	—	—	—	—	—	—	200	179	279	205
绍兴	二线	—	—	91	63	71	38	364	252	196	148
金华	二线	—	—	—	—	59	—	46	—	56	—
台州	二线	—	—	—	—	57	44	50	41	47	37
合肥	二线/省会	—	—	—	—	33	30	68	51	53	45
福州	二线/省会	87	40	57	36	54	34	44	33	66	46
厦门	二线	56	44	52	34	67	49	90	64	123	87
泉州	二线	455	—	410	132	381	132	187	144	245	165

续表 2-25

城市	属性	2015年		2016年		2017年		2018年		2019年	
		专项债务率Ⅰ	专项债务率Ⅱ	专项债务率Ⅰ	专项债务率Ⅱ	专项债务率Ⅰ	专项债务率Ⅱ	专项债务率Ⅰ	专项债务率Ⅱ	专项债务率Ⅰ	专项债务率Ⅱ
济南	二线/省会	—	—	87	57	99	—	83	88	122	87
青岛	新一线	61	40	48	30	81	55	64	48	66	50
烟台	二线	66	51	139	68	130	75	114	74	113	78
郑州	新一线/省会	87	60	60	44	48	34	42	35	52	44
武汉	新一线/省会	—	—	71	—	—	—	69	—	111	—
长沙	新一线/省会	—	—	99	34	96	59	163	114	141	92
广州	一线/省会	104	69	132	63	97	67	98	68	110	80
深圳	一线	1	0	0	0	2	1	6	4	36	—
珠海	二线	21	16	20	16	21	19	48	36	68	51
佛山	二线	222	145	139	70	86	66	101	86	142	108
惠州	二线	81	43	77	42	57	42	56	40	76	45
东莞	新一线	43	37	22	18	32	29	27	23	41	34
中山	二线	103	42	100	46	43	34	87	62	242	112
南宁	二线/省会	121	98	127	84	—	—	—	—	98	75
海口	二线/省会	—	—	117	71	75	50	88	63	108	80
成都	新一线/省会	160	104	171	97	100	66	108	74	115	83
贵阳	二线/省会	—	—	—	—	693	212	527	182	1	1
昆明	新一线/省会	—	206	—	211	—	175	—	123	—	108
西安	新一线/省会	—	—	149	138	157	115	161	101	—	—
兰州	二线/省会	—	—	268	105	295	157	347	185	312	228
西宁	省会	—	—	338	109	255	125	172	119	110	81
银川	省会	—	—	—	—	113	118	—	—	383	327	305

第五节 结论与建议

本报告的研究发现围绕地级市债务规模、财政风险两个主题展开,并从260个地级市总体层面、区域层面、重点层面三个层次阐述。具体有以下研究发现:

(1) 从债务余额的角度而言,2015—2019年260个地级市政府总体上的债务余额逐年提升,且保持平均每年30%左右的增速,增速较快。与此同时,地级市政府总体上债务限额也在逐渐增长。在东部、中部、西部、东北四大区域,东部区域的政府债务余额最大,且增速迅猛,而中部、西部、东北区域债务余额相对较小,且增势相对平稳。从区域间债务余额比较发现,经济发展水平越高的区域,债务余额也越高。

(2) 从负债率和债务率的角度而言,2015—2019年260个地级市总体的负债率、债务率都未超过红色警戒线。但相对而言,西部区域与东北区域地级市的负债率和债务率相较于东部区域与中部区域地级市的负债率和债务率更高,前者的偿债压力大,由此可知,经济发展水平越高的区域,由政府债务构成的财政风险越小。

(3) 从一般债务率和专项债务率的角度而言,2015—2019年260个地级市总体上的一般债务率与专项债务率逐年增长,且一般债务率的增速大于专项债务率的增速。一方面,地级市一般债务率超过100%警戒线的比例大于专项债务率超过100%警戒线的比例,这表明政府债务投向无收益项目相对于有收益项目的资金更多。另一方面,地级市总体上一般债务风险比专项债务风险更依赖转移支付,以宽口径计算的一般债务率的比例下降到警戒线以下,但以宽口径计算的专项债务率与以窄口径计算的专项债务率并无差距。

(4) 从长期负债能力和长期偿债能力的角度而言,一方面,尽管2015—2019年四区域间各项指标数值的差距不断缩小,但年度数值本身也呈现出上升的态势,即各区域的债务率增长比GDP和综合财力增长要快,各地未来的债务风险在增加,但是内部的债务风险差距在缩小。另一方面,各个城市的排名波动较大,这说明各城市对区域债务积极管控,但负债率、偿债率超过100%的城市并不在少数,如何有效地缓解债务风险问题,仍是每个城市需要关注的议题。

(5) 从上级转移支付角度而言,西部区域与东北区域地级市的债务率、一般债务率、专项债务率在有了转移支付之后,数值明显下降,可见西部区域和东北区域的债务问题相较于东部区域与中部区域严重,偿债压力大。欠发达区域地方政府的自身财政造血能力堪忧,转移支付不仅有效缓解了这一窘境,还缩小了区域间债务风险的差异,实现整体风险的下降。

(6)单独对重点城市进行分析,发现重点城市的静态财政风险越来越安全,但是动态财政风险越来越有压力。重点城市的负债率、债务率、一般债务率、专项债务率指标逐年下降,可见经济强势的重点城市处于城镇化进程虹吸效应的优势地位,所有地级市的财政风险可能面临马太效应。但是,重点城市的长期负债率和长期债务率逐年攀升,已突破100%的安全警戒线。即使是重点城市,其GDP和财政能力的发展速度也跟不上公共债务的发展速度。

本报告的贡献在于对政府显性债务进行系统梳理,通过对260个地级市连续5年的债务余额和政府综合财力进行追踪,探究政府显性债务的特征、趋势、债务风险及区域差异。此外,本报告与已有债务研究的不同在于采纳了最新的一般债务率和专项债务率测算口径,考察东部、中部、西部、东北以及重点城市的一般债务率和专项债务率风险。本报告的另一个贡献在于考察了转移支付对地方政府偿债能力的影响,从央地财政关系视角解释区域债务风险。

但是,本报告研究的不足在于地方政府债务口径未纳入隐形债务,以政府投融资平台、政府与社会资本合作、政府购买服务、产业引导基金等形式存在的隐性债务数量庞大且隐蔽。隐性债务数据获取难度大,且为各研究者采用推测法测出,无标准数据,但隐性债务为地方政府带来的财政风险亟待关注。本报告只包括了由财政部门法定公开的地方政府债务,它从各市年度决算报告中获取,属于显性政府债务。

最后,结合本报告的研究发现,提出了如下政策建议:

(1)国家继续加强对政府债务的监管,债务管理政策应当从政府、城投、金融机构多方面入手,坚持从严管理、规范举债,严格守住债务限额的举债上限。近五年政府显性债务仍然呈上升态势,以债务率为指标仍然有西部、东北区域城市超过100%债务警戒线甚至更高,这说明债务风险在累积。更为严重的是,政府债务的增长速度大于地方GDP的增长,也大于地方政府综合财力的增长。东部区域作为中国发达经济体的代表,其发展似乎进入了转型期,近五年GDP增速慢,但是债务仍然迅猛增长。

(2)国家严格按照《地方政府专项债券发行管理暂行办法》(财库〔2015〕83号)、《地方政府专项债务预算管理办法》(财预〔2016〕155号)对专项债务的管理办法,严格审批专项债券,确保专项债务投入有收益的项目。各级政府在专项债务与一般债务之间建立了一道安全门,禁止专项债务异化为一般债务,切断其可能引发的财政风险。当前,各地级市专项债务总额比一般债务总额多,同时专项债务率逐年上升,这释放了关于专项债务的风险信号。若专项项目的收益无法偿还债务本金,地方政府出于公共安全和社会稳定的考虑必然会兜底,进一步增加政府的财政负担。

(3)继续坚持43号文提出的省级政府对地方政府债务负总责,将地方政府举债的权力放在省一级,地级市只能由省政府代为发债,同时必须在省财政厅下达的限额内申请发债。本报告发现同省地级市的负债率、偿债率、一般债率、专项债务率、长期负债指标、长期偿债指标存在差异,同省地级市的债务风险高低不一,应由省政府对下辖地级市进行分类化债务管理,重点关注红、橙、黄色风险区地级市。

(4)深化财税体制改革有助于地方政府债务管理。本研究表明,转移支付能有效降低地方政府的各项负债指标,部分城市的债务状态从危险转为良好。这体现了国家宏观调控对地方政府自有综合财力的赋能,如何更大效率利用转移支付制度以及建立何种央地财政关系,进而有助于地方政府债务风险管控,是需要进一步探讨的问题。

第三章　跨区域产业转移的财税政策研究[①]

第一节　导　言

产业转移是实现共同富裕、完成供给侧改革与促进新发展格局的重要方式，是历年政府工作的重要一环。产业转移是市场自发的行为，通过合适的政府引导可以协调推进产业转移进程。自西部大开发提出以来，各地的产业转移活动取得了显著的成果，在财税上提出了税收共享等机制，但是区域差距和区域一体化仍然有许多进步空间。本报告深入研究各重点区域包括粤港澳大湾区、长江三角洲、京津冀地区和西部大开发的发展过程、成就、特点，总结发展经验，在理论与实践结合的基础上为地区发展与产业转移过程中的财税问题进行理论分析，为地区一体化和区域协调发展提供解决方案。

当前，粤港澳大湾区财税转移政策已经取得的成就可以总结为五个主要方面：其一，对积极配合产业转移的企业给予优惠，减少对转移企业的收费，降低企业转移成本；其二，设置相关专项资金和转移支付，向欠发达地区提供资金和贷款补助；其三，向劳动力主体提供工作补贴和职业技能培训；第四，逐步完善各地间利益分配机制，逐步确立"谁引进，谁受益"的模式，普惠性奖补和叠加性奖补结合的政策；第五，破除与港澳地区之间的壁垒，提高港澳地区一体化参与度。

当前，粤港澳大湾区产业转移存在的问题主要有五点：①中央政府缺乏对于粤港澳大湾区产业转移的整体布局，产业转移的规模仍然很难跳出省内；②各地区之间合作不紧密，存在边缘化现象和过度竞争问题；③各地基本公共服务存在差距，欠发达地区不能较好地承接转移产业；④产业布局不合理，产业同构化明显；⑤干部考核制度不合理。针对上述问题提出的政策建议为：①以完善利益分配机制为主要手段促进政府之间积极合作，创造规

[①] 本章作者简介：跨区域产业转移的财税政策研究课题组成员：聂海峰、李泽仁（第一节），吕俊伯（第二节），刘夏媛（第三节），杨之琛（第四节），陶丹（第五节），刘新鹏（第六节）。单位：中山大学岭南学院。

模更大、范围更广的产业链；②以补贴与专项资金结合的方式平衡各地公共服务差距，提高欠发达地区工业化水平；③以建立专项资金为主要手段进一步完善园区规划和布局，进一步优化，确保因地制宜，同时做好基础设施建设；④调整劳动力制度，保障劳动力权益的同时着眼于新人才的培养。

改革开放后，长江三角洲成为重要的开放区域。20世纪90年代上海浦东的开发开放战略推动了长三角区域一体化进程，2019年长三角区域一体化上升为国家战略，一体化发展进入新阶段。目前长三角产业一体化发展有以下特点：①服务业在产业结构中位于主导地位，生产性服务业蓬勃发展；②科教资源丰富，创新能力强，坚持绿色发展；③产业分工协作取得初步成就，产业合作园区建设经验丰富。

长三角区域产业一体化过程中的阻碍因素包括：一是财税制度差异阻碍了区域的协同发展，包括财政层级、税收分成差异；二是招商政策差异加剧了税源竞争；三是市场作用发挥不充分，未形成市场下的利益共享机制。为了进一步促进长三角区域一体化，需要进一步税收征管一体化，凸显长三角一体化协同意识；实现财税成本共担、利益共享，合作建立产业园区；激发市场活力，促进生产要素的自由流动。

作为京津冀协同发展的重要环节，产业布局的优化离不开财税政策的支持和引导。近年来，财政部、国家税务总局及地方政府出台了《京津冀协同发展产业转移对接企业税收收入分享办法》等多项推进产业转移的财税政策。三地税务部门积极支持国家战略，推进区域税收征管协作，主动研究和提出税收政策建议，优化税收便利化服务；深化"放管服"改革，深化国税地税征管体制改革等，为京津冀协同发展营造了良好的财政税收环境。但现行的财税政策也存在一定缺陷，如转移支付制度效果有限、地方财权与事权不匹配导致财政负担过重、产业转移对接企业税收分享存在局限、税收与税源"背离"等现象较为明显。针对现存问题，为进一步完善京津冀协同发展，建议加大转移支付力度，统一事权与财权，设立产业疏解专项资金，以减轻地方财政压力。同时，全面优化税制结构，推进个人所得税、增值税、企业所得税改革，健全直接税体系，完善区际税收协同和利益分享机制。

西部地区产业转移的财税政策主要包括设立财政专项资金、给予税收优惠、进行政府转移支付、进行财政补助、对口援助五个方面。在不同阶段坚持不懈地推进西部大开发，助力西部地区发展，与2000年西部大开发战略实施之初相比，经济稳健增长的基础得到发展，产业吸引力日渐增强，产业转移趋向国际化，基础设施的建设深入推进，人民生活水平显著提高，生态建设和环境保护方面取得成效。

但在发展进程中，和东部发达地区相比，西部地区经济稳步增长的基础仍然不足，发展不平衡，基础设施也只有在省会城市才较为完善，整体上科技和教育远远落后于东部地区，在开发的同时难以兼顾环境效益和经济效益。针对经济基础、平衡发展、基础设施、科技教育、环境保护五个方面，本报告提出了相对应的解决措施。

飞地产业转移是产业及相关要素整体性转移的重要方式。在飞地建设过程中，飞出地负责管理飞地，引进先进的管理经验，建立新的管理机制，行使部分让渡权力，实际参与园区的建设、开发和运营；飞入地提供其所需资源，共同进行飞地建设。飞地的发展方向应是从单纯的资金承接逐渐转化成管理、项目、人才、资金的复合承接。在这个复合承接的过程中，难免会出现各种问题，如飞出地政府阻力多、基础设施不完善、发展平台不够高、飞地内部管理存在矛盾等。建议通过拨出土地、设立专项资金鼓励飞入产业、实施财政补贴等财政政策支持飞地建设；通过减税降费、优化飞地税收环境等措施招商引资；将飞地管理者集中建设领导小组，加强思想建设，协调飞地内部各方关系，确定共同的考核标准，定期考核，保证飞地园区可持续发展。

第二节　产业转移的意义和理论研究

进入新时代后，随着国际形势的改变，以劳动密集型产业为主的"世界工厂"已经无法满足国家发展的需要与人民对美好生活的追求，中国也由原来的高速增长阶段转向高质量发展阶段。由于中国地区发展的不平衡，各地区的经济发展需求并不统一，发达地区希望通过产业升级以提高产业在国际竞争中的优势，而落后地区则面临着地区生产力落后，缺乏产业的问题。这两个问题都可以通过产业转移解决。产业转移指的是生产要素在不同地区重新配置，以提高生产利润的自发经济行为。通过产业转移，产业输出地可以获得更多的机会迈向收益更高的行业，而产业承接地则可凭借承接外来的产业获得经济上与技术上的进步，通过有序的产业转移可以对不同的地区同时产生正面的经济影响。因此，产业转移是中国政府历年来较为关注的重点事项之一。

习近平总书记于 2016 年 7 月 20 日在东西部扶贫协作座谈会上讲话，提出要加大产业带动扶贫工作力度，着力增强贫困地区的自我发展能力。推进东部产业向西部梯度转移，要把握好供需关系，让市场说话。李克强总理于

2015年3月8日在四川代表团审议《政府工作报告》时强调，产业转移发展，主要靠地方本身的市场吸引力，不能靠政府拍板。产业引导资金、金融服务这方面，政府可以加大一些倾斜政策。由此可见，对产业转移的推动与引导是中国领导人十分重视的经济议题。

人民数据库中《人民日报》2000—2020年的资料显示，涉及"西部大开发"的文章在2000年出现的频率为4.2%，是该年度被提及次数较多的词语之一。2014年后，涉及产业转移与集群发展的"京津冀协同"与"长江经济带"被提出，与"一带一路"一同被列为"三大国家发展战略"，提及两者的报道在2016年后从0%上升到1%的水平，并一直维持较高的提及次数。在产业附加值方面，中国早期产业链基本在"微笑曲线"的中间，随着全球化的不断加深，中间部分的利润不断被两端挤压。自2000年后"价值链"被不断提及，提及的文章由原来的0.01%逐年上升到2019年的1.13%。产业转移政策是中国实现共同富裕的重要手段，并将对中国经济发展带来深远的影响。

经过多年长期的探索和建设，各地政府间建立了合作框架，地区协同、地区产业转移等事项都取得了一定的成果。从整体上看，财税政策在其中作为引导产业布局、促进产业发展的重要一环，对中国产业转移的发展起到了重要作用，但是各地依然存在地区间公共服务差距较大、税收标准存在差异、事权财权不统一等问题，这些问题有可能阻碍中国经济发展。因此，本报告重点关注未来将在中国经济发展中发挥重要作用的粤港澳大湾区、京津冀地区、长三角区域、西部地区等，先从经济学理论的角度出发探寻影响产业转移的特征，再深入针对各区域的现状进行分析，最后结合实际情况给出相对应的建议。

一、产业转移的意义

从总体上来看，产业转移可以更好地在中国从发达地区到待发展地区铺设一条覆盖研发、制造、加工、原材料的产业链，同时在需求端以提高总体可支配收入的方式扩大购买力，为实现国内大循环赋能。具体而言，产业转移可以帮助发达地区转移落后产能，并将精力投入更高层次的发展，同时缓解发展带来的环境问题；对于落后地区，承接来自发达地区的产业可以提高当地的管理与技术实力，在此基础上提高当地居民的生活质量。

（一）产业转移可以促进发达地区产业结构升级

当以劳动密集型产业为主导产业的地区希望发展到更大的产业规模时，传统产业会占据大量的土地与劳动力资源。而在企业选择将部分产能转移时，较低的制造成本使得企业获得更高的利润，从而有能力对研究与开发（reseach and development，R&D）资源进行投资，提高自身的生产效率。同时，地方政府会对当地基础设施进行投资建设，培养与吸收各行各业的人才，等产业向外转移后，基础劳动力、土地、电力和其他资源被释放，政府也有更多精力去培养新型产业与先进制造业，使地区经济发展水平不断提高，产业结构得以升级。

（二）产业转移可以有效提高产业承接地的企业管理水平和技术

当企业选择在承接地建厂时，势必会带来发达地区原本的管理经验与生产技术以维持转移前应有的生产力。在产业转移过程中，劳动密集型产业转移后，为提高竞争优势，承接地企业可能会因为自身盈利的需要提高技术与管理水平，从而使当地的全要素生产率提高。部分学者通过研究表明，东部地区作为当前产业转移的输出地，已率先通过"腾笼换鸟"，促进技术进步；中部地区作为产业承接地，承接产业转移将会加速中部地区的技术进步（刘亚婕、董锋，2020）。

（三）产业转移可以提高承接地居民的生活条件

承接来自发达地区的产业后，承接地区将可以提供更多的就业岗位，而产业转移带来的税收会转化为基础设施服务当地经济，这时就业环境以及公共服务的改善会显著提高当地居民的生活质量。更高的收入带来的购买服务将更多体现在商品服务的供应上，部分移入企业生产的产品将更容易在当地进行供应，以满足居民的物质需求。除了经济上的改变，中西部地区承接的产业转移将会使得劳动力不必前往东部沿海发达地区寻找工作，即使是前往家乡附近的县城工作，与家中的联系也会更加紧密。因此，产业转移可以缓解中西部地区的留守儿童与留守老人问题。

（四）产业转移有利于缓解地区环境压力

一个地区的环境承载能力由该地区的地理环境因素决定，较弱的环境承载能力使得在较低的产业规模下地区环境严重恶化。对于那些重度或中度污染产业，在地区进入后工业化阶段后，对污染企业实施严格且沉重的环保政策可以让污染企业迁出，改善地区环境，而部分选择留下或迁入的企业为减少环保税负担，会主动提高技术水平，减少生产过程中的能源消耗或环境代价，从而在改善环境之余提高地区技术水平。2013 年，北京市 PM 2.5 来源中前三项分别为：机动车、燃煤与工业生产。其排放占比分别为 31.1%、22.4%、17%。在雾霾治理期间，北京的三次产业结构由原来的 0.9∶24∶75.1 调整为 0.7∶21.4∶77.9，在产业结构得以优化的同时，环境也得到了改善。根据《北京二十年大气污染治理历程与展望》评估报告，北京环境空气中细颗粒物（PM 2.5）的年均浓度从 2013 年的 89.5 微克/米^3 下降到 2017 年的 58 微克/米^3，整个京津冀区域实现了 PM 2.5 年均浓度较 2013 年降低 25% 的目标。

（五）产业转移可以保证中国的供应链安全

中国产业目前处于生产附加值较低的阶段，部分工业生产对外国生产依赖度较高，如光刻机、工业母机等，运用这些设备生产的产品往往与国家经济发展息息相关，这意味着国际贸易形势恶化，出现对高精尖工业设备的禁运，会恶化中国的经济形势。通过承接高精尖产业，中国可以一定程度上提高产品本地化生产的能力，有效规避国际环境的影响。除了高附加值行业的产业安全，基础制造业的产业安全也需要得到充分的保障。以 2020 年的新冠肺炎疫情为例，在中国停工停产期间，由于部分产业的生产集中在中国，许多国家无法及时生产供本国使用的抗疫用品，口罩和呼吸机的全球供应在疫情大规模传播时曾出现过短缺。通过产业转移的方式使医疗器械等产业转移到中国具有比较优势的地方有助于保障中国在面对自然灾害、疫情等情况时的物品供应，避免受制于人。

二、产业转移的驱动因素

产业转移的驱动因素研究较多，最早可以追溯李嘉图的比较优势理论。该理论认为不同国家可以通过国际贸易的方式进行专业化的生产以增加世界总体的产出；之后，劳尔·普雷维什通过将世界分为外围—中心的方式，提出产业转移主要的动因是边缘国家为满足国内商品需求的行为；威廉阿瑟·刘易斯则以成本上升的角度分析发达国家将"低工业部门"外移的原因；随后，维农从产业生产的角度出发，将产品生产分为三个阶段，认为产业转移是产品生产阶段变化的结果；之后的新经济地理学、集成经济学着重于产品生产过程中的运输与交流成本，从规模经济与集成经济的角度分析一些产业迁徙活动。不同理论的角度不同，但是从整体来看可以将产业转移的驱动因素归类为：劳动力成本差异、区域发展不平衡与产业转移的自强化效应。

（一）劳动力成本差异导致产业的输出

在东部地区，较高的生产需求导致出现产业转移的需要。由于东部地区最初承接的多为劳动密集型产业，行业间边际劳动力产出的不同导致了不同的收入。这些相对高收入行业在东南沿海地区的发展逐渐提高了劳动力收入，同时将一些非熟练工人吸收进高附加值部门，使得一些低附加值产业出现了招工难的情况，这时候低附加值企业为了维持自身的生产，只能选择向其他基础劳动力充沛的地区转移。根据《2020年农民工监测调查报告》，东部地区农民工月均收入最高，为4351元，比上年增加129元；同时期在中部地区就业的农民工月均收入为3866元，比上年增加72元；西部地区农民工均收入为3808元，较上年增加85元。尽管中西部地区经济近年来发展强劲，但是收入与增速依旧不如东部。可以预见，东部地区城市化进程减速后，劳动力价格差距将使得劳动密集型企业更愿意在中西部地区进行生产。

（二）区域发展不平衡使得产业出现转移

改革开放以来，由于政策倾斜与地理区位等方面的优势，东部地区通过接受外商直接投资（foreign direct investments，FDI）与承接海外产业的方式，经济得以迅速发展，从而在地理上形成了大致为自东向西的发展梯度，高梯度地区为发展程度较高的地区。在东部地区承接产业的过程中，高梯度地区较强的资源配置能力与充足的生产要素，使得高梯度地区有能力增强技术与提高生产效率，进而逐渐拉大与低梯度地区的差距。高梯度地区如东部沿海发达省份会因较高的资产回报率，吸引周围低梯度地区的优质资源在当地聚集，进一步巩固自身的经济优势。相对地，低梯度地区经济则可能会停滞。而由于生产要素在空间上的集散规律，要素资源在高梯度区域的不断累积将引发规模不经济，为提高利用效率并优化资源的配置情况，溢出的要素资源逐渐扩散至低梯度地区，实现资源顺梯度转移（黄蕊、张肃，2019）。

（三）产业集群的自强化

在产品生产过程中，除了劳动力成本，运输成本也会产生巨大的影响。因此，合理的规划对吸引产业转移有巨大的影响。在新经济地理学中，由于产品所需要的工序与零部件不断增多，零部件的专用性程度高，灵活的产品层级具有显著降低风险的作用，因此，复杂产品就会形成一条复杂的上下游产业链。各部件间的交流以及运输成本与距离相关。当供应商与客户的距离更近的时候，运输损耗与运输成本都会显著减小，厂商之间的交流会变得更加密切，从而形成了具有高度行业竞争的产业集群。产业集群也具有一定的自我强化能力，当厂商发现竞争对手向产业集群所在地转移的时候，厂商本身就会有盈利的预期，因此向同一个地区转移，从而进一步增强产业集群的竞争力，最终在集群所在地实现一个行业的产业转移。重庆市的电子信息产业是典型的案例，政府首先通过引进大型笔记本电脑商和代工商，用庞大的零部件需求吸引零部件供应商。之后，其他品牌商与代工商基于成本方面的考虑也会选择入驻，最后带动本地配套设施与企业发展。重庆市政府因此在短时间内在当地扶持了一个具有竞争力的产业（王旭、胡春艳、赵泉午，2013）。

三、阻碍产业转移的因素

当某一行业从发达地区开始向外转移的时候，在地点方面是具有选择性的。一般而言，当劳动密集型产业在某个地方聚集时，就会进一步吸引更多的企业在此处投资。经过自身与政策作用下不断地发展，形成具有产业优势的集群。因此，产业承接地充沛的劳动力供给、适当的税收政策引导与地方基础设施建设都是重要的促进因素。相反，如果这些因素无法满足，产业转移就可能因此被延缓与制约。

劳动力成本与供应对产业转移可能会造成一定的负面影响。尽管东西部劳动力成本差异较大，但是由于中国建立了较发达的交通网络，使得劳动力可以较为方便地由各地前往高梯度地区工作。而劳动密集型产业是最先向外转移的产业，当发达地区可以源源不断地获得来自低梯度地区的劳动力时，劳动力市场变成买方市场，企业也因此可以将劳动收入维持在最低水平，严重削弱企业向较落后地区转移的意愿，实际上这种情况可能是导致企业从中国东部发达地区向西部落后地区产业转移缓慢的原因之一（王益民、宋琰纹，2007）。

落后地区劳动力供应也成为较大的问题。由于落后地区劳动力大都选择前往东部沿海发达地区工作，而少数回流农民工年龄大都在40岁以上，主要回流目的是照顾家庭等非经济性因素，因此在就业选择上偏向打零工而不是进入企业，导致客观上的劳动力供给减少（张古、刘军辉，2016）。对于青壮年劳动力，发达的交通网络使得他们更倾向于选择大城市的服务业。这些因素叠加，客观上使得产业转移企业出现"招工难"的困境（王春凯，2021）。

原有产业集群相对迁入地的区位黏性会影响企业转移的意愿。根据新经济地理学理论,产业集群在极化效应加强的阶段,产业集群会不断加强自身在产业中的地位。如果此时使用外部力量让企业外迁,会让产业区内的企业面临交流成本、运输成本、运营成本等上升的困境,严重削弱产业转移的意向。此外,外部力量对产业转移的强力推动在产业集群的"自强化阶段"会对产业输出地的经济发展造成极大的负面影响,可能导致输出地经济发展滞后。同时,企业在进行产业转移时会综合考虑劳动力成本、劳动力素质、交通费用等因素,企业转移前后单位产品的实际劳动力成本相差不大。转入地的基础设施较差、当地产业配套能力弱、政府办事效率低等因素却造成企业的交易成本大幅上升。对产业转移的鼓励在集群发展出规模经济之前,意义并不大。这可能是早期产业转移政策效果有限的原因。此外,相对发达地区优越的交通运输条件与完善的基础设施建设,产业承接地在这些方面都不具备优势。

产业规划重叠与无序规划会阻碍区域协作。由于部分行业如芯片具有一定的政策热度,在考核机制下地方政府都会倾向于设立相关的产业园区对该行业进行投资。由于需求有限,配套企业也无法扩张,因此在某一地区产业形成对其他区位有优势的集群后,其他区位的投资就变成了无效的资源配置。对于没有明确产业筛选的工业园区,产业园区内企业间业务差距可能会过大,无法很好地形成产业集群或区域内协作,此时产业园区对企业的吸引主要来源于产业园区对企业大力度的税收与其他优惠政策。当产业园区赋予企业的优惠期过后,企业无法获得政策方面的优势或来自产业集群的优势而丧失相当的竞争力。因而,企业在期限过后可能会选择减少在该园区的投资并转移到新的产业园区,这样的产业转移只是短期的,无法对地区发展带来正面的影响。

产业园区事权税权与利益分配问题。由于官员升迁机制与 GDP 发展挂钩,为保证当地的财政收入和充分就业,地方政府不仅不愿意支持本地企业向外地转移,而且还倾向于通过税收减免和财政补贴等政策鼓励企业向本地的次梯度地带转移(周五七、曹治将,2010)。即使产业输出地政府愿意支持产业外迁,但是其此时的目的更多的是希望在附近的地区建立配套工厂或单纯迁出"落后"产业。对于产业承接地的地方管理者,当迁入产业区项目在收益方面不如本地的一些产业时,他们就很难给予产业转移区足够的关注与支持。

四、财税政策对产业转移的促进理论机制

产业转移的驱动因素可以认为包含提高自身竞争力、开拓市场两个方面。而优惠较大的财税政策一般是在产业转移工业园区中实施,或者对产业转移工业园区有部分倾斜,因此这里将着重于工业园区的情况,将财税政策对产业转移的促进作用分为降低企业的生产成本、促进沟通与交流、提高劳动生产率、对产业专业供应商进行布局和对生产商的预期影响几个方面进行分析。

税收与土地优惠可以降低企业的生产成本。税收优惠相当于对企业的生产进行补贴,从整体来看会降低企业的边际成本曲线,降低企业的边际生产成本,当企业发现在税收优惠地区生产而降低的税费成本相较于因在当地生产额外产生的运输成本高时,有意愿转移的企业便会选择向税收优惠地区转移,享受税收优惠带来的竞争优势。土地优惠政策产生的效果与税收优惠政策类似,其作用是降低企业在当地投资生产的固定成本,减轻企业投资的门槛。因此,税收优惠政策与土地优惠政策都可以降低企业的成本,促进对生产要素价格敏感的产业迁入。但是,由于优惠政策存在期限,所以长期促进产业转移的财税政策更多着重于地区优势的培养。

投资基础设施建设有利于降低运输成本,促进交流。早期产业转移往往涉及的是劳动密集型产业的转移,而现代企业的分工模式倾向于将研发经营部门与生产部门分开,以原始设计制造商(original design manufacturer, ODM)或原始设备制造商(original equipment manufacturer, OEM)的方式进行生产。发达的交通网络减少了外地企业到当地生产基地的交流、沟通成本,同时也会使得当地有机会以较低成本将制成品或中间品运输到客户手中,从而为地区自然禀赋赋能。此外,当地发达的交通网络有利于地区内企业交流,为规模经济的产生提供可能性。

职业教育有利于提高劳动生产率。在大部分新经济地理学的外部经济情况下,地区会因为产业聚集效应而出现规模报酬,其中十分重要的因素是相关行业人才的密集以及较高的劳动力素质,因此技术院校对规模经济的形成具有重大的作用,投资技术院校有利于当地提高边际劳动产出,快速培养熟练劳工,扩大高质量劳动力供应,总体上促进规模经济的形成。与之类似的是财税政策对科研的投入。通过投资职业教育并大力投入与生产相关环节的研发与技术改进,可以进一步降低生产成本,提高人才培养效率,为地区提供足够支撑相关产业的劳动力资源。

财税政策提供的公共品有利于降低企业的运营成本。公共品如电力供应设施、水力供应设施等的稳定供应，可以减少生产中的不确定性，为产业转移提供信心基础。同时，在特定的产业规划下，某一行业的产业聚集将会使得某部分的生产所需的专用设施拥有一定的公共品的特质，如纺织业生产需要的污水处理设施、石化行业获得原材料的专用运输管道，这些服务的提供能为专门企业的进驻提供基础，还能通过由专业部门提供的方式降低单位服务提供量的成本，从而使得行业整体在相关步骤方面的投入减少，降低企业进驻门槛。

相关产业的设立本身可以促进产业转移。特色产业区的设立会给企业信号，使有意向的企业在当地投资。这种行为可能在有一定数量的企业搬迁后效果会更加明显。当企业发现竞争对手选择在某个地区投资开设新的工厂时，企业会考量竞争对手的目的，最后可能会因为希望维持市场份额同时减少来自竞争对手的竞争压力而选择同样在当地投资。此外，对陌生环境的投资往往需要对当地的了解，而竞争对手的行为则为企业在信息不对称的情况下减少了一定的风险。

五、总结

产业转移是中国经济实现高质量发展与人民共同富裕的必要方式，通过有序产业转移，发达地区可以实现"腾笼换鸟"的产业结构升级，而落后地区则可以通过承接东部产业发展经济。在这种模式下，除了直接的经济收益，产业输出地可以改善环境，产业承接地可以获得技术，以及解决当地的民生问题。因此，推动产业转移是政府工作目标的重要一环，可以从生产成本差异、产业梯度与产业集群三个角度顺势而为。产业转移并不是一蹴而就的，在转移过程中需要克服许多的现实障碍。

粤港澳大湾区、京津冀地区与长三角区域自改革开放以来就一直是我国的经济增长极，而中西部地区因为地理位置上的不足与发达地区形成了差距。通过产业转移，可以促进珠三角地区、京津冀地区与长三角区域等的产业升级；在边缘地区与中西部人口聚集区创造就业，以发展的方式提高劳动人民的收入水平，使他们享受到中国经济发展的福利。在这个基础上创造国内市场，扩大内需，顺梯度打造完整产业链。

经过多年的发展，产业转移与地区协作在各地因地制宜，如广东省的省内产业转移制度与长三角的便利跨省（市）业务建设。但从总体上看，各地依然存在地区发展差距太大、落后地区基础设施欠缺的问题；京津冀地区、长三角区域财税政策标准不统一、不协调，产业重叠严重，政策竞争激烈；中西部缺乏人力资本与资金支持。下面将分别就各个地区的发展特点，探究当地的发展和困境，提出相应的解决思路和建议。

（李泽仁）

第三节 粤港澳大湾区产业转移的财税政策

进入 21 世纪以来，随着区域专业化分工深化，产业价值链空间分离趋势日益凸显，产业跨区域协同发展变得愈发重要。产业转移作为实现生产要素有效配置、促进产业价值链整合的重要方式和地区间产业结构调整升级的重要途径，对促进区域间经济协调发展具有积极作用。粤港澳大湾区作为国家重大发展战略之一，是我国探索产业转移的一个重要试点。产业转移是珠港澳地区实现协同发展、缩小地方经济差距的重要途径。自 2005 年以来，粤港澳大湾区经济已经取得了飞速的发展，但由于地理条件和政策原因，其在发展过程中产生了诸多问题，如广东省内以及广东省与其他地区发展不均衡，内陆与港澳地区之间存在壁垒，珠港澳地区招商引资优势弱化等。粤港澳大湾区经济发展发挥不出应有的潜力，实施产业转移有其必要性所在。

一、当前产业转移已经取得的成果

在粤港澳大湾区的建设过程中，各地政府进行了长期的探索。2005 年，广东省人民政府发布的《关于我省山区及东西两翼与珠江三角洲联手推进产业转移的意见》拉开了广东产业转移的序幕，设立了一系列专项资金和优惠政策对转移企业给予政策倾斜；2008 年发布的《中共广东省委、广东省人民政府关于推进产业转移和劳动力转移的决定》促进了劳动力随产业转移的步伐；同年发布的《广东省产业转移工业园发展资金使用管理办法》使新兴的产业园规划合理化；而近十年，珠三角各地政府发布的政策大多关注产业转移相关的周边配套设施的完善，如降低物流成本、修缮公路等。

政府产业转移财税政策的支持可以概括为以下五个主要方面：

（一）逐步完善地区间利益分配机制

自广东省 2001 年开始对工业产业结构进行调整以来，地方政府开始在辖区内探索财税分享；2005 年工业园认定办法颁布后，在小范围内出现了财税分享尝试，但规模较小，少有跨市政府间明确的财税分享；2008 年利用双转移战略进一步加速推动"腾笼换鸟",广东省从上至下开始大力开展产业转移工作,提出"谁引进,谁受益"的合理分享制度;2013年提出要进一步促进粤东西北振兴发展的战略,政府进一步激励财政贡献量高的企业和地区,优化地区间财税政策分享的比例,让全省再次聚焦于区域经济协调发展。

2001—2007年为地区间利益分配尝试的第一阶段,这一阶段的利益分配机制以市政府政策为指导,在区域内进行小范围的探索。

首先出现的是小范围的企业搬迁,主导者一般是发达地区政府,如深圳市、佛山市,其土地面积有限,空间上趋于饱和,但政府想独善其身,产业转出会带来税收的流失,因此,即便是受制于要素资源,也会采取内部消化的模式,将产业在辖区内进行搬迁,由中心城市向边缘地区分流。这一阶段主要是辖区内产业结构自我调整的探索,跨市政府间的合作较少,这一阶段最典型的利益分享机制的探索是佛山市2003年出台的侧重于企业迁移利益的分享制度。佛山市政府要求在统计指标上,以上年工业值和工业增加值为基数,迁出镇政府可享有当年增加值的50%,最高上限为基数的50%,分享期限为5年;在招商引资额上,以上年固定资产净值为基础,双方各享有50%,进行一次性分摊,对于新增固定资产投资则归属于迁入镇政府;在财政收入上,以迁出镇提供的上年实际入库的税额为基数,迁出镇政府可享有当年财政收入的50%,上限为基数的50%,分享期限为5年。佛山市创立的财税分享政策对其他地区非常有借鉴意义,很多地区也采用了这一利益分享机制,如深圳市南山区(潮州)产业转移工业园按潮州市40%、深圳市南山区60%进行分享。

2008—2012年为地区间利益分配尝试的第二阶段,这一阶段的区域利益分配机制主要由省政府推行,市政府合作。

这一阶段是尝试省内产业转移机制的进一步发展时期。这一阶段政府意识到财税利益分享的激励作用,开始依据各地区的贡献度调整财税利益的分享比例。侧重于引进方进行税收分享,有利于激励地方政府引导产业迁移和招商引资,以园区的投资开发和企业引进来决定分享比例,引进方的贡献度越大,税收分享比例越高,其核心原则可以概括为"谁引进,谁受益"。在保障园区"自身造血"功能的基础上,提高引进方的分成比例。其中,江门市2009年跨区的总分机构是这一阶段政策实施最典型的体现,其总部位于横琴新区而生产基地位于其他区,生产基地若是未单独注册的企业,则其所在区政府分享比例为90%;若是单独注册企业,其分享比例为70%。通过提高非法人生产基地的分享比例来进一步巩固总部经济效应。

这一阶段的突破，首先是在财税利益分享方面，创新性地根据引进方的贡献度调整其分享比例；其次是通过提高非法人生产基地所在地政府的财税分享比例来巩固总分机构总部的经济效应；最后是省政府利用考核和奖励制度加快珠三角6市产业转移的步伐，政府积极性相对第一阶段有大幅度提高。而这一阶段的主要缺陷首先是产业园未立足本地优势，产业园最初的建设目的是促进珠三角的产业转出，同时大力发展粤东西北地区，粤东西北地区应基于本地资源的优势来承接珠三角产业，但这一阶段财税利益分享侧重招商引资与市内引进方的财税分享，欠发达地区可能缺乏明确的产业承接方向，导致招商引资虽然吸引了众多企业入园，产业园建设却杂乱无章，不能较好地集聚并发挥最大作用。其次是珠三角迁出方对财税利益分享不够重视，珠三角发达地区仍热衷于引导本市内企业的迁移，试图在有限的空间内吸引总部企业，这样难以形成区域内的产业链，因此，部分产业园在实践中演化为普通的工业园，没有落实对珠三角产业的承接。

2013年至今为地区间利益分配探索发展的第三阶段，这一阶段的区域利益分配机制主要由省政府引导，各地区多部门积极合作配合。

这一阶段，产业转移从省级层面进行了全面规范，提出"普惠性财政奖补"和"叠加性财政奖补"两种政策，普惠性奖补在企业投产的5年内根据财政贡献量进行奖补；叠加性奖补根据企业的规模类型采取差异化奖补，金额在100万元至1亿元不等。在财税利益分享上，发达地区与前两个阶段一致，而对于跨市共建的产业园，省财政厅出台办法，对迁移企业实施财政奖补以调动企业的积极性，对产业共建实施财税利益和统计指标分享，以调动珠三角6市的积极性，因此，不管是合作的范围还是合作深度都有了新的突破。

在省政府的大力主导下，产业园呈现遍地开花的局面。在政府合作层面，在省政府指导下，在市级政府合作的基础上，涌现出大量自建或者市级以下政府合作共建的产业园，且在产业转移承接上取得明显的进步。《粤东西北省产业园发展"十三五"规划》显示：截至2015年，在产业园数量上，共有15家市级示范园、38个其他产业园和30个产业集聚地；在经济指标上，省级工业园共引进工业企业4900家，其中投产3200家，创造规模以上工业增加值1977亿元，全口径税收达299亿元。2016年又出台关于产业园提质增效的若干措施，包括产业转移倒逼机制、强化财政支撑、加大帮扶力度、加速项目落地等措施，截至2018年4月，累计落入共建园区超过1亿元的项目有337个；截至2018年底，全省共形成产业园90个，市级示范园15个，其他产业园63个，产业集聚地12个，其中已有27个年产值超过

100亿元的园区，2个年产值超过500亿元的园区，产业园区成为全省工业经济增长的重要组成部分。

此外，为促进广东省内产业转移的进程，协调各地区的发展，广东省政府于2013年7月出台了《关于进一步促进粤东西北地区振兴发展的决定》。文件明确了广东省内"珠三角6市帮扶粤东西北8市"的任务，创新提出了"结对子"的对口帮扶方式，对口帮扶工作涉及多个方面。在工作制度方面，政府设立了由对口帮扶双方双重管理的指挥部；在资金安排方面，明确了省级和帮扶市资金投入到被帮扶市中心城区扩容提质、产业园区建设和新区发展等方面；在招商引资方面，省政府明确要求双方市政府要共同推进招商引资；在利益分享方面，明确到2020年前，被帮扶市产业园区的政府性投资收益全部留存园区滚动发展。

（二）给予企业转移成本优惠的政策

在产业转移方面，政府给予了很多优惠政策。2005年出台的《关于我省山区及东西两翼与珠江三角洲联手推进产业转移的意见》指出，珠江三角洲企业整体或部分转移到园区，符合国家现行税收政策规定的，可以享受技术改造国产设备投资抵免企业所得税的优惠政策、优先安排贷款贴息，为产业转移提供经济便利。在2008年出台的《中共广东省委、广东省人民政府关于推进产业转移和劳动力转移的决定》中，针对产业转移园的建设，政府采取降低产业转移园电价、减轻转移企业的各种行政事业性收费负担的方法，并且除国家规定统一征收的税费外，推行"零收费区"的做法，不再对入园企业征收任何地方性费用。

（三）设立专项资金和转移支付

政府设立了多项专门基金和增加转移支付用于推动和促进产业转移的进程。设立的专项基金包括挖潜改造资金、技术创新专项资金、中小企业发展专项资金、工程技术研究开发中心专项资金等。在转移支付方面，2008年出台的《中共广东省委、广东省人民政府关于推进产业转移和劳动力转移的决定》指出：2008—2012年，省每年应安排欠发达地区产业转移园区发展专项转移支付资金15亿元，对广东省14个欠发达市和江门市每年补助1亿元，支持上述地区产业转移园区建设的贷款贴息及基础设施建设；每年安排重点产业转移园区专项资金15亿元，以竞争方式择优扶持欠发达地区3个示范性产业转移园区建设；每年安排产业转移奖励资金5亿元，鼓励珠三角地区企业加快向东西两翼和粤北山区转移；每年安排劳动力培训转移就业专项资金 10 亿元以上，专项用于劳动力职业技能培训、智力扶贫、劳动力转移就业服务等。

（四）保障劳动力权益

劳动力转移往往随产业转移共同进行，政府为促进劳动力转移的推进，提出了许多针对不同地区、不同对象、不同方面的劳动力转移补贴政策。

2008 年《中共广东省委、广东省人民政府关于推进产业转移和劳动力转移的决定》提出：有条件的地方对企业当年新招用本省农村劳动力并签订 1 年以上劳动合同和缴纳社会保险的，给予企业社保补贴；对招用人员属农村贫困户劳动力、40 岁以上和被征地农民的，同时给予企业岗位补贴。同年发布的《广东省农村劳动力技能培训及转移就业实施办法》提出：由政府给予劳动力技能培训补贴和职业技能鉴定补贴；对农村贫困人口，给予培训期间的生活补贴。

为促进与产业转移相辅相成的劳动力转移，一些地方政府建立了劳务帮扶机制，如 2008 年的《中共广东省委、广东省人民政府关于推进产业转移和劳动力转移的决定》，明确要求中等职业技术学校和技工学校每年要安排不少于 30% 的招生指标专门用于招收东西两翼和粤北山区学生，并负责推荐在当地就业。加强农村劳动力职业技能培训，免费进行职业技能培训，确保每个农村家庭都有一名以上有就业能力的劳动力接受职业技能培训。各地要向优秀农民工提供一定比例的廉租房和经济适用房。

（五）破除与澳门地区之间的壁垒

近年来，我国大陆地区一直积极与澳门地区建立联系，优势互补，基础设施互联互通，提高了澳门在产业转移中的参与度。2021 年中共中央、国务院发布《横琴粤澳深度合作区建设总体方案》，成立横琴粤澳深度合作区，合作区的政策落实，将对澳门各产业发展提供更大的支持作用。同时，合作区也将有力支撑澳珠极点的引领作用，带动珠江口西岸地区加快发展，吸引人才就业创业，推进基础设施互联互通，打开经济与产业、人才与物流等多方面的新格局，促进了港澳更好地融入国家发展大局，加快了粤港澳大湾区一体化的进程。

二、当前产业转移存在的问题

尽管当前粤港澳大湾区的产业转移已经取得了不错的成果，但在其发展过程中也暴露出许多问题。由于缺乏整体的布局和研究，加上各地发展不平衡，故各地区之间易产生割裂，部分地区边缘化，产业转移参与度较低。此外，产业结构的不合理问题也日渐突出，为实现产业转移的良性发展，充分发挥各地的发展潜力，解决这些问题刻不容缓。

第一，缺乏整体布局和研究。粤港澳大湾区作为我国产业转移前沿区域，在规划中并没有形成"大区域"概念，相对"一对一"转移的较快进程而言，忽视了向周边几个省份整体产业转移态势、地区专业化分工及跨区域协同发展等问题。少有把粤湘赣桂作为区域整体进行研究，区内产业转移态势、地区专业化分工程度、区际竞合关系等问题并不明确，现实中也存在地区间恶性竞争、分工合作动力不足、产业链条短及割裂等问题。

第二，各地区之间合作不紧密。首先，在区域一体化发展中存在边缘化现象，一些城市，特别是较发达的城市与其他城市和地区关联度不高，如深圳作为最发达的珠三角城市之一，并未发挥大规模的辐射带动作用，深圳与其他城市并未形成良好的关联，雷同的发展思路导致各城市相互争资源、争政策、争人才、争市场，区域内过度竞争而合作不够。其次，不合理的政策又进一步加剧了地区之间的割裂。转出地政府与转入地政府进行协调的态度不同。这种情况造成转移优惠政策难落实，转出地企业无法正常进入园区，工业园空置；转出地转移出"高能耗、高污染、低收益"产业，拓展了产业的发展空间，成功进行产业结构调整和升级，转入地虽然短期内实现了经济增长，但是前景并不乐观；转出地自行招商引资，引资不成功；园区建设周期长，发展缓慢。

第三，各地基本公共服务有差距。相较于珠三角中心地区，周边的欠发达地区工业化水平低、产业基础差，许多产业部门还未得到充分发展，产业配套严重不足；而转出地在推动产业转移时，大多是企业单独进行转移，企业落户后仍须到较远地区采购原材料、零部件，造成运输成本、生产成本、交易成本上升，降低了投资收益率。再加上现阶段转入地的交通不发达、物流业发展落后，难以满足企业尤其是大型外企的采购和分销的需求。同时，大多数现有的物流企业服务素质差、水平低，缺乏专业人才，未能有效利用现代科技为企业提供全过程增值服务。

第四，产业布局同构化明显。《广东区域协调发展面临的问题及对策建议》对广东省产业布局做出了详细研究。截至2017年，广东省有343家大型工业类企业，绝大多数都在珠三角，粤东西北只有24家，难以为粤东西北的区域经济协调发展提供良好的环境（王晓蓓，2017）。广东与周边省份结构差异变小，产业同构发展趋势明显。从产业转移角度来看：其一，广东向周边三省份转出大量制造业，提升了三省份的产业水平，减小了地区间的差距；其二，产业转移尚处于初级阶段，四省份处于产业转型与重构过程中，产业同构趋势加强说明转出产业尚未形成跨区域专业化分工，链式发展不足。如果不加以引导，产业同构趋势将导致国内价值链无法构建。

第五，干部考核制度不合理。在珠三角地区，GDP增长率、固定资产投资增长率、就业率等是考核领导干部工作成绩的重要指标。部分地方政府为顺利完成经济目标，在对自身资源情况了解不透彻的情况下，为本地企业争取资源和市场优势，发达地区还采取各种措施限制资源外流、限制当地企业外移，这恰恰加重了各地产业同构化和地区发展不均衡的现状。此外，标尺竞争，即绩效指标现象也束缚着区域一体化的推进，地方干部通过大力发展本地经济建设来创造优异的政绩指标，以此来获得上级政府的认可和个人职位的升迁。初期的良性竞争存在正向影响，会带来社会公共福利的提升，刺激经济发展和提高政府治理水平，缩小区域间的经济差距，但长期过度无序的竞争则会带来保护主义和市场分割，不利于经济增长。

三、促进区域一体化建设的政策建议

当前，粤港澳大湾区的产业转移仍然存在诸如整体布局不规范、地方割裂以及部分地区和城市边缘化现象，其本质在于各地发展水平不均衡，公共服务和配套设施有差距，导致各地区在产业转移方面的参与度有高有低，各地区之间不能很好地调整产业结构。因此，国家和政府应致力于调整和完善政策，沿用已经取得一定成效的利益分享政策并将其规模扩大化；平衡各地公共服务和社会资源的差距，给予适当政策倾斜，如从补贴和专项资金入手，规范和调整不合理制度；并协调好各地关系，从各地资源环境的发展潜力着眼，调整产业结构，避免同质化，为产业转移搭建桥梁，使得产业转移走上更专业、更快捷、更高效的新台阶。

（一）以完善利益分配机制为主要手段促进政府之间积极合作

第一，中央政府应统筹全局，制定整体财税政策。粤港澳大湾区是中国开放程度最高、经济活力最强的区域之一，广东"十四五"规划纲要也明确提出打造粤港澳大湾区国际消费枢纽工程，充分发挥消费的引领作用，进一步畅通经济循环，助力形成新发展格局，推动经济高质量发展。中央政府应该出台更多政策将粤湘赣桂及港澳地区整体化、规模化发展，实现大区域产业转移的统一利益调度，建立范围更广的跨市、跨省的利益分配政策；同时，政府应加强引导，进一步扩大普惠性奖补和叠加性奖补并行的规模，加强各地之间的联系；地方应积极合作，进一步完善"谁引进，谁受益"的分配模式，促进各地提高贡献度。

第二，各地政府之间应做好沟通，合理分配资源。区域一体化应建立在长期合作的基础上，需要各地政府把握产业转移的速度和机遇，不断协调转移产业工业园建设发展中的利益分配机制；也需要上级政府加强监管力度，坚决杜绝各地政府"争资源、抢资源"的行为。在要素禀赋方面，粤东西北各有优势，粤东、粤西有天然的海洋资源，而粤北有丰富的生态资源。不同地区的优势资源不同，要因地制宜，合理利用资源，实现效率最大化。粤港澳大湾区的核心城市和地区应重点发展一些技术含量高的先进产业和现代服务业，将低端制造业转移到自然资源较为丰富的赣、桂等地区，带动落后地区产业结构升级，同时缓解大湾区核心城市应发展遭遇瓶颈的难题。珠三角核心城市发挥应有的辐射带动作用，如2021年中共中央、国务院印发的《全面深化前海深港现代服务业合作区改革开放方案》指出，需要充分发挥深圳作为中国特色社会主义先行示范区综合改革试点的优势，提升粤港澳合作水平。

（二）以补贴与建立资金结合的方式平衡各地公共服务差距

促进区域一体化不能一味着眼于发达地区，更应着力提高周边欠发达地区的工业化水平。应建立适当的面向欠发达地区的政策，向欠发达地区额外发放补贴，降低其生产成本，夯实其产业基础；设立欠发达地区专用基金，用于供给产业配套，完善其初具雏形的产业部门；同时，应改善物流运输系统。面对当前企业落户后仍需到较远地区采购原材料、零部件的现状，应改变运输成本、生产成本、交易成本较高的劣势，可以设置偏远地区专门的运输资金，根据里程数发放一定补贴。制定区域物流业发展规划，整合物流资源，提高服务质量，同时建立适应产业转移的现代物流服务平台。改善产业转入地的物流系统，应从以下四个方面着手：①建设高速公路和铁路，便于货物运输；②引进现代物流技术和物流管理模式；③搭建信息平台，发展通信网络；④加强物流人才培养。

（三）以设立专项资金为主要手段进一步完善园区规划和布局

以设立专项资金的方法改善当前产业园区的不合理布局以及配套设施不完善情况。首先，应当对当前产业转移园的布局进行进一步优化，确保因地制宜地建立产业转移园，以新思维和新角度规划产业园区。各地产业园区要在广东的东、西、北和中部地区形成新的经济增长极，带动城市群发展，以设立城市群基金为主要手法，对应的城市群可以按贡献比例共同使用基金，以达到形成以珠三角为核心，辐射广东的东、西、北和中部地区甚至其他省份城市地区的目的，形成资源共享、资源互补、产业关联、梯度发展、点线面相结合的网络状分布的多层次产业发展格局，建立现代产业体系。其次，针对产业转移工业园的基础配套设施建设滞后问题，应做出适当调整，加快其基础设施建设，提高生产设备的环保标准，珠三角进行产业转移，应在"双转移"的基础上做到产业"双升级"，避免陷入低质量增长的陷阱。政府应当设立专门用于采购环保型生产工具的基金，提高环保审核的标准，确保产能转移清洁、绿色，同时推进产业转移工业园的布局和园内承接产业的发展，提高整体综合经济效益。

（四）调整劳动力制度

在劳动力转移方面，考虑到产业转型升级需要数量充沛、结构合理的技能应用型人才，特别是以高素质高技能应用型人才为支撑，因此在保障现有劳动力的福利制度完备的前提下，应着眼于新人才的培养，学校应在专业实践教学中，结合产业实际，与企业、行业组织、当地政府等之间建立与产业转移相应的新型合作关系，政府也可以有针对性地增加对口行业的就业机会、提供就业补贴，等等，尽可能保证人才按需培养、同步培养、协作培养，进一步提升劳动力的技术和素质水准，更好地服务于产业转移的经济发展需求。

四、结语

粤港澳大湾区一体化发展是一项艰巨而系统的工程。为确保其经济发展最大限度地利用其地理条件和政策优势，发挥出最大潜力，进行产业转移，优化产业布局，是大湾区协同发展的重中之重。财政作为国家治理的基础和重要支柱，税收作为重要的经济调节杠杆，政府应当给予足够的重视。粤港澳大湾区一体化发展必须坚持各地政府在财税利益上的协同发展、各地公共服务差距的逐步弥合、产业园区布局的合理规划、劳动力制度的良性完备，以此实现粤港澳大湾区建设的全面提速和经济的稳定发展。

（吕俊伯）

第四节　长三角区域产业转移的财税政策

改革开放后，为了加强中国对外的经济合作与技术交流，国家试验性地在广东省建立了第一批经济特区，并取得了显著成就，振奋人心。珠三角的发展形势启动之后，长江三角洲成为重要的开放和发展区域。长江三角洲地处长江入海口，地理位置十分优越。长江干流将其和中西部地区串联起来，使两地可以通过内河航运进行联系；长江三角洲的深水良港众多，且位于海岸线中部，航船上可至环渤海，下可至珠三角；东临黄海和东海，可以通过远洋航线与世界的重要港口相联系，在改革开放中具有重要优势。1990年，国务院对关于开发和开放浦东的问题做出了批复，指出开放和开发浦东是深化改革、进一步对外开放的重大部署，予以大力支持。"浦东开发开放战略""长江发展战略"接连推出，坐落在黄浦江东的浦东，成为带动上海市和整个长三角区域经济发展的排头兵。

浦东开发开放战略成功促进了上海及其周边地区的发展，区域一体化也进入了新阶段。1992年，国务院在北京召开长江三角洲及长江沿江地区经济规划座谈会，指出长江三角洲的经济发展要从一省一市的圈子中跳出来，通过各种形式的联合，发挥比较优势，使得综合效益最大化。一体化、协调发展的思想在这次座谈会中初现雏形（陈雯、孙伟、袁丰，2018）。2008年，国务院发布《关于进一步推进长江三角洲地区改革开放和经济社会发展的指导意见》，就产业结构、创新能力、区域协调分工、生态环境、社会保障等问题对长三角区域的发展提出了许多意见。此时的长江三角洲地区在文件中只包括上海市、江苏省和浙江省这两省一市。

转眼到了2019年，在飞速发展中，长三角已成为我国最富裕的地区之一，经济活跃，创新能力强，支持长三角区域一体化的发展上升为国家战略。这一年，中共中央、国务院印发《长江三角洲区域一体化发展规划纲要》，规划范围包括上海市、江苏省、浙江省、安徽省全域，并在上海青浦、江苏吴江、浙江嘉善三地建立了长三角生态绿色一体化发展示范区，以引领长三角地区的高质量一体化发展。长三角地区的一体化发展进入新阶段。

长三角区域一体化的进程离不开产业一体化协调发展，利用财税政策进行规范引导是关键。在新发展阶段，不仅要关注长三角产业一体化发展的特点，还要发现其中阻碍发展的不合理的财税政策，并思考解决方案，根据实际情况及时制定新的政策。在目前阶段，长三角的产业发展具有如下特点：第三产业占比高，产业结构以服务业为主；创新能力强，科教资源雄厚，技术优势明显；各地根据当地特色发挥产业优势，分工协作取得了初步成就。

一、长三角区域产业发展一体化现状

（一）产业结构以服务业为主

在长三角区域中，服务业在产业结构中位于主导地位。2020年，上海、江苏、浙江、安徽的第三产业占比分别为73.14%、52.53%、55.76%、51.25%，远高于第一产业0.27%、4.42%、3.36%、8.23%以及第二产业26.59%、43.06%、40.88%、40.52%的占比。其中，上海的服务业最发达，第一产业和第二产业的比重明显低于其他三省。[①]

这主要得益于长三角区域大力发展了面向生产的服务业。建立了以上海为中心，江苏及浙江港口为支撑的上海国际航运中心，港口基础设施完善，交通便利，促进了现代物流业发展；引进和培育了一批高层次金融人才，探索金融机构、产品等创新，改善了金融业的发展环境，促进了金融服务业的发展。面向民生的服务业如旅游业及广播影视、新闻出版、文化和休闲娱乐等服务业，以及新兴数字创意产业也有所发展。

（二）创新驱动绿色发展

长三角区域拥有丰富的科学教育资源，为产业创新能力的发展提供了有力的支撑。长三角拥有两大综合性国家科学中心，分别在上海张江及安徽合肥，占全国综合性国家科学中心数量的一半；"双一流"高校、国家重点实验室和国家工程研究中心的数量约占全国的1/4。区域科研经费支出及有效发明专利数也位于国家前列，约占全国的1/3。雄厚的科教资源为长三角区域科技的长远发展和产业的创新建设提供了有力支撑。

长三角区域支持科技含量高、附加值高及对环境友好的可持续发展产业的进入，而避免引进不符合新发展理念的产业。2018年，中华人民共和国工业和信息化部公布《产业发展与转移指导目录》，指出长三角区域优先引导承接的产业有集成电路的芯片设计与制造、光电子器件、人工智能领域关键技术、节能环保型产业等；而中低端的制造业、污染较严重的产业则被引导退出。2019年，国家发展和改革委员会印发长三角生态绿色一体化发展

---

① 数据来源：国家统计局。

示范区（以下简称"一体化示范区"）总体方案，一体化示范区成为长三角区域产业一体化进程中贯彻新发展理念，创新发展、绿色发展的先手棋。一体化示范区贯彻创新驱动发展战略，吸引了一批知识创新型企业聚集，同时打造创新组合，与西岑科创中心、汾湖高新区、中新嘉善现代产业园、祥符荡创新中心等形成创新合力；率先探索如何将生态优势转化为经济社会发展优势，在区内加强生态环境的综合治理，并依托自然风光和历史文化资源，着力打造绿色经济，成为长三角绿色创新发展的一个新高地。

（三）产业分工协作取得初步成就

产业分工协作是长三角区域一体化的重点，长三角区域发挥了上海的带动作用和江苏、浙江、安徽的各自优势，向着分工合理、优势互补、各有特色的产业协调发展格局前进。长三角各区域在产业发展中各有侧重点及特色，一定程度上可以互补与协调发展。上海作为国际航运中心及国际金融中心，现代航运服务体系发达，金融市场体系也更为完善；苏北、浙西南、皖北和皖西大别山革命老区则利用自然风景、文化历史等方面的优势，发展旅游业、农产品加工等特色产业；沿江沿海发展的石化、钢铁、汽车船舶等产业则带动性强，带动了上下游产业的共同发展。上海具有较低的交易成本，而江苏、浙江、安徽具有较低的制造成本，这样相对合理的分布促进了产业协调一体化发展（刘志彪、巫强，2019）。

在产业协同发展中，一些产业合作园区成功地建立和运行起来。园区能吸引大量企业，使关联企业集聚发展。如上海临港产业区和江苏工业园区，其合作及管理模式先进，值得推广。同时，省际产业合作园区的规划和建立也已着手实施。产业合作园区建成后，会涉及一定的财税分享问题，园区通常采用政府间约定或政府与园区约定的财税分享模式，两者适用情况有所不同。

第一，政府间约定的财税分享模式。在区域合作中，由政府层面约定财税利益的分配，达到促进产业转移、资源互补的目的。2019年2月，浙江海港集团和上海港务集团于上海签署小洋山综合开发合作协议，这是浙沪两地落实长三角一体化战略的标志性项目。洋山港项目中，两地政府协商达成了较好的税收分享机制。浙江省在项目中提供土地资源，上海市则突出运营管理方面的优势。根据协商，地方税先全部由上海税务部门征缴，后上海按照13元/集装箱的价格，将税收与浙江省分享。同时，浙江省海港集团和上海盛东国际集装箱码头有限公司按照持股比例对公司利益进行分配，是投入共担、利益共享的典型例子。政府间约定的财税分享模式针对性和约束性强，不足之处是政府之间协商困难时可能需要上级政府的介入（魏陆，2020）。

第二，政府与园区约定的财税分享模式，是政府与园区进行合作，并约定的特定的财税分享模式。在园区的发展中，园区会遇到缺乏土地资源等问题；而其他地方则想要引进园区的品牌、制度、运营模式等，提升当地的发展水平，两者合作形成了"飞地经济"的模式。两者通常会组建新公司，对某一区域进行建设开发，随后按约定分享收益。1994年，苏州工业园区由中国与新加坡政府联合设立，在数十年发展中积累了丰富的经验，成为国内工业园区的业界标杆。2011年，中新苏州工业园区开发集团股份有限公司与滁州市政府签约，合作开发苏滁现代产业园。苏滁现代产业园依托丰富的土地资源、良好的区位交通及政策环境，借鉴苏州工业园区先进的规划管理理念和国际化的管理体制，重点打造了高科技产业园、现代服务园和文化创业园，是"飞地经济"模式的典型例子，此模式范围只限于特定区域（魏陆，2020）。

长三角区域产业一体化的发展态势良好，第二产业和第三产业为产业发展提供了主要动能，科教资源为产业高质量发展提供了创新源泉，产业协作的成功案例为一体化发展提供了宝贵经验。然而，在发展的过程中，也存在一些不合理的因素阻碍着一体化进程的发展。

二、长三角区域产业一体化实施问题

国家对长三角区域产业一体化发展做出了积极探索，并建立了长三角生态绿色一体化示范区。一体化示范区范围包括上海市青浦区、江苏省苏州市吴江区、浙江省嘉兴市嘉善县（简称"两区一县"），面积约为2300平方千米。生态绿色一体化强调的是将生态保护放在优先地位，加强"一河三湖"的综合整治，共同建设区域生态廊道和自然保护地，并综合利用休闲旅游资源，提升整个区域的生态环境品质。示范区的产业一体化，则关注当前跨区域的土地管理机制、项目管理服务机制、财税分享管理制度等能否适应的产业变化形势，促进各类要素在区域内自由流动，使产业转移、产业协作等产业一体化的进程更加畅通，充分发挥各地的产业特色，同时又能通过一体化协作形成新优势。

在产业一体化方面，一体化示范区贯彻新发展理念中的"创新""绿色"发展要求，很好地体现了长三角区域产业一体化中创新驱动、绿色发展的特点；产业协作发展态势良好，自2018年起，一体化示范区中的嘉善县与苏州工业园共建中新嘉善现代产业园,园区借鉴苏州工业园的运营管理经验,嘉善县政府则给予园区一定财政支持,收益由中新嘉善现代产业园和嘉善县政府参考前期投入后约定分享,采用了政府与园区约定的财税分享模式。一体化示范区在长三角区域具有一定的代表性。首先,一体化示范区在范围上包括两省一市的部分区域,青浦、吴江、嘉兴分别属于不同的省市,三地进行合作、设立示范区能够很好地展现长三角区域一体化中产业转移的进程、特点、问题等。其次是一体化示范区中的三地能反映所在省市的特征。就地方财力情况来讲,2020 年,上海、江苏、浙江和安徽的一般预算收入分别为 7046.30 亿元、9058.99 亿元、7248.00 亿元、3215.96 亿元①,财力差距较大;2019 年,青浦区、吴江区、嘉善县的一般预算收入分别为 207.1 亿元、223.1 亿元、67.8 亿元②,也存在着财力差距大、区域发展不平衡的问题,具有一定的代表性。故一体化示范区在长三角区域具有重要意义,在探索从区域项目协同走向区域一体化制度创新过程中的一些问题可以作为长三角区域产业一体化实施问题的部分体现。

以下是长三角区域在产业一体化进程中遇到的一些问题,分别是财税制度方面的差异、税源竞争、市场作用缺乏等问题。各地财政层级不统一,税收分成比例差异加大了各地统一财税贡献的难度;减税降费、招商引资等财税政策不统一,税源竞争激烈;"虹吸效应"阻碍生产要素自由流动,公共设施在市场下的利益共享机制还未形成。

(一)财税制度差异阻碍协同发展

不统一的财税制度会增加体制机制的摩擦成本,是常见的阻碍因素。长三角区域部分地方的财政层级不同。以长三角一体化示范区为例,两区一县的财政层级有所不同。由于上海市为直辖市,青浦区涉及中央、市、区三个财政层级;浙江省实行"省管县"的财政体制,故嘉善县也是涉及中央、省、县三个财政层级;而江苏省的吴江区涉及中央、省、市、区四个财政层级。

除财政层级上的不同外,两区一县在地方上财政收入中的分配比例也有所不同。嘉善县在增值税和企业所得税上的税收分成比例分别是 40% 和

---

① 数据来源:国家统计局。
② 数据来源:上海市青浦区人民政府关于青浦区 2019 年预算执行情况和 2020 年预算草案的报告,政府决算报告,政府预算草案,财政资金,政务公开,苏州市吴江区人民政府关于苏州市吴江区 2019 年财政预算执行情况(jsczt.cn),中共嘉善县委嘉善县人民政府 2019 年财政收支情况。

32%，是两区一县中分成比例最高的（魏陆，2020）。在各地税收分成比例不统一的情况下，要求三地的新增税收全部用于区域管理机构，就会造成三地的税收贡献不一，且对一些行政区不公平，如嘉善县的财政贡献比例最高，但是其财力最弱。衡量各行政区对示范区建设的贡献时要将行政区的财政贡献比例和财力基础相结合，合理评价各地的财税贡献。

（二）招商政策差异加剧税源竞争

由于资源差距较大，长三角三省一市的财税政策也有所不同，其中，财税政策对企业的经营活动和生产要素的流动影响直接。减税降费在一定程度上可以减轻企业的负担，但由于各地政府对企业是否有资格享受减税降费的判断标准不同，难以均等化实施，不能达到普惠的效果（毛雁冰，2019）。而且在地方税收差异大的情况下，企业会设法在不同区域间利用制度差异避税，导致市场秩序的混乱及无序竞争，进而阻碍企业正常的经营活动。

区域一体化过程中，产业结构的调整需要一定的产业转移来配合。产业转移的同时意味着税源的转移。在财税共享机制还不完善时，地方财政为了保持一定的财政收入，会通过各种优惠政策招商引资留住企业，展开税源竞争。青浦区、吴江区、嘉善县的产业基础和财力各不相同，财税扶持政策也不一样。青浦区和吴江区为企业提供一定比例的地方税收收入的财政扶持，而嘉善县则给予基金、培育等奖励形式的财政扶持。不同的招商政策加剧了示范区内的税收竞争，也对产业转移的进程造成了不利影响。

（三）市场作用发挥不充分

政策的推动为长三角的协同发展提供了重要动力，但除了政策推动，经济手段也需要充分利用起来，发挥市场机制的作用，激发市场的活力。在一体化进程中，政府往往会权衡该地区与周边地区的"扩散效应"和"虹吸效应"，若周边地区虹吸的生产要素比扩散到本地的生产要素更多，那么该地政府可能会采取保护本地市场和企业的措施，削弱市场自身的作用（刘志彪、巫强，2019）。在劳动力方面，目前确保人才有序竞争的规则和制度尚未建立，出现无序的"人才争夺战"。劳动供需的信息没有充分传达，对企业的用工监管和就业的诚信机制有待完善（毛雁冰，2019）。长三角区域各地的经济发展水平和财力基础各不相同，对生产要素的吸引力也不同，局部的"虹吸效应"也是客观存在的。

在公共品及设施领域，市场下的利益共享机制还未形成，在利益分配问题上有一定的矛盾。各区域在机场、港口、实验室等基础设施的建设上存在竞争，包括项目的选址、开发、运行等过程（刘志彪、巫强，2019）。容易在建设的投入与使用这两方面产生冲突，当地政府通常会追求本地设施的效益最大化和成本最小化，投入不足而使用过度，交通运输、电力分配等设施共享的渠道不畅通，没有在长三角区域一体化发展的立场上使用市场化的方法去解决。

三、长三角区域产业一体化实施相关建议

区域一体化需要各地高水平的开放，核心是破除政府设置的各种壁垒，在不改变行政隶属的情况下打破行政边界，让各地商品和要素自由流动，实现共商、共建、共管、共享、共赢。对财税制度差异问题，可以通过税收征管一体化、政府与园区约定相应的财税分享模式、合理分享企业税收来增强区域协作意识，一定程度上减轻税源竞争，兼顾各方需求。

（一）税收征管一体化

将长三角区域作为一个整体出现于相关财税政策中，凸显长三角一体化的协同意识，实现税务征管一体化。2020年8月，长三角生态绿色一体化发展示范区试点推行了通办清单，长三角区域通办清单由上海青浦区、江苏吴江区、浙江嘉善县三地税务部门联合推行，跨区域涉税事项涉及4类15项。示范区内的纳税人就近即可办理相关跨区域事项。而同年10月印发的《长三角"最多跑一次"税务事项清单》也是如此，由上海市、江苏省、浙江省、安徽省、宁波市五地的税务局联合制定，囊括了14类共199个税务事项，这些区域内的群众办理清单事务时都"只用跑一次"。积累足够的经验后，通办清单或许可考虑在长三角区域全域推行。

除此以外，许多服务的标准也可以趋于统一。在咨询服务上，为纳税咨询提供统一服务，共享知识库、数据库等，实现区域内的咨询联动；在行政裁决上，统一税务行政处罚的裁量权行使标准；在数据分析上，联合开展税收的经济分析，共享团队资源、经济数据、分析结果等，支持一体化发展。

第一，各地政府应根据当地情况、不同模式的优缺点选择合适的财税分享模式。建议使用政府与园区约定的财税分享模式，以飞地经济为载体，根据区域特点灵活施策。确定好财税分享模式后，建立创新成果产业化的税收共享机制。在示范区建立技术研发地和投产科技成果的产业地，并进行税收共享，实现创新和产业链的深度融合。在税收共享期间的前期，税收利益向创新地倾斜；项目落地后，产业地和创新地按照一定的比

例进行分配。一般在10年之后，创新地不再参与此项目的税收分享（李娜、张岩，2020）。

第二，要合理分享企业税收。示范区的建立会吸引大量企业进驻，对于存量企业和增量企业，财税分享机制的要求应区别对待，主要以新增企业的增量税收为主。一方面，要保障存量；另一方面，也要拓展增量，促进生产要素在区域间的自由流动，让增量的收益投入示范区的开发建设资金中，形成良性循环。对政府导入的企业税收也应合理分享。政府应根据示范区的产业规划导入相符的企业。具体税收分享方法可参考京津冀地区做法，在企业所在地变更后的3年内，迁出地和迁入地以50%：50%的比例共享迁移企业的增值税和企业所得税税额。迁入地政府可给予迁出地政府一定的财政补偿。

（二）财税成本共担、利益共享

长三角区域各地政府可合作建立产业合作园区，各自投入一定比例的资金，设立合作区投资开发基金，实现成本共担（李娜、张岩，2020）。区域管理机构与合作区域的行政区没有隶属关系，可与各行政机关共同出资组建示范区公司，利用长三角区域的市场化优势，发挥市场配置资源的决定作用。组建公司可在长三角一体化执委会的领导下进行部分的投资、建设、管理，达到成本共担、利益共享的目的。

产业合作园区的建设周期较长，前期需要较多的资金投入，需要地方政府给予财政支持。建议在建设的前5年中，所获得的税收除了上缴中央的部分，其余留给园区继续发展。也可以以市场化的形式吸引资金。各地政府共同投入，设立投资开发基金。与企业合作，在市场上吸引金融机构、上市公司、民营企业的资本，形成市场与政府的合作模式。

（三）激发活力打破壁垒

激发市场活力，要发挥政府的推动作用。政府要先平衡好产业政策和竞争政策两者的关系，在发展地区的同时兼顾长三角地区的整体发展。由于地方政府首先考虑的是当地的利益，适当的时候需要中央政府和长三角层面的干预。地区间一些相互矛盾的政策也需要逐步修正和统一，直到长三角区域在产业转移、公共设施建设等领域达成一定的共识（刘志彪、巫强，2019）。

政府间达成共识后，需要激发市场的内生动力，发挥市场配置资源的决定性作用。一是要关注长三角区域的市场主体的诉求，充分发挥企业的作用（刘志彪、巫强，2019）。为基层政府、企业发声提供平台，推动一体化进程按照市场规律前进。当企业按照市场信号发挥比较优势配置资源时，一体化进程就可以顺利开展。二是要用市场化原则解决利益冲突。在公共设施的选址、开发、建设中让相关主体利用价格机制进行筛选，公平、公正、公开地竞争。三是要破除生产要素自由流动的障碍。在劳动方面，加强劳动信息的传递，推进长三角劳动市场的一体化，降低省域边界的影响，促进劳动要素的合理流动和均衡布局（毛雁冰，2019）。

（刘夏媛）

第五节 京津冀地区产业转移的财税政策

一、京津冀地区的经济发展

（一）政策回顾

1986年，国家提出"环渤海经济圈规划"，京津冀一体化发展首次进入大众视野。进入21世纪后，京津冀经济协作逐渐上升至国家战略高度。2004年起，国家发展和改革委员会召集京津冀三地发改部门就区域规划问题举行多次研讨会，京津冀三地全面达成合作共识。2011年，国家"十二五"规划提出"打造首都经济圈"，加快京津冀区域经济协调发展，打造以首都为中心的经济区，加速河北贫困市县的发展。"十二五"后，京津冀协同发展方针正式纳入国家规划，京津冀一体化从地方规划上升至国家战略。

2014年2月26日，习近平总书记主持召开京津冀三地协同发展座谈会，将京津冀一体化的定位提高到国家战略层次，并对三地协作提出七项具体要求。2015年以来，国家政策层面制定了《京津冀协同发展规划纲要》（以下简称《规划纲要》），实施了全国第一个跨省市的区域"十三五"规划《"十三五"时期京津冀国民经济和社会发展规划》，编制完成了土地、交通、生态、产业、水利、医疗卫生、人才等十几个专项规划。2016年出台《京津冀产业转移指南》（以下简称《指南》），2017年出台《加强京津冀产业转移承接重点平台建设的意见》（以下简称《建设意见》），2019年出台《进一步加强产业协同发展备忘录》等一系列政策文件，形成了目标一致、层次明确、互相衔接的协同发展规划体系。

产业协同作为区域协同的重要载体，为区域经济提供了实体支撑。促进产业协同发展，优化产业布局，是区域经济长期可持续发展的根本动因。京津冀三地长期以来，地域一体、文化一脉，均质化的环境使各层次区域存在较严重的产业趋同现象，一定程度上制约着区域经济的发展。《规划纲要》突出强调了北京、天津、河北三地的差异定位和错位发展，明确指出进一步明确功能定位，充分发挥各地比较优势，是实现高效协同发展的关键。

《指南》依托三地现有产业基础，对京津冀产业空间布局做出了合理规划，旨在有序疏解北京非首都功能，推动优化区域产业布局。《指南》提出在区域内构建"一个中心、五区五带五链、若干特色基地"（简称"1555N"）的产业发展格局。在这一产业格局的基础上，2017 年《建设意见》进一步明确了"2+4+N"产业疏解空间载体和平台支点，引导区域内产业疏解转移。其中包括北京城市副中心和河北雄安新区两个集中承载地、四大战略合作功能区及 46 个承接平台。在地方层面上，推进京津冀产业分工合作的各项政策相继出台，如《北京市新增产业的禁止和限制目录》、河北省《关于进一步加强非首都功能疏解和重点承接平台建设合作协议》等。

财政税收政策是国家宏观调控经济运行的重要手段。在京津冀区域经济一体化发展中，财税政策对引导产业转移、合理配置资源都具有重要作用。2015 年 6 月 3 日，财政部、国家税务总局印发了《京津冀协同发展产业转移对接企业税收收入分享办法》（财预〔2015〕92 号，以下简称《办法》）。《办法》明确指出，由迁出地区政府主导、符合迁入地区产业布局条件且迁出前三年内年均缴纳"三税"大于或等于 2000 万元的企业，纳入分享范围。具体企业名单，由迁入地区、迁出地区省级政府分别统计、共同确认。属于市场行为的自由迁移企业，不纳入分享范围。同时，《办法》明确了分享方式。以迁出地区分享"三税"达到企业迁移前三年缴纳的"三税"总和为上限，达到分享上限后，迁出地区不再分享。具体办法是：迁出企业完成工商和税务登记变更并达产后三年内缴纳的"三税"，由迁入地区和迁出地区按 50%：50% 比例分享；若三年仍未达到分享上限，分享期限再延长两年，此后迁出地区不再分享，由中央财政一次性给予迁出地区适当补助。2018年，国税、地税征管体制的改革更使得原有京津冀三地税务部门的合作更紧密、沟通更便捷、服务更优化。

（二）京津冀发展状况

改革开放 40 年多来，我国取得的经济成就显著，各个区域整体经济水平都有了质的飞跃，形成了以"长三角""珠三角"为代表的区域经济发展模块。在我国经济全面发展的进程中，不同区域间的发展差距较大。京津冀地区发展势头迅猛，但是内部也出现了二元经济结构的问题。一直以来，北京和天津经济发展速度快，产业质量高，靠近京津地区的如廊坊、唐山等河北地区的经济水平紧随其后，张家口、邢台等远离核心区域地区的经济发展却明显落后，核心区的"虹吸效应"严重影响了区域协同发展。京津冀三地较为悬殊的税负差距也导致地区间的公共服务水平及对生产要素的吸附能力产生巨大差异，给产业转移造成了隐形障碍，影响着区域间的协同发展。

以2020年三地人均GDP为例，2020年北京市人均GDP为164889元，远超过天津市的90176元以及河北省的47691元，分别为天津和河北的1.8倍和3.5倍。且近年北京与天津、河北的差距均呈增大趋势（图3-1）。经济差距的增大，会影响区域间收入分配和产业转移，导致区域协同发展难以推进。

宏观税负与地区经济水平密切相关，各地税收增长情况也体现其中。观察京津冀地区的税收收入规模（图3-2）可以发现，北京地区的税收总量常年较高，天津、河北地区的税收总量不及北京地区的1/2，且二者总量接近。综合来看，北京地区拥有充足且持续的税源，地方政府财力雄厚，而河北地区的税收收入规模较小，同时潜力不足，财政实力较弱。

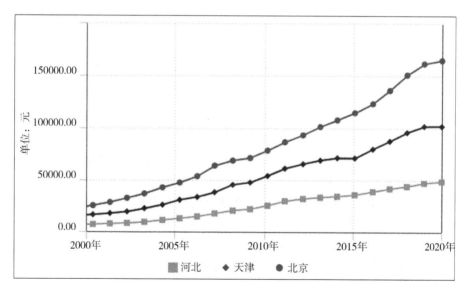

图3-1 2000—2020年京津冀地区人均GDP

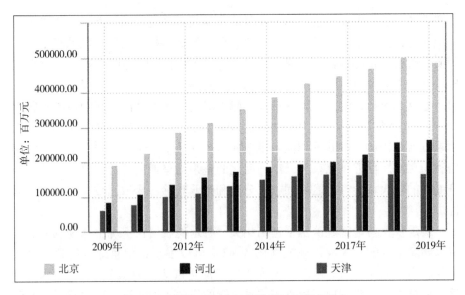

图 3-2　2009—2019 年京津冀地区税收收入
数据来源：国家统计局。

二、基于财税政策角度的京津冀产业转移问题及原因分析

自京津冀协同发展战略实施以来，三地在产业转移、产业结构调整、产业分工及共建共享方面取得了较大进展，但同时也面临着产业同质化严重、产业发展梯度差距制约产业承接能力、产业辐射带动能力不足及区域内创新链和产业链对接融合不充分等多个发展瓶颈。产业转移的核心在于利益分配，作为利益分配的重要手段，财税政策可以有效调动区域经济中各利益主体的工作积极性，引导劳动力、技术和资金各要素的流动方向。如果财税政策不够合理，产业转移将缺乏动力，地区间相互竞争的财税政策甚至会导致重复建设、浪费资源的恶性现象。因此，推进三地协同发展必然要首先破解相应的一系列财税难题。

（一）产业转移的困难

京津冀地区现存的产业问题主要表现在两个方面：一是产业同质化严重，无序竞争问题明显；二是产业阶段跨度大，难以实现产业有效对接。这会造成京津冀地区产业转移比较困难，产业"不协同"现象突出，最终造成内部经济发展差距不减反增。

长期以来,由于以"GDP 优先"为主导的经济发展模式,京津冀地区出现了为数不少的产业同质化与重复建设问题。北京和天津都有发展化工企业和钢铁企业;汽车制造业给环境带来的负担比较大,但由于历史遗留问题,更因为汽车制造业的高利润,三地都在独立发展汽车工业,造成了同质化现象。

城市发展水平的差距和产业阶段跨度大是影响京津冀地区产业顺利转移的另一个问题。现今北京市以第三产业为主导产业,其中大多数为高新技术产业。天津市的三次产业中制造业占比较大。"双核心"结构致使北京和天津的辐射作用相对较小,资源吸附作用却比较强,"虹吸效应"大于"溢出效应",由此造成了"环京贫困带"的出现。河北的基础设施、公共服务、人才培养等方面均与北京和天津有较大差距,京津地区与河北省的产业跨度比较大,导致产业转移和产业链的形成比较困难。北京中关村许多需要产业化的技术产品,大都在长三角与珠三角进行成果转化,而非在京畿之地的河北得以实现,是北京辐射作用不足和京津冀地区产业链不完善的现实例证之一(董丽英、孙拥军等,2017)。

(二)财税政策的缺陷

倪红日(2014)认为,京津冀一体化的三个根本原则是:合作投资、利益共享、逐步缩小三地差距。然而,由于行政体制等原因,区域内各城市考虑更多的是本地经济,为了争夺地方经济利益,无序竞争,削弱了以京津为核心的城市群的整合与放大功能,京津冀区域协同发展的愿景并没有形成与之相适应的配套财政税收政策。区域内为了保护地方利益,不停实施着为吸引更多优质经济资源流入,或阻碍优质经济资源流出的政策。这种无序的财税竞争政策本身扩大了地区的经济差距,阻碍了产业转移,没有起到积极的、正确的引导作用。由此可见,完善区域财税政策是促进产业协同、缩小区域经济差距的重要途径。

1. 京津冀区域财政收支与事权不匹配

1994 年,我国分税制改革后,逐步建立了以财力性转移支付和专项转移支付为主的转移支付制度,其后 20 多年又历经调整。2012 年,中央财政研究制定了《2012 年中央对地方均衡性转移支付办法》。2014 年修正的《中华人民共和国预算法》进一步明确了财政转移支付应当以推进地区间基本公共服务均等化为主要目标。2015 年 2 月,国务院印发的《关于改革和完善中央对地方转移支付制度的意见》(国发〔2014〕71 号)强调应合理划分中央和地方事权与支出责任。

从财力性转移支付到均衡性转移支付再到一般性转移支付,20多年来的历次转移支付制度的调整与修订,宗旨都是为了缩小各地财力差距,实现基本公共服务均等化。由于我国中央与地方间事权和支出责任划分不合理,现实中转移支付制度在平衡地区间财力资源方面并未发挥预期作用,甚至进一步拉大了京津冀的财力差距。财政转移支付使京津冀财力差距渐行渐远,导致京津冀基本公共服务协同共建、均衡发展的愿望失去了物质基础。河北负担着北京3倍多的人口和公共服务职能,财政支出却仅为北京的1.26倍。河北的财政支出压力较大,河北既不属于享受国家政策优惠地区,也不属于经济发达地区,在如此窘况下,养护京津周边生态环境的责任和财政支出却要河北独立承担。同一地带的两个县域区,北京与河北居民生活水平相差悬殊。这主要是北京与河北在财政投入资金上的差距,凸显了区域经济发展失衡及财权、事权不适应的问题。

2. 公共服务水平差距明显导致产业承接困难

人才资源过度流向北京的"虹吸效应"已经严重阻碍了区域协同发展的进程。"虹吸效应"主要是源于京津冀三地基本公共服务水平的差异。从公共服务资源占有情况来看,北京地区坐拥34所双一流高校,而天津和河北分别只有5所和1所双一流高校;2020年,北京地区每万人拥有卫生技术人员124人,天津地区为79人,河北省为64人,京津冀三地比为1.9∶1.2∶1。[①]京津冀三地基本公共服务领域供给的差距,本质上是京津冀三地在整体财政收支规模和实力上的差距。

3. 专项财政资金投入不足,加大地方财政负担

产业迁入地的招商引资在财政支持方面,只有招商引资环节的资本补助,没有为京津冀协同发展带来的产业转移提供专项资金支持。这种现象会导致财政补助过于依赖地方、中央扶持力度不够,没有产业迁出北京进入津冀的财政支持。财政若不能在产业转移中明确自身定位,给予相应的专项财政支持,将不利于产业顺利转移承接,也将会加大地方财政负担,使地方财政陷入资金困境。

4. 产业转移对接企业税收收入分享的局限性

企业税收收入分享是指利润的分配,即将迁出产业在迁入地所获得的利润在迁出地与迁入地之间按一定比例进行分配。《办法》规定,可进行企业

---

① 数据来源:国家统计局。

税收收入分享的税种包括增值税、营业税和企业所得税。截至2016年5月1日，我国已全面推进"营改增"。迁入津冀的企业在期初会购买大量机器设备进行生产投资，会产生大量的进项税额，进而产生大量留抵税额，会造成企业在短期内没有办法拥有增值税税收收入；同时，新办企业或转移企业因前期投入较高，盈利较少会导致所得税收入较少。按照现有分享政策，难以形成有效的税收分享（谷彦芳、王坤等，2018）。

迁入地和迁出地五五分成，未充分考虑不同行业对所在地公共品占有数量的不同。具体来说，重工业对土地、道路等公共物品的占用数会比高新技术产业的占用数高，而且从产业转移的角度来看，重工业的迁移把对迁出地的压力转移给迁入地，所以按道理来看，迁入地的税收分成应高于迁出地。相反，对于耗用公共物品较少且发展潜力较大的高新技术产业，税收分成比例应向迁出地倾斜。

5. 部分税种税收划分不合理，税收与税源"背离"

分税制体制下的财政与税收分权问题导致在某些领域中，出现税收与税源相"背离"的现象，导致税收向发达地区集聚，在增值税和企业所得税方面表现尤为明显。

由于增值税其间接税的特性，税负容易前转，最终由消费者承担。我国税法规定，增值税在生产、批发、零售和进口环节征收，这种征收方式虽然相对简便，却在某种程度上造成了税收与税源的"背离"。消费者购买一项商品，其消费地与生产地或者销售地很可能是不一致的。在这种情况下，税收便由消费地转移到销售地。通过层层转嫁，最终消费者承担了增值税的全部税负，而消费地的政府却至多能得到最后一个销售环节的增值税，造成最终消费地政府的税收流失。在当今经济环境中，生产地往往是经济较为发达的地区，税收进一步向发达地区集聚，更造成财富逆流，加大了生产地与消费地的经济差异。

企业所得税是中央与地方共享税，纳入共享范围的企业所得税中，中央和地方按照60%：40%分成。根据我国现行的企业所得税法，非法人分机构在总机构所在地汇总纳税，这实质上会造成分机构所在地税收向总机构所在地转移。依照税权划分的受益原则，征税收入应该与征税地提供的公共服务有足够的关联，才能够征税。分支机构地区为分支机构的生产和经营贡献了基础设施，为工作人员及其子女提供了居住、教学、安全等服务，分支机构的经济成果与分支机构所在地是分不开的，然而，分支机构地方政府却不能从这些企业中得到直接的企业所得税收入，这显然有失合理。在这种情况下，总部经济发达的地区显然能够获得更大的经济利益，造成了税收由欠发达地区向发达地区的转移。

6. 税收优惠政策差异影响产业转移

一直以来，我国各地实行不同的税收优惠政策。各地税源竞争方面的"马太效应"长期存在，富有的地区出台更多的税收优惠政策进一步争取税源，相对贫困的地区为了眼前的税收收入制定的税收优惠政策反而力度较差（高洪显、陈渝，2015）。为保证产业转移的实质性实施，就必须梳理京津冀三地不同的税收优惠政策，调整三地在现有税收优惠政策上存在的明显差异，填平京津地区"税收洼地"。京津冀协同发展过程中，如果三地税收优惠力度依然保持京津冀依次递减的格局，那么河北调整产业结构的区位优势将不会出现，在京津冀产业转移过程中也只能被动地承接京津两地的产业转移，不能借助税收优惠政策优化河北省的产业结构。

三、促进产业协同发展的财税政策建议

2019年1月，习近平总书记在主持召开京津冀协同发展座谈会上指出："京津冀协同发展是一个系统工程，不可能一蹴而就，要做好长期作战的思想准备。当前和今后一个时期进入到滚石上山、爬坡过坎、攻坚克难的关键阶段，需要下更大气力推进工作。"基于现行财税体制造成的京津冀财政落差及其对京津冀协同发展造成的障碍，想实现要素资源整合、消除行政壁垒、统筹社会事业发展目标，必须按照实现京津冀公共服务一体化的要求，全面完善京津冀协同发展的财税体制。

（一）实施财税体制改革，统一财权与事权

行政分割的财税体制是影响京津冀协同发展的主要障碍，同时也是实现协同发展的突破口。现行"分灶吃饭"的财税体制导致京津冀三地各自算账，自谋发展。产业转移可能使迁出地总体税源下降，直接关系到地方的利益分配。这种各自发展的体制导致行政壁垒、重复建设、市场分割。资本、人才、技术等资源难以有效配置。要素流动受到各种行政因素干扰，严重影响了区域协同发展。为解决这一问题，可以实施京津冀地区财税体制改革，优化税收结构。地方政府应该减少对生产环节税收的依赖，着重消费税、个人所得税，改变税收分配结构，减少地方政府的干预，发挥市场的决定性作用。改变大城市对土地收入过度依赖的税收结构，增加包括房产税在内的财产税和行为税的比重，这样既有利于经济结构调整，也有利于为地方政府提供税源的稳定。同时，探索建立新增税收分成的财税机制，打破京津对产业

转移和资源要素流动的限制。

（二）加大转移支付力度，缩小区域内公共服务水平差距

政府间转移支付可以使各地提供大致同等水平的公共服务。公共服务的均衡有利于相对落后地区公共资源重新配置，从而增加落后地区的投资吸引力，有利于引进人才、技术、资源，从而推动落后地区发展，推动京津冀一体化发展。中央财政有必要给予河北更多的转移支付额度，加大对乡镇地区基础设施和公共品投入等一般性转移支付的比例，夯实协同发展的基础。

继续探索新的区域财政横向转移支付的模式。可以参考德国横向转移支付的做法，将三地的人口数量与人均财政收入相乘，同时附加一定的系数，来确定转移支付的额度（陈天琪，2015）。系数的确定要综合城市化程度、人均GDP、人口密度等因素。北京和天津把部分财政收入横向转移给河北，缩小区域之间的财力差距。同时，其他区域横向转移支付方式也可以继续优化实施，比如"对口支援""生态补偿"等成功经验。

韩国在建设世宗市之初就注重对住房、教育、医疗等公共服务的投入，希望能通过构建新城市的长期复合吸引力，以吸引当地发展必要的人力资源，减少因首都圈过于强大而导致地方精英人才流失的效应（金希娜、黄夏岚，2017）。这对北京发展"京津冀一体化"战略也有参考意义。北京对流动人口巨大的吸引力也包含发展机会和高水平工资之外的教育资源和医疗资源的集中。对于疏解的产业和人口，北京周边地区的承载能力也建立在公共服务的基础上。因此，区域均衡发展也需要财税政策对公共服务均等化的大力支持。

（三）设立京津冀产业疏解专项资金

由三地财政拿出一定比例的资金作为引导资金。根据经济实力确定三地财政资金的投入比例，财政资金尽量达到基金规模的10%以上。然后确定三地每年财政出资的比例，可考虑拿出地方财政年收入1%～2%的比例。或者考虑利用政府投资、财政参股、财政补助、财政贴息等方式筹集资金，以启动建立合作发展基金的进程（朱鹏程，2021）。

发挥财政融资功能，构筑融资平台，创造良性的融资机制，广泛吸收社会投资者的参与，鼓励境内外资本进入基金体系。并通过政府引导和市场调节，充分利用区内基础设施和条件，对现有产业进行资产重组以期达到资金增值。

对于基金运作的整个过程，要加强监管。合作基金的监管要规范化、市

场化，形成制度化的监管体系，建立完善的从基金发起、管理、使用到收益的监管流程。

（四）发挥间接税收优惠政策的作用

按照税收优惠对税收收入的影响不同，可以将其分为直接税收优惠、间接税收优惠。直接的优惠包括优惠税率、减免税、盈亏相抵，这种形式能够吸引投资，但往往是短期项目，并不能带来长期效益，而且会导致部分纳税者偷逃税款。间接的优惠方式有税前扣除、加速折旧、延迟纳税，它属于税前的优惠措施。间接优惠可能会使得纳税行为延缓，但并不是要放弃税收收入，而是允许分期或者延迟缴税，在一定程度上维护了市场竞争的公平性。采取的优惠方式不同，优惠政策带来的效应也就不同。从国际上来看，各国主要是加强间接优惠。

我国目前主要是直接税收优惠，导致地方政府的财政压力大大增加，而且这种单一的方式不利于吸引长期投资、高新技术、新能源等项目，政策没有起到应有的投资导向作用。要想加快京津冀区域内落后地区的经济发展，就必须更多地实行间接优惠，促进产业结构优化。河北应该逐渐减少减免税等直接优惠方式，增加税收抵免、加速折旧等间接方式，充分调动投资者的积极性，吸引更多的长期投资项目，这样还有利于加大其他项目的投入，提高资本的回报率。

（五）全面优化税制结构

1. 进行个人所得税改革

在个人所得税征收模式方面，可以进行改革，促进事权和财权统一，让居住地政府享有个人所得税的分享权，改变目前个人所得税由税款来源地征收的现状。例如，北京周边的燕郊、固安等地区居住着几十万在北京工作的人，这些人的个人所得税收入，全部由工作单位代扣代缴，税款部分归北京市，另一部分由中央分成。河北没有取得这部分税收收入，却负担着这一庞大群体的公共服务、环境治理等财政负担，分离了财权与事权，不利于实现京冀地区协同发展。通过改革个人所得税税收分享机制，将个人所得税分成调整为居住地收入，可以统一地方政府的财权与事权，促使河北为异地工作的居住群体提供更好的公共服务。

2. 推进增值税改革

通过改革增值税征收地，将增值税由生产地征收转移为消费地征收。目前实施生产地征收的增值税，增强了地方政府为增加财政收入而不断引进生产型企业的动力，工业企业的不断引进，必然会导致河北乃至京津冀地区环境压力增大。实施消费地征收增值税的方法，有助于减少工业企业在京津冀地区的布局，降低京津冀协同发展的环境压力。

3. 优化企业所得税

现行的汇总缴纳制度存在许多待改进之处。针对税款与税源背离的问题，首先，应该提高跨地区经营汇总纳税企业分支机构的企业所得税地方分配比例，理顺对跨地区经营汇总纳税企业总分机构的企业所得税征管关系，提高分支机构所在地的收入，让税收能够更加惠及欠发达地区。其次，可以考虑对"三因素"分配方法进行调整，如增大作为所得主要因素的销售收入的比重，或将利润总额纳入参考范围内，让分支机构所得税贡献与经营效益更加匹配，既能够充分体现量能负担的原则，也更加彰显了税收的公平性。

4. 完善辅助税种，健全直接税体系

辅助税种是对主体税种的补充。基于地区间收入和财富分配差距不断扩大的现实，可以利用辅助税种对整个税负环境进行调整。目前，我国已形成以增值税等间接税为主的税制结构，呈现出"重流转，轻保有"的特征。相比之下，直接税作为税负较难转嫁的税种，由于其纳税人与负税人一致，所以强化税收调节、缩小收入及财富差距的作用更明显。2020年12月，财政部部长刘昆在《人民日报》撰文提出，健全以所得税和财产税为主体的直接税体系，逐步提高其占税收收入比重（梁季、陈少波，2021）。从实现共同富裕的要求来看，健全直接税体系，适当提高直接税比重，能够有效促进财产分配的公平性，进而达到缩小经济差距的目的。

（六）完善区际税收协同和利益分享机制

产业转移中合理的税收分享是推动三地一体化的重要措施。产业转移势必会给地区的财税收入、就业乃至GDP带来一定程度上的影响，地方利益可能会成为产业转移不可避免的障碍。合理的税收分享机制，将有助于推动合理的产业转移，对于保护和提高迁出、迁入地区的积极性都有很好的作用。

1. 细化税收分享比例

京津冀地区现行的企业税收分享办法对税收的"五五分"缺乏对企业规模和性质的考虑。不同行业的企业对区域经济发展的贡献以及环境的影响等均有不同，在确定税收分享比例时，可综合考虑企业自身的各种特点进行精细化制定。

以山东省"飞地"项目为例，2015年12月18日，山东省人民政府办公厅发布鲁政办字〔2015〕257号《关于建立"飞地"项目主体税收分享制度的通知》（以下简称《通知》），考虑到迁出企业的公共服务改由迁入地政府提供，山东省同样将小税种留在迁入地，只针对增值税、营业税和企业所得税进行分享。针对不同跨市项目类型，《通知》中设定了不同的分享比例：对新上产业项目，所缴纳"三税"于三年内由迁出地与迁入地政府按40%：60%比例分享，三年后转出地不再分享；对搬迁投产后的老企业，原则上双方以50%：50%比例分享；而对于合作园区项目，双方政府可以园区土地价值、基础设施投资比例等因素为据协商确定分享比例。此外，《通知》规定，省内"飞地"项目双方政府综合财政体制、基础设施配套投入、优惠政策兑现主体等进行协商，在前述分享比例上下浮动20%范围以内确定具体的分享比例。省外"飞地"项目，由双方政府参照省内方法协商执行。可以看出，该《通知》针对不同跨市项目类型设定了不同的税收分享比例，在考虑不同项目自身特点的基础上，将新老企业进行区分，并将投资比例、项目价值纳入考虑范围之内，相比于京津冀税收分享政策有较大进步（芦俊成、王思月，2019）。

因此，为完善京津冀税收分享机制，促进三地协同发展，应根据企业所处行业的自身特点规定相应的分享比例。例如，可根据企业在促进就业、带动相关产业发展等方面因素来调整税收分享比例，可将一般制造业转移后的环境治理成本纳入税收分享影响考虑范围等；对于占用公共产品数量较大的传统重工业企业的税收分享比例应向迁入地倾斜；而为鼓励技术创新型企业的迁移，应制定将其税收分享比例向迁出地倾斜的政策。

2. 区分税收分享持续时间

在税收分享持续时间上，应结合企业生命周期及其所处行业的特点，对其规定相应的已存续时间范围要求。对于传统的第二产业企业如重工业，由于其需在前期投入较大的时间成本和较多的资金，企业的盈利较缓慢，同时对环境容易产生较大影响，应对其规定较长的已存续时间要求，以保障迁出地获得税收分享的权利；而对于新兴互联网企业、高新技术产业，鉴于其发展通常较快，盈利周期短，应设置较短的已存续时间要求。

3. 考虑企业迁移因素

企业迁移的原因有两点：一是企业自愿迁移，二是企业不符合当地产业发展要求，由迁出地政府强制迁出。在第一种情形下，企业自愿迁移往往是为享受迁入地更丰厚的资源，此时规定的税收分享比例应向迁入地倾斜。而第二种情形下的企业往往能给迁出地带来大量税收收入，但不利于当地产发展的企业,这时为促进迁出地政府鼓励该类企业迁移,应将分享比例向迁出地倾斜。

4. 扩大参与分享主体范围

应根据实质重于形式原则,将通过新设企业进行企业核心业务转移的企业纳入企业分享范围,以此来避免纳税人通过成立新的企业进行税收筹划而减轻税负。同时,也应将具有迁移实质但不具有迁移形式的企业纳入考虑范围。对于在京津冀产业转移过程中,由于生产经营需要,通过子公司进行投资的方式逐步实现重心转移的企业,由于其满足迁移实质,应将其纳入企业分享范围,避免造成税源与税收收入不匹配、税收分配不公等问题。

四、结语

京津冀协同发展是一项艰巨而系统的工程,进行产业转移,优化产业布局,消除三地之间的不平衡是三地协同发展的重中之重。财政是国家治理的基础和重要支柱,税收是重要的经济调节杠杆,在产业转移过程中发挥着巨大作用,因此必须给予重视。京津冀协同发展必须坚持三地在财税利益上的协同发展,稳步推进科学合理的财税政策的制定和实施。

(杨之琛)

第六节 西部地区产业转移的财税政策

"西部大开发"是中华人民共和国中央政府的一项重大战略,目的是"把东部沿海地区的剩余经济发展能力,用以提高西部地区的经济和社会发展水平、巩固国防"。西部大开发的范围包括四川省、陕西省、甘肃省、青海省、云南省、贵州省、重庆市、广西壮族自治区、内蒙古自治区、宁夏回族自治区、新疆维吾尔自治区、西藏自治区、湖北省恩施土家族苗族自治州、湖南省湘西土家族苗族自治州、吉林省延边朝鲜族自治州共12个省、自治区、直辖市及3个地级行政区。实施西部大开发是中央总揽全局、协调各方,最终带动西部地区经济发展,实现共同富裕的重大举措。

西部大开发战略是一项浩大的系统工程,西部地区在承接其他产业的过程中需要统筹规划、逐步推进,妥善解决好跨区域产业转移过程中出现的一系列十分复杂的社会经济问题。财政税收政策问题就是其中十分重要的方面。

拓展税基、充裕财源,实现财政经济状况的逐步好转是西部大开发的基本目标之一，与之相适应的财税政策作为支撑就显得尤为重要。随着东部地区产业结构调整和转型升级的进程加快，产业转移和资本、劳动力在东西区域之间流动十分活跃，"区域协调发展""一带一路"等的提出和实质性的推动，西部地区在产业转移的过程中给予了极大的财税鼓励，为制造业西移提供了强劲的动力。因此，全面、系统、深入地研究西部大开发所涉及的财政税收政策问题，对西部大开发的顺利推进具有极其重要的意义。本节综合总结过去西部大开发已经实施的财税政策，总结其成就和分析其问题，最后提出相应的解决措施。

一、西部大开发产业转移的财税政策

为推进西部大开发战略顺利实施，在设立财政专项资金、税收优惠、转移支付、政府补助、对口援助等方面，政府都给予了相关产业和企业力度较大的便企利企的财税政策，有利于西部地区相关产业得到政府给予的财税优惠政策，促进产业转型升级和经济高质量发展。

（一）设立财政专项资金

财政专项资金，是指上级人民政府拨付本行政区域和本级人民政府用于社会管理、公共事业发展、社会保障、经济建设以及政策补贴等方面具有指定用途的资金。为了贯彻落实党中央、国务院关于实施西部大开发战略的重要决策，国家发展和改革委员会、国务院财政部在近些年安排上亿元专项资金，并下发相关通知提高资金的使用效益，支持西部大开发。

财政部 2020 年下达《西部大开发重点项目前期工作专项中央预算内投资管理办法》的通知，提出了 2020 年中央基建投资预算指标，专项用于西部大开发重点项目前期工作补助。财政部明确提出为提高中央基建资金的使用效益，要迅速将专项补贴中的资金分解下达，加快预算执行进度，强化资金监督管理，确保项目建设的顺利实施。

（二）税收优惠政策

西部地区的相关现行税收优惠政策主要涉及企业所得税和关税：在一定期限内，对于设在西部地区的鼓励类产业企业按一定的税率征收企业所得税，对西部地区内资鼓励类产业、外商投资鼓励类产业及优势产业的项目在投资总额内进口的自用设备，在政策规定范围内免征关税。西部地区产业转移的财税政策，大体是在这个框架下进行完善和创新的。

2020年4月23日，财政部、税务总局、国家发展和改革委员会发布2020年第23号文件，内容是关于延续西部大开发企业所得税政策，为贯彻落实党中央、国务院关于新时代推进西部大开发形成新格局有关精神，将继续延续西部大开发企业所得税政策。

自2021年1月1日至2030年12月31日，对设在西部地区的鼓励类产业企业按15%的税率减征企业所得税。鼓励类产业企业是指以《西部地区鼓励类产业目录》中规定的产业项目为主营业务，且其主营业务收入占企业收入总额60%以上的企业。符合条件的西部地区企业在进出口、土地政策倾斜、金融信贷等方面都享受一定程度的税收优惠支持。税收作为经济调控的主要手段之一，可以极大地支持和促进一个地域的经济发展。

（三）转移支付

转移支付是指政府或者企业无偿地支付给个人以增加其收入和购买力的费用，是一种无偿支出，运用公平原则、效率原则和法治原则来规范，体现的是非市场性的分配关系，中央财政对西部地区的转移支付包括税收返还及原体制补助、专项转移支付和财力性转移支付。

在我国中央—地方财政分权体制长期存在的格局下，财政转移支付是弥补地方政府财政缺口、促进政府公共服务均等化的重要路径。伴随区域协调、扶贫攻坚、污染治理等中央统筹的战略大力推进，财政转移支付在地方政府（尤其是中西部区域）财政支出中的比重不断提升。为支持实施西部大开发战略，中央财政不断加大对西部地区的转移支付规模。见表3-1。

表3-1 获得中央补助收入

单位：元

省级政府	年份		
	1996	2002	2006
上海	1955336	2802848	3716265
广东	1764050	3889964	5313411
江苏	1678700	2941962	4744004
辽宁	1579053	3550609	6191055
浙江	1198312	2464953	3372108
陕西	554030	2430511	4667036

续表 3–1

省级政府	年份		
	1996	2002	2006
贵州	544543	2100274	3913684
甘肃	529004	1191129	3858402
西藏	312114	1311470	2056347
青海	218461	983911	1802553
宁夏	178668	873375	1428368

数据来源：由《中国财政年鉴（1997—2007）》整理而来。①

（四）政府补助

政府补助，是指企业从政府无偿取得货币性资产或非货币性资产，但不包括政府作为企业所有者投入的资本。我国主要政府补助包括财政贴息、研究开发补贴、政策性补贴等。

2020年，国家发展和改革委员会印发《西部大开发重点项目前期工作专项中央预算内投资管理办法》，重点规范和完善西部大开发重点项目前期工作专项中央预算内投资资金管理，关注对西部地区支付范围和补助标准，其中提到对于党中央、国务院领导交办的重大项目，西部地区各省（自治区、直辖市）可以在本省（自治区、直辖市）年度切块额度内按最高100%补助。对于受本专项投资补助开展前期工作的项目，前期工作完成后，可按有关规定申请其他中央预算内投资支持项目建设。

在政府补助方面，政府重视西部大开发战略，在支持和鼓励的立场上最大限度地给予补贴，助力西部地区企业发展的资金充足，减少资金压力和发展压力。

（五）对口援助

对口援助，是指相关省市分别从技术、销售、管理等方面对口援助西部地区指定的城市，在企业参与方面，利用对口支援形成的合作关系进入西

---

① 宋媛、马骁：《以完善的财政转移支付制度推进西部大开发战略实施》，载《中央财经大学学报》2010年第6期，第13–17页。

部，同时增强西部地区自我发展能力和实现企业低成本发展。在援建基础设施方面，相关企业承揽西部地区重要建设项目，募集资金促进西部地区基础设施的发展。开办新疆班，加快新疆地区人才的培养，推进开发大西北的进程。进行农业科技培训，将对口支援人才培养模式和范围延伸到西部地区。

2017年11月，全国各省市区累计对口支援重庆三峡库区1250亿元。除了对口支援资金，25年来，全国各省市区累计向三峡库区引入合作项目1731个。截至2009年，上海累计援助西部地区重庆万州各类项目429个，到位资金10亿元，大量的资金助力基础设施建设、工业、农业、旅游等多个领域，重庆万州经济得到快速发展。天津对口支援四川三峡库区移民工作，十余年累计到位资金10104.4万元，成功在移民搬迁、产业发展、新农村建设、基础设施等方面取得重要成绩。十余年来，福建对口援助资金到位68802.7万元，厦门到位资金11886.44万元，南京到位资金1.05亿元等。大量资金的注入，促使当地产业转型升级，促进经济高质量发展。（数据来源：中国新闻网、重庆日报、人民网、央视网、西藏网、中央统战部网站）[①]。

二、西部大开发产业转移取得的成就

自2000年西部大开发战略实施以来，各地区、各部门、各单位认真贯彻落实党中央、国务院关于深入实施西部大开发的战略部署，以西部大开发每年工作安排为指导，完善落实政策措施，强化资金项目支持，努力营造西部大开发良好的发展环境。

经过十余年的西部大开发，西部地区经济有了明显发展，产业转移取得

---

① 《中国各省市区累计对口支援重庆三峡库区1250亿元》，见中国新闻网，2017年11月24日［引用日期2020年2月21日］；《对口支援　携手逐梦》，载《重庆日报》，2019年11月22日［引用日期2020年2月8日］；《19个省市对口支援新疆一览表》，见人民网，2011年11月26日［引用日期2020年2月8日］；《对口援藏20年：近6000人进藏工作累计投入资金260亿元》，见央视网，2014年8月24日［引用日期2020年2月12日］；《图解15年来对口支援西藏及四省藏区工作》，见央视网．2017年8月18日［引用日期2020年2月12日］；《截至2018年底四川藏区的贫困发生率下降到2.6%》，见中国西藏网，2019年4月4日［引用日期2020年2月21日］；《各方倾情支援助四川藏区脱贫攻坚》，见《四川日报》，2017年4月19日［引用日期2020年2月12日］；《广东浙江帮扶四川藏区彝区今年投入5.32亿元》，见中央统战部网站，2017年5月16日［引用日期2020年3月9日］；《四川：真情帮扶藏区"因你而更美"》，见国务院扶贫开发领导小组办公室，2018年8月31日［引用日期2020年2月12日］；《四川藏区全部脱贫》，见四川省人民政府网，2020年2月20日［引用日期2020年2月21日］。

巨大成绩。尤其是"十一五"期间，西部地区经济在全国的经济地位有了明显的上升，经济影响力在纵向比较下，早已逐渐摆脱20世纪八九十年代的困局。2005年，西部地区生产总值占全国的比重为16.9%，而到2010年，西部地区生产总值占全国的比重已经上升到18.6%。进入"十二五"以后，西部大开发的成果进一步显现，贫穷落后的局面得到改善。2011年，西部地区生产总值占全国比重进一步上升到19.2%。十余年来，因为在基础设施建设、生态环境保护等方面的努力，西部地区的可进入性和宜居性极大增强。总体上看，西部大开发取得的成就是多方面的且带有跨越性特点，用单一指标和个别领域的表现难以衡量。

政府进一步加大支持力度，加强对西部地区发展形势的预判、政策措施预研和重大项目储备，改善投资发展环境，增强经济发展的内生动力，提高经济增长的质量和效益，改善城乡居民生产生活条件，对西部地区进行科技和教育上的大力投资。诸多举措促进西部地区经济稳健增长，产业吸引力日渐增强，产业趋于国际化，在基础设施、人民生活水平、环境保护方面都取得了一定的成效。

（一）西部地区经济稳健增长

新一轮西部大开发在得到强有力的财税政策支持后，西部地区经济发展规模不断扩大，发展的速度也逐渐增快。实施西部大开发战略以来，西部地区经济社会一直处于发展和进步的状态。

从就业人员来看，据2018年《第四次全国经济普查公报》（第七号），2018年，东部地区法人单位从业人员21621.0万人，占56.4%，比2013年下降了1.0个百分点；中部地区9309.2万人，占24.3%，提高了0.2个百分点；西部地区7393.4万人，占19.3%，提高了0.8个百分点，西部地区的从业人员数量得到一定的增长。

产业基础的不断完善，就业群体的不断扩大，促进西部地区经济实力显著提升，经济发展的速度稳健增长。西部12省（自治区、直辖市）地区生产总值从1999年的1.5万亿元增加到2019年的20.5万亿元，占全国比重的20.7%，约提高了3.6个百分点。地区生产总值年均增长10.9%，高于全国平均水平，西部地区综合实力得到较大的发展，稳健的发展速度也得到了一定的保障。

（二）西部地区产业转移的吸引力日渐增强

西部大开发战略实施以来，财税政策在重点支持关中天水、成渝、北部湾三个区域发展的同时,对西部其他地区也不断加大支持力度,力求西部地区均衡发展。

西部大开发战略促进了西部地区产业发展与升级。随着中国经济进入新常态,产业逐渐呈现高级化和先进化的趋势,东部地区尤为明显,随着东部地区生产要素的价格逐渐上涨,资源密集型和劳动密集型产业的发展受到限制,而西部地区拥有丰富的资源优势,为产业转移提供了条件,东部地区产业和西部地区产业实现良好对接,极大地促进了西部地区的发展。中央财政进行转移支付和财政支持,在交通、邮电、供水供电、商业服务、科研与技术服务方面进行了大量的投资,有力地促进了西部其他地区产业发展的基础设施建设,进一步提升了西部地区产业转移的吸引力、承载力和潜力。

富士康于2010年入驻广西,志在把南宁打造成富士康通信网络产品事业群项目的世界级制造基地和研发中心。2015年,富士康南宁科技园实现工业产值282亿元。在此投资上,富士康将在南宁形成现代智能制造基地产业规模600亿元,东盟硅谷科技园产业规模400亿元,吸纳就业7万人。2016年,富士康南宁科技园千亿元电子信息产业园投资协议签约落地。富士康将在南宁重点打造具有"云"+"网"+创新创意创客特色的电子信息产业园区。①

(三) 西部大开发的产业转移趋向国际化

西部大开发战略从2000年启动到如今,20年的西部大开发,政府财税上的协助与支持,让西部地区的空间格局发生了很大的变化。在国家战略的支持下,政府大力支持西部地区基础设施的完善与产业基地的建设,西部地区开辟了三大陆路的中欧班列,建成了国家重要的能源基地、资源深加工基地、装备制造业基地和战略新兴产业基地等现代产业基地。经过长达20年的时间,在西部大开发战略的支持下,西部地区渐渐开通融入全球经济产业的陆海新通道,这条通道将我国西部部分省份接轨新加坡等东盟国家,以重庆为运营中心,利用铁路、海运、公路等运输方式,向南经广西北部湾通达世界绝大多数地区,极大地缩短了西部地区对外开放的时间成本。

从三大陆路的中欧班列,到沿边重点开发开放试验区等,西部地区通过

---

① 数据来源于文本县域经济网。

与中亚五国、东盟等地区的深度合作，拓宽了西部地区发展的空间格局，也让西部地区逐渐趋向国际化，对外开放的水平在一定程度上得到了进一步的提高。

（四）西部地区基础设施建设深入推进

基础设施更加完善，交通运输网络不断拓展加密，空间可达性大幅提升。截至2019年底，西部地区铁路营业里程5.6万千米，其中，高铁9630千米，高铁已连接西部大部分省会城市和70%以上的大城市。西气东输、西电东送等一批重大能源工程相继竣工，最后一批无电人口用电问题得到有效解决。

20年来，国家不断加大对西部地区交通、水利、能源、通信、市政等基础设施建设的支持力度。公路方面，2010年，全面建成西部开发8条省际干线公路，全面启动贫困县出口路、通县油路、县际公路、通乡公路，全线贯通"五纵七横"国道主干线西部路段1.6万千米，基本形成了以大城市为中心、中小城市为支点的路网骨架。铁路方面，全长1100多千米的青藏铁路通车，填补了我国唯一不通铁路省区的空白。机场方面，重庆、成都、西安、昆明、贵阳、拉萨、西宁、银川、乌鲁木齐、呼和浩特、南宁、桂林12个干线机场和敦煌、包头等30个支线机场大规模改扩建成功实施，新建林芝、九寨沟等21个支线机场。水利方面，广西百色、四川紫坪铺、宁夏沙坡头、内蒙古尼尔基等大型水利枢纽相继建成并发挥效益。

（五）人民生活水平显著提高

西部地区九年义务教育全面普及，累计扫除1350多万文盲，青壮年文盲率已下降到5%以下，基本实现了县有文化馆、图书馆，乡镇有综合文化站。新型农村和城镇居民社会养老保险制度、最低生活保障制度实现全覆盖，3700多万城乡老年居民按月领取基础养老金，3500多万城乡困难群众基本生活得到有效保障。职工医保、城镇居民医保和新农合3项基本医疗保险基本实现全覆盖，城镇居民医保和新农合财政补助标准大大提高，人民生活水平持续提高。2019年，西部城镇和农村居民人均可支配收入分别达到3.5万元和1.3万元，分别是1999年的6.5倍和7.8倍。见表3-2。

表3-2　2000年、2011年西部各省（自治区、直辖市）主要人均经济指标

单位：元

省（自治区、直辖市）	人均生产总值		城镇居民人均可支配收入		农村居民人均纯收入	
	2000年	2011年	2000年	2011年	2000年	2011年
内蒙古	5872 (82.96%)	57515 (163.94%)	5129.05 (81.67%)	20407.6 (93.57%)	2038.21 (90.45%)	11972.5 (121.76%)
广西	4319 (61.02%)	25315 (72.15%)	5834.43 (92.91%)	18854.1 (86.45%)	1864.51 (82.74%)	7521.1 (76.49%)
重庆	5157 (72.86%)	34500 (98.34%)	6275.98 (99.94%)	20249.6 (92.85%)	1892.44 (83.98%)	8421.5 (85.64%)
四川	4784 (67.59%)	26133 (74.49%)	5894.27 (93.86%)	17899.1 (82.07%)	1903.60 (84.48%)	8656.5 (88.03%)
贵州	2662 (37.61%)	16413 (46.78%)	5122.21 (81.56%)	16495.0 (75.63%)	1374.16 (60.98%)	5659.6 (57.56%)
云南	4637 (65.51%)	18957 (54.03%)	6324.64 (100.71%)	18575.6 (85.17%)	1478.60 (65.62%)	7396.6 (75.22%)
西藏	4559 (64.41%)	20077 (57.23%)	7426.32 (118.25%)	16195.6 (74.26%)	1330.81 (59.06%)	6137.5 (62.42%)
陕西	4549 (64.27%)	33142 (94.47%)	5124.24 (81.60%)	18245.2 (83.66%)	1443.86 (64.07%)	7044.1 (71.64%)
甘肃	3838 (54.22%)	19517 (55.63%)	4916.25 (78.28%)	14988.7 (68.72%)	1428.68 (63.40%)	5878.0 (59.78%)
青海	5087 (71.87%)	28891 (82.35%)	5169.96 (82.32%)	15603.3 (71.54%)	1490.49 (66.14%)	6491.2 (66.01%)
宁夏	4839 (68.37%)	32392 (92.33%)	4912.40 (78.22%)	17578.9 (80.60%)	1724.30 (76.52%)	8388.9 (85.31%)
新疆	7470 (105.54%)	29496 (84.07%)	5644.86 (89.89%)	15513.6 (71.13%)	1618.08 (71.81%)	11590.9 (117.88%)

资料来源：《中国统计年鉴》（2001）、《中国统计年鉴》（2011）。

(六) 生态建设和环境保护成效显著

国家生态安全屏障得到巩固。退耕还林还草、天然林保护等一批重点生态工程全面实施。截至 2019 年底，西部地区累计实施退耕还林还草 1.37 亿亩，森林覆盖率进一步提高。草原、湿地等重要生态系统得到有效保护和恢复，生态环境持续改善。

改革开放 40 多年来，我国对西部地区生态环境治理做了大量开创性的工作，西部大开发始终坚持宜林则林、宜草则草、宜荒则荒，扎实推进国土绿化、水土流失综合治理、压砂地退耕修复、绿色矿山建设等重点任务，最终西部地区生态环境建设取得重要成果。2022 年中卫市森林覆盖率、草原综合植被覆盖度、城市建成区绿地率分别达到 20.5%、59% 和 40.7%[①]。2019 年 8 月，习近平总书记视察甘肃并亲临古浪八步沙林场，对防沙治沙工作做出重要指示。甘肃全省上下以重点工程带动科学治沙，取得了阶段性成果。2019 年以来，甘肃省完成防沙治沙综合治理 588 万亩，实现计划目标的 125%[②]。

三、产业转移中存在的问题分析

尽管在西部大开发战略的支持下，西部地区的发展相较 2000 年西部大开发战略初步实施时，取得了巨大的进步。但是，由于受自然、历史等因素的制约，西部地区发展面临的主要矛盾和深层次的问题尚未得到根本解决，西部地区巨大的发展潜力还没有得到充分发挥，这些矛盾和问题主要体现在以下方面。

(一) 经济稳健增长的基础仍不稳固

西部地区经济发展相对落后，发展模式落后，工业化水平低，经济增长方式比较粗放，经济总量绝对水平较低。西部大开发经济结构和产业结构也存在着不合理、不完善的情况。西部地区产业结构相对单一，企业实力不强，重工业偏重，轻工业偏轻，高技术不高，抗外部冲击能力差。如西北的甘肃、青海、宁夏、新疆、内蒙古等省区，采掘和原材料加工等传统产业占

---

① 张泽华、张秀:《中卫:着力打造西部生态安全屏障示范市》，载《中卫日报》2022 年 2 月 10 日第 1 版。

② 燕春丽:《筑牢国家西部生态安全屏障》，载《甘肃经济日报》2021 年 10 月 15 日第 1 版。

工业总产值的比重较大,且多集中于石油、煤炭、冶金等领域,经济发展受资源性产品价格的影响很大。受内外需求不足、部分行业产能严重过剩、财政金融风险加大等因素影响,西部地区经济发展面临许多困难。

在跨区域产业转移的过程中,东部地区鞋业、纺织服装业等一些传统劳动密集型产业和水泥、建筑陶瓷等高耗能产业向中西部地区转移已渐成趋势和规模,政府为发展西部地区经济,不分选择地承接东部地区转移地产业,给予优惠政策,在其他方面没有相应税收,一定程度上加重了西部地区产业结构的不合理,导致西部地区经济持续健康增长的基础仍然不稳固。

(二)东西部地区经济发展水平仍然差异较大

2005 年,东部地区的生产总值在全国的比重就超过了一半,西部地区仅占全国的 1/6,生产总值达到 3.33 万亿元,远远落后于东部地区。经过十多年的发展,西部地区生产总值虽然有所提高,但是与东部地区在发展速度的比较上还是存在着巨大的差距。

2019 年,东部地区生产总值为 511161 亿元,比上年增长 6.2%。东部地区包括河北、北京、天津、山东、江苏、上海、浙江、福建、广东、海南,是长期以来中国社会与经济发展最发达的地区。其中,京津冀地区生产总值为 84580 亿元,比上年增长 6.1%。2019 年,西部地区生产总值为 205185 亿元,增长 6.7%。从数据中可以看出,西部地区虽经 20 年的发展,但仍然与东部地区的生产总值存在着巨大的差异,东西部发展不平衡是现实问题。[1]

(三)西部地区投资和融资存在一定的局限性

投资和融资信用体系不完善,在一定程度上影响着市场经济的发展程度。西部地区在产业结构、服务环境等方面都存在诸多不稳定的因素,信用问题显得尤为突出,导致西部地区投资和融资的信用体系不足。在这种信用危机频发的情况下,西部地区的企业就很难得到令人信服的专业信用评定,而政府也没有真正起到信用公开平台的作用,导致企业与金融机构之间的信息不透明、不对称,阻碍了投资和融资顺利进行。

西部地区中小企业投资和融资的壁垒仍然严重,西部存在部分地区吸引大型国有企业、上市企业、国外企业的能力不足,仍有许多地区是由中小企

---

[1] 数据来源:《中国统计年鉴》(2020 年)。

业进行投资和生产的,同时商业银行的贷款条件又相对苛刻。固定资产较少的科技型中小企业仍旧很难在西部地区获得资金支撑,难以突破各大商业银行的信贷壁垒。同时,商业银行在我国的发展程度不够均衡,存在区域性限制等,西部地区仍然存在一些金融服务环境较差的地区。

西部地区企业运营机制不完善,尽管西部地区近些年来企业的数量有所增加,西部地区开发的规模和基础设施的搭建也已经初步完善,但是西部地区企业管理相对滞后,投资和融资运营机制在一定程度上欠完善,融资渠道不通畅。在对企业项目的投资和融资的基础上,忽略了项目的经营、管理和监管,使企业在资源配置方式、融资方式、债务偿还方式等方面缺乏系统的统筹管理,难以形成真正意义上的风险与收益一体化,大大影响了企业的融资能力。

(四) 基础设施问题

我国西部地区包括陕西、甘肃、宁夏、青海、新疆、内蒙古,以及重庆、四川、贵州、云南、西藏、广西,共计12个省、自治区、直辖市。面积686.7万平方千米,占全国的71.5%;人口36523万人,占全国的37.5%;GDP 5856.6亿元,占全国的19.4%(2008年)。由于历史、地理等原因,我国西部地区铁路起步晚、发展慢。新中国成立前,西部许多省份不通铁路,营业里程总共只有1189千米,占全国铁路的5.4%。新中国成立后,经过60年艰苦奋斗,西部铁路有了长足发展。2006年青藏铁路通车后,各省市自治区全部都有铁路连通。截至2008年,西部铁路营业里程已达29535千米,占全国铁路的37.1%[①]。

西部地区占据过半的国土面积,却只有约四成的铁路里程,这体现了西部地区路网密度低,通达度低。同时,不同于东部地区,西部地区地质条件、气候等都相当恶劣,建设资金不足、自身发展能力不足、人才短缺、教育资源匮乏、卫生事业较为落后、财政资金不到位、财政资金浪费等都导致了基础设施较为落后,未来西部地区基建任务十分迫切。

从整体和局部来看,西部地区不论是从基础设施的硬件——交通到基础设施的软件——文化、教育、卫生,还是从城市的基础设施到农村的基础设施都明显滞后,严重影响了西部地区整体的基建工作。

---

① 数据来源:《中国工程科学》2010年第12卷第6期,第18-24页。

(五) 资源开发和环境保护问题

生态环境的瓶颈制约依然突出。西部地区多为高海拔地区，多高原和山脉，生态环境较为脆弱，环境承载力较低。西部地区处在发展的初期，在一定程度上，生态环境让步于经济的发展，从而遭到破坏，原有的生态环境将难以恢复，其中反映的是资源效益和环境效益的权衡问题。

西部大开发过程中生态环境存在的突出问题，一是荒漠化速度加快。2020年西部地区重度沙漠化面积较大，导致中度沙漠化的粗放式持续性开发屡禁不止，破坏了生态环境的平衡，加剧了资源的不可再生，加快了土地荒漠化的速度。二是水土流失日益严重。在资源开发、经济建设过程中，人类过度地乱垦滥伐，造成大量植被被破坏，水土流失日益严重，土壤失去了天然屏障，日渐贫瘠。三是环境污染程度加剧。西部地区有丰富的森林资源，大量植被被破坏不仅造成水土流失严重，也会加剧环境污染的程度。人们的环境保护意识不强，片面追求经济效益，而忽视了环境效益，工业、生活排放不符合标准，从而加剧了环境污染的程度。

随着西部大开发的深入推进，有关资源开发和环境保护的财税政策，在政策的系统上和全面完备上仍然存在着较大的缺口。没有选择地承接污染企业，在一定程度上忽略了资源效益和环境效益，忽略了资源价值的合理补偿，在保护环境的税收政策上仍然不完备和全面。

(六) 发展科技和教育的问题

西部地区的教育供需矛盾的突出表现不再是供给数量不足，而是供给的质量，即"适合不适合"的问题。经过十余年的发展，供给质量的问题不断被慢慢解决，但是仍存在一小部分地区深受此问题的困扰。"上好学"问题，体现的现实矛盾是教育质量、人才质量。教育服务质量低，教育资源落后，是西部大部分地区面临的主要问题。

由于政府宏观统筹规划不足，西部地区教育供给的形式单一，具体表现为供给的教育产品单一、粗放，优质教育资源能力的供给不足，供给体制呆板，供给的均衡性不足，供给主体运行方式封闭。一方面，没有充分满足人民教育需求的多元化、个性化；另一方面，供给结构不平衡，培养人才总量大，但是结构不合理，导致与社会经济发展的人才需要脱节。

高素质劳动者和中、高层次科技人才不足。西部地区教育体系难以培养拔尖创新人才和能工巧匠，在以大数据和人工智能为核心的第四次产业革命中，技能型人才和创新性人才的需求迫切，而中小学课程设置以及教学过程、高校学科建设还没有做好充分的准备。

随着西部大开发战略的实施，跨区域产业转移的浪潮开展，东部地区迁移过来的产业多为制造业，涉及教育产业的少之又少，因此，在科技教育领域，西部地区并没有充分享受到跨区域产业转移的人才红利。

四、解决策略

面对西部地区客观存在的现状，在经济发展上，经济稳健增长的基础仍不稳固；在与东部地区发展水平的比较上，东西部地区经济发展水平仍然差异较大；在金融活动中，西部地区投资和融资存在一定的局限性；在科教上，西部地区科技和教育发展水平较低；在资源效益和环境效益上，资源开发和环境保护存在许多问题。接下来将对照西部大开发20年发展中存在的客观问题，逐一对应提供策略建议。

（一）政府有所作为，促进产业转型升级和创新

根据新结构经济学的观点，资源禀赋是决定经济发展的重要因素，发展低附加值的产业是西部地区经济发展的一个必要过程。但是，要结合西部地区自身发展优势，发展相对优势的产业，促进西部地区经济高质量发展。

由于西部地区各个省份重点承接的产业具有高度相似性，因此会引发地区间的"政府竞争"，因此需要加强西部地区各个省份政府的相互沟通与合作。西部地区承接的产业多为原材料加工产业，在此过程中会产生生态成本，可能会对生态环境造成不利影响，所以政府要具体问题具体分析，提供合适的产业政策、金融政策、人才政策等，结合当地实际情况选择适合的相关产业。

承接过多低附加值的产业不利于西部地区制造业的转型升级，因此在产业引入和发展的过程中需要注意新旧动能的转化，加强科技创新，提高产业转移承载力。西部地区需结合自身自然环境和经济发展历史条件，以优化升级制造业内部结构及相关产业结构为标尺，合理选择产业转入，注意避免盲目追求高速度、大范围的承接，实现制造业转移的平稳过渡，推进西部地区制造业结构升级。

（二）贯彻新发展理念，缩小与东部地区的差距

始终坚持创新、协调、绿色、开放、共享的新发展理念，指导西部地区的发展，重点解决实现"两不愁三保障"面临的突出问题，加大深度贫困

地区和特殊贫困群体的脱贫攻坚力度,减少和防止脱贫人口返贫。

提高创新能力,以创新能力建设为核心,加强创新开放合作,打造区域创新高地。完善国家重大科研基础设施布局,支持西部地区在特色优势领域优先布局建设国家级创新平台和大科学装置。

在创新方面,将互联网思维融入产业发展,西部地区的产业转移与合作,需要充分沟通和协助。要充分实现经济内循环,就要打通城市带的经济和技术,打通互联网行业在西部地区的建立和就业领域,其中,可以借鉴互联网产业在中部地区以及东部地区多年的发展经验,开辟多个应用场景和平台,创造出多个互联网的互联互通,助力经济循环流动。将互联网思维融入产业转移和产业循环,促进西部地区大数据的发展、区块链的整合、物联网的整合,以此促进西部地区产业转移和循环。

(三)完善投融资平台,充分利用民间资本

投融资平台,作为一种重要的筹资模式,能筹集大量建设资金,具有极其重要的责任。融资平台要持续提高项目管理能力,使投资成为牵引公司资源整合配置、治理结构构建的主导因素。要大力推进"融资端"向"投资+融资端"转型,围绕新时期自身功能核心定位,找到市场和项目的结合点,以更加清晰的流程和创新的机制承接应有的职责。

在管理和创新投融资平台的基础上,当地政府要结合西部地区实际,因地制宜地在新形势下做好金融支持西部大开发的工作。一是深入学习、深刻领会中央西部大开发工作会议精神和有关文件要求,认真执行金融支持西部大开发政策措施。二是抓住区域特色,利用资源禀赋,发挥比较优势,延长产业链,增加就业,实现区域经济协调发展,同时处理好"两高一资"行业与低碳经济发展之间的关系,节能减排。三是切实加大金融支持西部旅游业等服务业力度,探索改善西部金融生态环境的有效方式,解决中小企业、"三农"融资难等问题。四是积极推动金融创新,探索金融业如何更好地支持西部地区城镇化新型发展方式。

(四)继续把基础设施建设放在优先位置

对基础设施和公共设施给予财政上的资助,把基础设施作为投资的重点,致力于交通运输业的改良与发展,把西部大开发置于发达的交通运输基础之上,促进全国铁路网络基本形成。加强东西部的经济联系,促进全国统一市场的形成,带动西部农牧业经济的发展。鼓励把水利基础设施建设看作西部经济起飞的关键,政府要投入巨额资金并直接参与工程的规划和建设,

突出交通和水利两个关键环节，加快构建适度超前、功能配套、安全高效的现代化基础设施体系。提高基础设施通达度、通畅性和均等化水平，推动绿色集约发展。加强运输通道建设，拓展区域开发轴线。强化资源能源开发地干线通道规划建设。加快川藏铁路、沿江高铁、渝昆高铁、西（宁）成（都）铁路等重大工程规划建设。注重高速铁路和普通铁路协同发展，继续开好多站点、低票价的"慢火车"，建设西部地区的轴带枢纽城市群，带动西部地区发展的增长极。

（五）加大生态建设和环境保护力度

如何既合理开发和利用资源，又有效地保护和改善生态环境是西部大开发中必须首先解决好的问题。随着西部大开发的深入推进，关于资源开发和环境保护的政策也应随之更加系统、更加全面。具体在财税政策问题上，至少要很好地解决三个问题：一是如何实现西部资源的价值化经营，在追求西部资源价值最大化的同时实现资源价值的合理补偿；二是改革和完善资源税政策，构建保护西部生态环境的税收政策体系；三是妥善解决实施天然林保护工程、退耕还林（草）工程等给地方带来的财政困难问题，确保地方政府在西部生态建设和环保方面发挥职能作用。

加强环境综合治理和节能减排，大力发展循环经济。摒弃原先"先发展后治理"的理念，有原则地禁止一切不合格的产业西移，严厉禁止不达标的污染物排放，兼顾资源优势和环境效益。加大美丽西部建设力度，筑牢国家生态安全屏障。深入实施重点生态工程，重点区域综合治理，助力西部地区绿色发展。

（六）促进科技教育和开发人力资源

客观上，由于自然、地理、历史、社会等多方面的原因，中西部地区经济社会发展相对滞后，优秀教育资源贫乏，教育基础差，教育保障能力弱，特别是农村、边远、贫困、少数民族地区优秀教师少、优质资源少，教育质量总体不高，难以满足中西部地区人民群众接受良好教育的需求，难以适应经济社会发展对各类人才的需要。

解决西部地区教育资源的落后问题，原则上不应该只着眼于人、财、物的不平衡问题，更应该着眼于质量上的公平，而非数量上的均衡。首先，要破除落后的传统思想，树立教育为本的理念，破除"识字无用""文盲无害"的落后观念，树立科学的教育观念。其次，贯彻与实施《全国基本普及九年义务教育》，提供免费义务教育，减少西部地区贫苦民众受教育的经济负担，堵住新文盲产生的渠道。再次，要加快发展西部地区的高等教育，发挥高等教育对西部地区的社会进步、经济发展、实现现代化的重要意义。复次，坚持多层次办学，大力发展职业教育和成人教育，提高广大劳动者的就业技能，培养不同层次的人才。最后，动员社会力量参与教育事业，促进西部地区教育事业的大发展。

（陶　丹）

第七节　飞地建设的财税政策分析

一、飞地的基本概念

早期的飞地指由于资源分布与开发、城市经济发展与人口疏散等的需要，通过行政手段，将一些特殊地区划归与本地区并不相连的另一行政区，从而形成了一种经济型飞地，如上海市在江苏、安徽等地的工厂、矿山等，廊坊市的一部分位于北京市和天津市的中间，而并不与河北省其他地区相连，但属于河北省管辖范围内。这也是狭义上的飞地定义。

飞地不仅仅指一种行政上的概念，而是将重点放在飞地经济模式上。"飞地经济"是两个相互独立、经济发展存在落差的行政地区，打破原有行政区划限制，把甲地的资金、项目、人才等资源放到行政上隶属乙地的园区，利用税收分配、政绩考核等一系列科学的利益机制，扩大两地合作广度，加深两地合作深度的一种区域经济合作模式。飞地经济模式在表现形式上多为飞地经济园、飞地产业园、飞地工业园等。

飞地不同于简单的产业转移，分类方式也是多种多样的。从推动角色的角度其可分为上级政府推动和同级政府合作，从合作方式上可以分成国家层面合作、跨省合作、省内合作以及其他。而更广为人知的分类方式是按照飞地成因，主要分为优势互补型和扶贫性质的飞地建设。优势互补的飞地建设有利于双方的经济发展，建设的目的性、专业性更强，成果一般也会更加显著。2010年正式启动的上海北高新科技城，由于上海土地资源较为紧缺，企业为了谋求更大的发展，积极向外寻找发展空间。沪苏通三地形成了"长三角中的金三角"，其中南通的劳动力资源丰富且较廉价，具有比较优势，交通地理位置优越便利，成为上海市北高新集团走出上海，异地发展高新科技城的基础。除此之外，1992年创立的上海松江工业园区、2009年开始建设的苏州—南通科技产业园、2011年成立的深汕特别合作区和顺德（英德）

产业园、2016年签订合作共建协议的光谷—黄冈科技产业园都是此类飞地，通过两地的互惠式合作达成经济发展的双赢。扶贫性质的飞地建设主要存在于中西部地区、东北地区，扶贫飞地一般由国家推动建设，其税收分享政策多偏向于飞入地。扶贫性质的飞地建设大力推动了我国全面脱贫。近年来，我国西部大开发政策对西部的建设起到了巨大的作用，促进了西部地区基础设施的完善与产业基地的建设，建设了国家重要的能源基地、战略新兴产业基地等现代产业基地。自2010年以来，广西壮族自治区、宁夏回族自治区、青海省等地出台的飞地相关政策不断增加，2003—2021年西部地区发布飞地相关文件20份。近年来，西部大开发政策得到了有效的落实，飞地建设也起到了良好的扶贫作用。

二、飞地建设对两地经济社会的影响

飞地建设、产业转移对飞入地和飞出地的经济社会层面有着复杂的影响，从飞地的产生条件（原因）可以研究飞地建设对两地的具体影响。飞地的产生条件，就在于两地资源禀赋的区际差异。主要模式就是飞出地投入资金管理，飞入地主要提供资源。飞入地有着丰富的待开发土地与生产资源，以及丰富廉价的劳动力，部分地区可能拥有更高的环境承载力，可以承接资源密集型产业。

飞出地拥有更先进的技术和管理理念，以及丰富的资金、人才。经济较为发达的地区在飞地建设中一般作为飞出地，如北京、上海、广州、深圳等地。这类城市土地资源较为紧缺，土地、人口、交通和环境等压力较大，企业为了谋求更大的发展，积极向外寻找发展空间。顺德（英德）产业园建成较早，佛山市顺德区在面临土地等资源困境时，选择了建设新兴区域合作区，通过政府之间的合作使企业在异地扩张仍可享受"顺德式服务"。在最近几年完成建设的深汕特别合作区、上海北高新科技城也是如此，分别以深圳、上海为飞出地建设飞地。通过飞地建设，飞出地的产业结构优化升级，为产业提供了发展的空间，城市功能得到了有效的疏解。

对于资源密集型产业来说，资源的集中是飞入地选择的必要前提条件。例如，华北油田在发展过程中把油田扩产到内蒙古二连浩特以及新疆等地区。在早期的飞地建设中，部分重污染产业选择转移至环境承载力更高的地区来处理废弃物。随着我国环境保护法的逐渐完善和废弃物处理技术的不断进步，重污染企业逐渐减少，也不会利用其他地区的环境承载力排污。

从飞地产生的条件可以看出，对飞入地来说，与经济发达地区共同建设飞地，有利于促进当地经济的发展，加快经济结构调整，缩短产业升级时间，加快工业化进程。例如，西部的成渝地区、辽西北、英德等地建设飞地之后，经济得到快速增长，并即将成为新的核心区域，带动附近其他区域发展。在社会层面，飞地建设可以引进新的产业，并加大基建投入，在长期创造更多的就业岗位，从而提高居民的生活水平。

三、飞地政策分析

本报告政策分析部分主要参考北大法宝数据库收录的飞地相关中央法规（2篇）、2003—2021年地方规范性文件（55篇）、2017—2021年地方工作文件（23篇）、法律动态（1篇）。其中，5篇文件已失效，现行有效文件占总数的93.75%。参考各地飞地政策，统计可得各省份飞地相关政策数量，见图3-3。

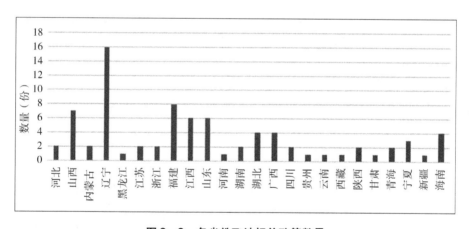

图3-3 各省份飞地相关政策数量

由统计数据整理可知，飞地相关政策发布地主要位于我国中西部地区，各地均有分布。政策内容多为如何承接产业转移的政策建议，发布地区以飞入地为主。其中以辽宁省发布量最大，为16份，可以推测辽宁省近年飞地建设发展迅速。

图3-4是对各地飞地相关政策发布年份的统计。由图3-4可知，自2003年起，各地飞地建设一直处于不断发展的阶段，而2013年、2018年左右发布政策较为频繁。根据2017年发布的中央法规《国家发展和改革委员会、国土资源部、环境保护部等关于支持"飞地经济"发展的指导意见》，

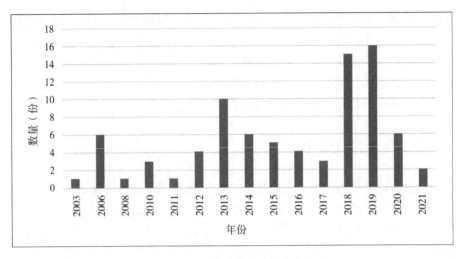

图3-4 各地飞地相关政策发布年份

该文件对"飞地经济"发展表示支持，并计划完善相关保障措施，鼓励飞出地输出成熟的园区管理经验，选派干部到园区任职、挂职。该法规的发布对全国飞地建设起到了积极的作用，这也是2018—2019年各地区飞地建设发展迅速的原因之一。

综观各地飞地相关政策文件，可以整理总结出政策尤其是财税政策相当多的特征和做法。

（一）财政奖励与补贴

目前在全国范围内，各地对飞地建设均持支持态度，支持飞地的方式各有不同，但大体上是上级政府通过拨出土地、设立专项资金鼓励飞入产业、实施财政补贴等方式，以应对飞地发展时尤其是发展前期遇到的阻碍。飞地建设的主要阻碍如下：

飞入地产业承接的基础设施状况不理想。产业承接地的硬件条件是投资者做出投资决定的关键因素之一。大多数飞入地的经济发展水平和公共服务水平与飞出地相比有较大差距，例如，广西贺州大湾区双飞地建设中，贺州基础设施建设较差，交通不便，物流成本相对较高，信息滞后，公共服务职能也并不完善，这些都无法满足迁入企业的发展要求，降低了贺州对投资的吸引力。除此之外，对于西部大开发以及东北的扶贫性质的飞地，这种问题更为显著。

发展平台不够高，招商引资力度不够也是产业转移的重要阻碍之一。沈阳市"一市一区两县"飞地园区普遍知名度不高，部分园区配套基础设施建设滞后，缺乏对优质项目的招商吸引力；项目多为市区向县乡转移，投资规模偏小，产业链延展不够，无法有效带动周边更大区域内经济转型发展（李雪松，2020）。在这之外，转移产业的质量也会对飞地未来的发展起到举足轻重的影响。如果产业辐射带动能力不足，并不能给飞地及其周边地区的经济发展带来蒸蒸日上的情况，反而会影响未来的转移产业进入。对于上级政府和两地政府，政策建议应为促进招商引资，对飞地园区的建设提供补助。

从上级政府角度，政策多为对建立飞地园区的两地进行财政奖励。2015年发布的《海南省人民政府关于在省级园区实行飞地经济政策的实施意见（试行）》提及要实施省财政奖励，省财政从各市县分享到的"飞地"项目形成的税收收入、非税收入和政府性基金等收入的50%补助市县。同时，省财政补助市县"飞地"项目收入，按飞出地和飞入地5：5比例分成。

对于飞入地政府，可实施划出土地建立飞地产业园的政策。2017年发布的《赤峰市人民政府办公厅关于进一步深化"飞地经济"政策的实施意见（试行）》提及将赤峰市高新区"一区四园"全部纳入飞入地，其"四至"范围为：东至老哈河，南至205线，北至京通铁路，西至市区。总面积约129平方千米。拨出大量土地建立园区有利于推进飞地产业园区尽快形成规模和效益，形成蒸蒸日上的发展趋势，也有利于进一步招商引资。同时，可以解决城市中心区工业用地紧张问题，提高城市综合竞争力。

政府支持政策除了划出土地，还可以直接对飞入产业进行财政上的奖励和补贴，市政府有关部门优先帮助飞入项目争取国家和省项目资金政策支持。市、县（区）财政安排一定专项资金支持"飞地园区"基础设施建设。同时从专项资金中拨款，对优秀转入产业进行奖励，可主要支持在产业升级和技术创新等方面有突出表现、投资拉动明显的企业和项目。2019年发布的《抚顺市人民政府关于印发抚顺市促进"飞地经济"发展实施方案的通知》要求市政府有关部门优先帮助飞入项目争取国家和省项目资金政策支持。市、县（区）财政安排一定专项资金支持"飞地园区"基础设施建设。设立专项资金，实施奖励和补贴有利于引进辐射带动能力强的优秀产业，同时促进周边发展，提高飞地园区竞争力。

图3-5为不同财政奖励补贴政策的文件数量。由图3-5可知，以奖金的形式对飞地建设进行鼓励的政策最多，其次是进行经费的补贴等优惠政策。飞地财政补贴政策有利于飞地迅速起步，对飞出地的优惠有利于招商引资，促进飞地园区发展。

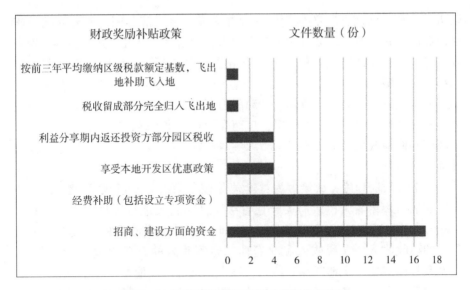

图3-5 不同财政奖励补贴政策的文件数量

(二) 税收政策

首先是减税降费。降税的激励使总供给曲线右移,提高总产出。企业扩张的愿望也是降低成本,增加利润,税收作为企业投资的重要成本,税收成本的考虑优先度可能要大于资源要素成本,减税降费能促进更多投资者加入,促进产业转移,促进飞地建设起步。对税收政策的制定要考虑资源要素成本和税收成本之间的平衡,不能过多也不能过低,目的是最终留住飞入企业,促进飞地建设。1991年发布的《国家高新技术产业开发区税收政策的规定》提及开发区企业从被认定之日起,按15%的税率减征所得税。开发区企业出口产品的产值达到当年总产值10%以上的,经税务机关核定,按10%的税率减征所得税。新办的开发区企业,经企业申请,税务机关批准,从投产年度起,两年内免征所得税。

良好的税收环境是飞地经济发展的重点要素之一。不透明的税收环境可能会造成不同地区税收优惠情况的不同,甚至可能出现恶意竞争式的"税收洼地"。如果一个地方的税收环境是公平公正的,对吸引投资者也有着积极的影响,飞入企业也能安心谋发展,有利于飞地产业园区的迅速起步与发展。

(三) 税收分享和统计指标分享

对于飞出地、飞入地两地政府来说,最应着重考虑的部分便是飞地园区税收分享和统计指标分享情况。飞出地政府把本地资金、人才及先进的管理经验输出到区域以外的地区,同时把自己的税源扩展到本区域以外,与飞入地政府分享一定的税费分成。统计指标指的是"飞地经济"项目产生的GDP、固定资产投资额、工业增加值等招商引资和经济指标,这些指标展示了一个地区的经济发展状况,以及该飞地园区的发展趋势。合理分享飞地税收和统计指标至关重要,有利于带动两地对飞地园区建设的积极性。

首先是税收分享。不同地区税收分享比例和分享时间节点不同。图3-6展示的是不同地区飞地税收分享政策的数量统计。

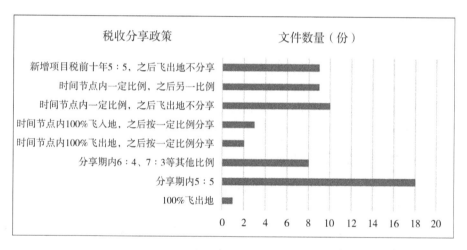

图3-6 不同地区飞地税收分享政策的数量

由图3-6可以看出,发布最多的税收政策是在分享期内两地五五分成。部分地区是项目投产后一定时间内由飞出地与飞入地政府按一定比例分享,此后飞出地不再分享。2019年发布的《大连市人民政府关于推进"飞地经济"发展的实施意见》中提及,10年内由飞出地与飞入地政府按5∶5比例分享,此后飞出地不再分享。还有一种是项目投产后一段时间,税收由飞出地全部享有或飞出地占更大比例,到协商而定的时间节点后,更换分享比例,飞入地分享比例增加,飞出地分享比例减小。2013年发布的《菏泽市人民政府办公室关于鼓励"飞地经济"发展的意见》中写道:上缴税收形成的地方财政收入,2020年前引资方与落地方原则按8∶2分配,2021年1

月1日以后按5∶5分配。2014年发布的《安康市推进"飞地经济"发展暂行办法》提到前5年由"飞出地"全部享有;5年后飞出地与飞入地按7∶3比例分成共享。不同地区税收分享的时间节点多为两地政府协商而定,有3年、5年、10年不等。同理,不同地区税收分享的比例是根据飞地园区性质及两地具体发展情况而定的,自然也有所不同。如果飞入地经济水平较差,该飞地建设的扶贫性质较强,那么税收分享会更偏向于飞入地,见图3-6中"时间节点内按一定比例分享,之后飞出地不分享"等政策。如果两地经济水平差距并不大,合作进行飞地建设,一般会采取"分享期内5∶5"之类的政策。

其次是统计指标分享。从省级政府角度考虑,在对省内市县进行考核时,相关统计指标应分别按全额计入飞出地和飞入地市县;在市县资料对外公布使用时,相关统计指标应按财税收入地方分成比例进行拆分,分别计入飞出地和飞入地。如果是两地政府之间直接进行统计指标的分享,应由飞入地政府统计部门负责统计,如果飞地是双方共同出资建设的,各自统计指标应按照出资比例或者出资双方约定比例认定。统计指标分享比例多与税收分享比例数值密切相关,当然也受飞地建设出资比例影响。另外,关于分享期,2019年发布的《青岛市人民政府关于加快"飞地经济"发展的实施意见》要求合作双方指标分享期原则上与财税利益分享期一致。

(四) 基建分工及内部管理

飞地对飞出地和飞入地双方都有着相当多的积极影响,但当计划落实时,也难免存在一些障碍。建设过程中最重要的部分就是产业的转移和承接,其中涉及产业的质量、未来的发展前景、双方利益分成的协商等问题。

首先是飞出地政府阻力多。在中国现行分税制下,企业从飞出地转出就要到飞入地缴纳税款,所以飞出地会遇到税收流失的问题,同时,飞出地的优秀产业外迁,本地产业可能陷入"空心化",就业岗位也会减少,正常社会秩序可能受到影响。因此,一些地方政府可能会对本地企业转移至飞地产生抵触情绪,从而不积极配合产业的顺利转移,甚至进行限制。产业转出地和承接地政府对接协作机制不健全阶段,各地产业转移协作更多地表现为各级地方政府层面对接和地方政府主导下产业园区合作共建,但这些对接协作缺少国家层面的法律规定或中央政府的明文规定,由基层政府探索出来的合作机制仍面临较大的政治和法律风险。

其次,飞地内部管理矛盾也不可忽视。作为由飞出地投资人才、资金、项目的飞地园区,主要是由飞出地进行实际管理的。然而,在实际情况下,尤其是飞地建设初期，双方政府可能会有一些内部的矛盾。前期飞地可能发展势头迅猛，但随着发展进入稳定阶段，内部协调问题就愈发显著。一旦财政政策、管理机制、生态标准等发生政策调整等变化时，难免在政府之间或政府与园区管委会之间出现园区管理、协调等难题。中国最早的飞地经济建设之一江阴—靖江工业园就因为管理体制不顺，导致矛盾层出不穷，受到了巨大的负面影响。然而，在前期的基础建设过程中，难免会遇到抵触拆迁的居民，如果安排资金的权力在飞入地手里，再加上飞入地政府对本地环境更了解，就可以更快速合理地解决基建问题，减少无谓的资金、时间的浪费。

再者，飞入地本身也拥有自己的部分产业，土地、劳动力等资源也有限。当飞地园区建设状况不理想时，飞入地政府可能考虑减少甚至放弃对飞地园区产业的支持，选择加强自身产业的发展。在利益分担上，飞出地的目的只是把本地的过剩产能向外迁移，同时优化本地产业结构。而飞入地的利益多少与飞地建设成功与否有着更紧密的联系。如果飞地园区建设取得成功，带来的利益对飞入地更为明显。

另外，从风险分担角度来看，飞入地承担了土地资源、环境承载、人口迁移等大量成本，如果飞地园区建设失败，这些损失都会由飞入地承担。反观飞出地，飞出地只派出人才、管理技术、资金等要素，这些要素流动性较大，所以飞出地分担的风险相对较低。风险分担机制的不对称和利益分配的不对称，可能会导致飞出地"打一枪换一个地方"，承担最低风险而获取利益，飞入地投入大量资源却化为泡影的状况。这种不对称也会促使两地在飞地建设上产生内部矛盾，双方都只注重自己的眼前利益并尽可能抑制风险，导致飞地建设受阻。

对于飞地园区基建出资的政策方案，多为两地按照一定比例共同出资建设，出资比例也会影响后续的税收分成及统计指标分成。2019年发布的《黄冈市人民政府办公室关于印发黄冈市支持"飞地经济"发展实施办法的通知》中，在基建分工方面要求双方出资共建，由飞出地与飞入地协商出资比例，共同承担配套基础设施建设成本、征迁退地成本，兑付招商引资政策，落实项目全程服务。根据双方出资比例确定利益共享。

对于飞地园区基建分工方案，应在符合飞地总体规划布局的前提下，飞地项目用地由飞入方负责进行规划，并组织实施征地拆迁安置和基础设施配套建设。同时，飞地园区在水、电、路等方面基础建设要统一规划，统筹推进，避免出现基建规划不当导致飞地发展时频繁遇到翻修等问题。2014年发布的《黔南州人民政府关于印发黔南州"飞地工业试点园区"实施意见的通知》中提及，飞地工业园区内基础设施建设投入（即在划定的飞地产业园区范围）由飞出方投资建设，区域外的基础设施（含水、供电、道路及环保设施等）由飞入方投资建设。

另外，对于项目的实施与管理，飞地项目要纳入各级工业园区、开发区的统一领导、统一管理范围，同等享受当地政府出台的工业园区、开发区和招商引资的各项优惠政策和服务。飞地经济应以园区共建模式为主，也可探索实施托管建设和建设—经济—转让（build-operate-transfer，BOT）等模式，同时，鼓励开发区积极探索适合当地实际、互利共赢的其他合作模式。

以下为具体的管理方面的政策意见，要将飞地管理者集中起来建设领导小组，加强思想建设，协调飞地内部各方关系，最后决定一个共同的考核标准，定期考核，保证飞地园区可持续发展。

1. 建设领导小组

组织飞地建设领导小组，负责指导和协调飞地园区建设发展中遇到的重大问题。2020 年发布的《阜新市人民政府、八师石河子市人民政府关于印发支持"飞地经济"发展实施意见》要求成立飞地发展建设推进协调领导小组，由双方主要领导担任推进协调领导小组组长，两地各职能部门、相关县区为成员单位，领导小组下设办公室，分别设在双方的发展改革委员会，负责统筹、协调和落实领导小组确定的各项任务和工作，对接工作进展。

2. 树立大局意识

对于飞地内部各方关系的协调，应激励飞地合作政府领导干部改进作风、提升素质，牢固树立大局意识。大局意识要求自觉从大局看问题，把工作放到大局中去思考、定位、摆布，做到正确认识大局、自觉服从大局、坚决维护大局。在飞地合作中，政府干部要正确处理本地发展与园区发展、局部与全局、当前与长远的关系，双方不要斤斤计较于各自的实际利益和某些权力分割，要以整体利益为重。

3. 加强绩效考核

考核力度的增强有利于促进两地政府加强对飞地园区建设的重视程度，避免出现飞地建设虎头蛇尾、管理者尸位素餐等情况发生。可以在飞地建立新的考核机制和管理机制，不拘泥于两地政府，切实加强对飞地建设的组织领导，完善工作机制，明确推进机构，落实工作责任，强化督促检查，协调解决建设中的困难和问题。2019 年发布的《沈阳市人民政府关于支持"飞地经济"发展的实施意见》中提及要加强调度考核，将"飞地经济"建设发展工作列入全市"挂图作战"工作体系，作为督查工作的重要内容，实行"一月一调度、一季一通报、半年一总结、全年定奖惩"的督导机制。

总之，飞地建设发展中，要贯彻创新、协调、绿色、开放、共享的发展理念，创新发展注重的是解决发展动力问题，协调发展注重的是解决发展不平衡问题，绿色发展注重的是解决人与自然和谐的问题，开放发展注重的是解决发展内外联动问题，共享发展注重的是解决社会公平正义问题。在飞地建设过程中，飞地产业转移是产业及相关要素的整体性转移，飞地的发展方向应从单纯的资金承接逐渐转化成管理、项目、人才、资金的复合承接。飞出地负责管理飞地，引进先进的管理经验，建立一个新的管理机制，行使部分让渡权力，实际参与园区的建设、开发和运营。飞入地提供其所需资源，和飞出地共同进行飞地建设。在这个复合承接的过程中，双方政府应当实事求是地解决问题，共同促进飞地经济繁荣。

（刘新鹏）

第四章 减税降费政策对地方财政的影响研究
——以广东省为例①

第一节 导　　言

减税降费政策是我国积极财政政策的重要组成部分，也是顺应新常态要求、深化供给侧改革、推动经济高质量发展的重要举措。为应对经济下行压力，做好"六稳"工作，保持经济运行在合理区间，我国近年来实施了大规模的减税降费改革。2019 年《政府工作报告》明确提出，"要实施更大规模的减税，确保减税降费落实到位"。财政部数据显示，2016 年至 2020 年，新增的减税降费累计达 7.6 万亿元，特别是 2019 年实施更大规模的减税降费后，当年新增减税降费达到 2.36 万亿元，占 GDP 的比重超过 2%，拉动 GDP 增长约 0.8 个百分点，减税降费的政策效应初步显现。

然而，随着减税降费力度的加大，地方财政收支矛盾日益突出，财政稳定运行面临严峻挑战。减税降费政策的目的在于以政府收入的"减法"换取企业效益的"加法"和经济发展的"乘法"。一方面，减税降费政策减轻了企业税费负担，促进了经济平稳发展；另一方面，大规模的减税降费直接影响了地方财政收入，导致地方财政收支失衡。2019 年 12 月 25 日，《国务院关于减税降费工作情况的报告》指出："由于减税降费力度超出预期，中央和地方财政收入压力较大，完成全年收入预算面临困难。在肯定减税降费成效的同时，也要看到政策实施过程中仍面临一些困难和问题。"尤其严峻的是，2020 年初暴发的新型冠状病毒性肺炎疫情，使得本已捉襟见肘的地方财政无疑雪上加霜。财政部数据显示，2020 年，全国一般公共预算收入 182895 亿元，同比下降 3.9%。其中，地方一般公共预算本级收入 100124 亿元，同比下降 0.9%。分省份来看，我国许多省份一般公共预算收入较

---

① 本章作者简介：王秋石，中山大学政治与公共事务管理学院，博士，副教授；李睿莹，中山大学政治与公共事务管理学院，博士研究生。

2019年明显减少，半数以上的省份财政收入出现了负增长现象，个别省份的下降幅度甚至超过了20%（图4-1）。

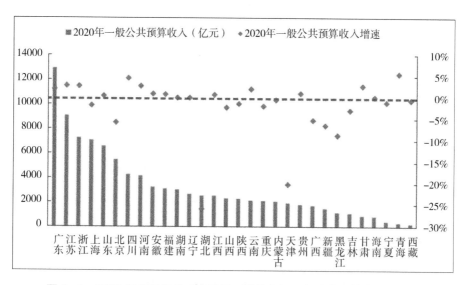

图4-1 2020年全国各省（自治区、直辖市）一般公共预算收入与增速
数据来源：全国各省财政厅、统计局官网。

虽然减税降费政策和疫情防控的双重影响使得各地方政府面临较大的财政压力，但这一政策的力度并未因此减弱。2020年《政府工作报告》明确提出，"各级政府必须真正过紧日子，要坚决把减税降费政策落到企业，留得青山，赢得未来"。财政部数据显示，2020年，全年新增减税降费超过2.5万亿元，达到历年最大规模，减税降费力度不断加大。可见，虽然减税降费政策在实施过程中对地方财政造成了较大冲击，但中央政府推进减税降费政策的决心是坚定的。因此，如何在减税降费背景下确保地方财政平稳可持续发展是当前亟待解决的重要问题。

全面减税降费政策提出后，我国学者对减税降费的研究逐渐增多，2016—2020年，中国知网中以"减税降费"为主题的学术论文一共发表了1091篇（2016年9篇，2017年55篇，2018年60篇，2019年532篇，2020年435篇），总体呈现爆发式增长的态势。通过对这些文献的关键词共现网络分析可以进一步看出，目前围绕着减税降费这个主题，学术界主要关注的问题包括增值税及其税率、小微企业、营改增、非税收入等（图4-2）。对地方政府，尤其是地方财政的研究并未得到学界足够的重视。

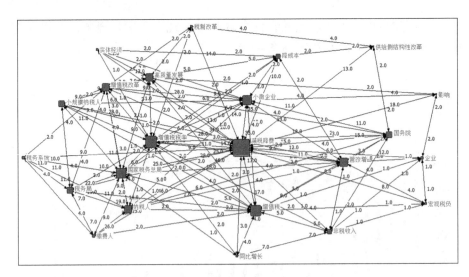

图4-2 关键词共现网络（词频>20）

数据来源：中国知网。

本研究在此背景下，使用定性和定量相结合的混合研究法，分析减税降费政策对地方财政的影响。具体的研究问题是：①减税降费政策的基本特征和发展趋势是什么？②减税降费政策的实施是否对地方财政造成了影响？影响程度如何？③地方政府落实中央减税降费政策的现状及问题是什么？④如何优化现有的减税降费机制和策略以确保地方财政长期稳定运行？对减税降费政策与地方财政的关系进行系统分析与论证，不仅有利于拓展减税降费研究的学术视野和空间，也为地方政府财政风险管控和减税降费政策落实提供了实证支持和政策依据。

第二节 文献综述

减税降费政策作为积极财政政策的重要组成部分，受到了各国政府及研究机构的普遍重视。近年来，对于减税降费的研究也在多学科融合下逐渐趋于多元化，学者们从经济学、财政学、行政学等多角度出发，对减税降费的理论、政策效应以及政策设计等提出了诸多观点。

减税降费政策的理论基础来源于凯恩斯学派和供给学派（杨灿明，2017）。凯恩斯学派主张国家采取积极的财政政策，通过影响消费和投资需求进而影响总需求，实现总供给和总需求之间的平衡。该学派认为，经济危机产生的根源是有效需求不足,市场调节机制无法使经济重新恢复到均衡的状态,需要政府通过减税降费、扩大公共支出等手段对经济进行干预,以调节社会收入分配,保障充分就业(Keynes,1937)。在凯恩斯的经典理论框架下,一方面,政府减税降费政策可以降低商品价格和消费成本,扩大消费需求;另一方面,减税降费等税收刺激可以降低投资的机会成本,增加投资需求。消费需求和投资需求增加将会使得社会总需求曲线右移,从而增加社会经济产出,推动经济发展。与凯恩斯学派从需求侧视角出发点不同,供给学派主要从供给侧分析了减税降费的影响及作用机制。该学派认为,需求会自动适应供给的变化,主张政府通过大规模的减税来刺激劳动力和资本供给,从而发挥市场调节机制,实现总供给和总需求之间的平衡。20世纪70年代,美国经济学家拉弗提出的拉弗曲线是供给学派的核心内容,其认为政府税收与税率之间呈倒U形关系,政府无论制定高税率还是低税率的税收政策都可以实现同等数量的税收,政府减税在长期可以扩大有效税基,不会减少政府收入,但高税率政策会给经济造成损失。在供给学派的理论框架下,减税降费政策不仅能够提升劳动报酬率,增加劳动供给,也能降低个人和企业的资本成本,增加社会储蓄和资本等生产要素的供给,从而推动经济发展。我国学者围绕上述两大理论分析了减税降费的必要性(刘蓉等,2016;蔡红英,2016;张斌,2019),这也成为我国减税降费政策的重要理论基础。

在减税降费的政策效应方面,学界重点从企业、经济和地方财政三个视角进行了研究。从企业角度来看,学者们重点讨论了减税降费政策对企业负担(张学诞等,2019;傅娟等,2019;房飞,2020)、企业获得感(李普亮、贾卫丽,2019;魏升民等,2019;万广南等,2020;马金华等,2021)、企业创新(刘诗源等,2020;毛捷等,2020;邓力平等,2020;高正斌等,2020;李苏敏、李小胜,2020;沈小燕等,2021;伍红等,2021;房飞、王大树,2021;李拯非、张宏,2021)和企业高质量发展(李懋劼,2019;杨林、沈春蕾,2021)的影响,认为减税降费政策降低了企业负担,有利于促进企业创新和企业高质量发展,但同时也存在企业获得感不强的问题。从宏观经济发展角度来看,减税降费是否有利于经济发展在学界还存在争论。一部分学者认为,减税降费政策有利于降低企业税负(肖志超等,2021),对冲经济社会风险(邢丽等,2020),促进长期经济发展(刘乐淋、杨毅柏,2021)。但也有学者对此表示质疑,认为减税降费的宏观经济效应较为有限(中国季度宏观经济模型课题组,2019;林致远等,2020),二者并无显著的因果联系(Prillaman et al., 2014)。从地方财政角度来看,学者们集中讨论了营改增对地方税收收入的影响,认为营改增导致了地方税收收入减少、财政支出压力增大、财政分配权缩小等问题（胡怡建、李天祥，2011；胡春，2013；田志伟、胡怡建，2014；周彬、杜两省，2016；范子英、彭飞，2017）。此外，近年来也有少数学者注意到了减税降费政策可能对我国地方财政压力（刘明慧等，2021；段龙龙、叶子荣，2021；李明、龙小燕，2020）、地方财政风险（郭庆旺，2019；尹李峰等，2021）及财政可持续性（刘安长，2019；刘富华、吴近平，2020）造成的负向影响，但大多属规范研究范畴，实证研究相对较少。

此外，学界对减税降费面临的问题和对策进行了深入讨论，其代表性观点可概括为以下四点：一是减税降费存在财政收支矛盾和央地财税关系失衡问题，应重构央地财政分配关系，为减税降费政策落实创造条件（何代欣，2013）；二是减税降费政策执行存在违规行为，严重影响减税效果，应加强财政监督管理，确保减税降费落到实处（邱峰、梁嘉明，2017；段龙龙、叶子荣，2021）；三是中国的税费情况复杂，结构性减税缺乏整体布局，有必要系统设计税收政策，对涉及的税费项目或种类进行排队，从而明确实施的先后次序（高培勇，2016；刘方，2019）；四是减税降费制度性交易成本过高，应着力降低制度性交易成本，深化放管服改革，提高政府公共服务能力和水平（冯俏彬，2017）。

综上，现有文献在减税降费的理论基础、政策效应、存在的问题和对策等方面取得了较多的成果，但缺乏对减税降费的财政效应的实证研究。本研究对减税降费政策的财政效应的定性和定量分析将拓展相关研究内容，对减税降费政策落实和地方财政可持续发展具有重要的意义。

第三节　政策背景：减税降费相关政策梳理

自1998年我国开始实行积极财政政策以来，减税降费一直都是积极财政政策的重要手段之一，但不同时期表现形式与政策强度有所不同。通过梳理历年政府工作报告、中央经济工作会议以及《中国财政年鉴》可以发现，1998年以来的减税降费大概可以分为三个阶段：第一阶段是1998—2007年，该阶段未形成系统的减税降费导向，措施较为零散单一；第二阶段是2008—2015年，该阶段以"结构性减税"为主要特征；第三阶段是2016年至今，该阶段减税与降费协同发力，并逐步过渡到"全面减税降费"，减税降费的规模和质量都有较大幅度的提高。

一、减税降费探索阶段（1998—2007年）

1998年7月，受亚洲金融危机的影响，我国政府开始实施积极的财政政策。在税收方面，为支持出口、吸引外资和减轻企业负担，中央政府调整了税收政策，包括提高出口退税率，降低关税税率，减半征收固定资产投资方向调节税，抵免部分投资的企业所得税，减免涉及房地产的营业税、契税、土地增值税等；在降费方面，为减轻企业和社会负担，加大了治理乱收费的力度，清理了涉及企业的政府性基金和收费。自此，积极的财政政策成为我国政府财政政策的主旋律。1999—2002年，为进一步发挥财政的宏观调控作用，中央政府在1998年积极财政政策的基础上继续增加调控力度，成功地抵御了亚洲金融危机的冲击和影响，宏观经济运行得到根本性的改善。

2003年，党的十六届三中全会通过了《中共中央关于完善社会主义市场经济体制改革若干问题的决定》，提出要以"减税制、宽税基、低税率、严征管"为原则，将增值税由生产型改为消费型，分步实施税制改革，开启了增值税转型的部署。2004年9月14日，试点工作在东北三省和大连市正式开始，并于2007年和2008年先后拓展试点范围，但此次改革并未完全转型至消费型增值税。在增值税转型改革的同时，2005年12月，第十届全国人大常委会第十九次会议通过决定，自2006年1月1日起废止《中华人民共和国农业税条例》，标志着农业税的全面取消。此外，我国先后于2005年和2007年上调了个人所得税免征额，减轻了个人税收负担。

综上，该阶段的重点是实施积极的财政政策、加大治理乱收费力度、部署增值税转型、取消农业税、上调个人所得税免征额等，相关减税降费政策呈现碎片化特征，并未形成系统的减税降费导向。

二、结构性减税降费阶段（2008—2015年）

2008年12月8日，为积极应对国际金融危机的严重冲击，中央经济工作会议首次提出"结构性减税"这一概念，指出"结构性减税是既区别于全面的、大规模减税，又不同于以往的有增有减的税负调整。结构性减税更强调有选择的减税，是为了达到特定目标而针对特定群体、特定税种来削减税负水平"。自此，结构性减税降费成为我国积极财政政策的重要内容。为实现扩大投资、促进消费、促进出口和调整结构的结构性减税目标，2008—

2015年，中央出台了一系列减税政策。其中，营业税改增值税是结构性减税的重要内容之一。2008年12月19日，财政部和国家税务总局发布了《关于全国实施增值税转型改革若干问题的通知》（财税〔2008〕170号）。根据该文件，自2009年1月1日起，生产型增值税向消费型增值税转型改革在全国范围内推行。2010年10月18日，党的十七届五中全会通过了《中共中央关于制定国民经济和社会发展第十二个五年规划的建议》，提出要"扩大增值税征收范围，相应调减营业税等税收"。2011年11月，财政部和国家税务总局联合发布《营业税改征增值税试点方案》（财税〔2011〕110号），标志着营业税改增值税试点正式开启。根据该文件，自2012年1月1日起，上海首先在交通运输业、部分现代服务业等生产性服务业开展试点。2012年7月31日，财政部和国家税务总局联合发布《关于在北京等8省市开展交通运输业和部分现代服务业营业税改征增值税试点的通知》，规定自2012年8月1日起，将营业税改征增值税试点范围扩大至北京、天津、江苏、安徽、浙江、福建、湖北、广东8个省（直辖市）。2013年，在9个试点部分行业营改增成功运行一年后，财政部和国家税务总局联合印发《关于在全国开展交通运输业和部分现代服务业营业税改征增值税试点税收政策的通知》，明确自2013年8月1日起，在全国范围内开展交通运输业和部分现代服务业营业税改征增值税试点，同时，试点行业范围扩大到广播影视作品的制作、播映、发行等。之后，经国务院批准，营改增试点行业范围于2014年扩大至铁路运输业、邮政业和电信业。

除增值税改革外，中央政府结构性减税还涉及所得税、资源税等其他税种改革及取消行政事业性收费等。在企业所得税方面，财政部和国家税务总局先后出台了《关于企业所得税若干优惠政策的通知》（财税〔2008〕1号）、《关于执行企业所得税优惠政策若干问题的通知》（财税〔2009〕69号）、《关于小型微利企业有关企业所得税政策的通知》（财税〔2009〕133号）、《关于小型微利企业所得税优惠政策有关问题的通知》（财税〔2011〕117号）、《关于小型微利企业所得税优惠政策有关问题的通知》（财税〔2014〕34号）、《关于进一步扩大小型微利企业所得税优惠政策范围的通知》（财税〔2015〕99号），不断提高小微企业年应纳税所得额，对符合条件的企业减半征收企业所得税，减轻了企业负担；在个人所得税方面，2011年6月30日，第十一届全国人民代表大会常务委员会第二十一次会议通过了《关于修改〈中华人民共和国个人所得税法〉的决定》（第六次修正），之后国务院发布《中华人民共和国个人所得税法实施条例》（国务院令第600号），规定自2011年9月1日起，个人所得税费用扣除标准调至3500

元；在资源税等税种改革方面，国务院、财政部、国家税务总局针对资源税、印花税、车船税、车辆购置税、环境保护税等不同税种进行了结构性的降税，对扩大消费需求、促进产业结构优化升级、推进节能减排和环境保护、促进小型微型企业发展、保障和改善民生等方面发挥了积极而重要的作用。此外，财政部、国家发展和改革委员会等发布了一系列降费文件，包括《关于公布取消和停止征收100项行政事业性收费项目的通知》（财综〔2008〕78号）、《关于免征小型微型企业部分行政事业性收费的通知》（财综〔2011〕104号）、《关于公布取消253项涉及企业行政事业性收费的通知》（财综〔2011〕117号）、《关于公布取消和免征部分行政事业性收费的通知》（财综〔2012〕97号）、《关于公布取消314项行政事业性收费的通知》（财综〔2013〕98号）、《关于取消、停征和免征一批行政事业性收费的通知》（财综〔2014〕101号）、《关于取消和暂停征收一批行政事业性收费有关问题的通知》（财税〔2015〕102号）等，切实减轻了企业和居民的负担，促进了实体经济的平稳发展。

综上，结构性减税降费阶段以营业税改增值税试点为主，以所得税、资源税等其他税种改革及取消行政事业性收费为辅，不断加大减税降费力度，为社会经济的发展注入了活力。

三、全面减税降费阶段（2016年至今）

2016年后，我国开始逐步进入"全面减税降费"阶段。2016年《政府工作报告》明确提出：要"进一步加大减税降费力度，全面实施营改增，扩大行政事业性收费的免征范围，减轻企业负担"。2016年3月23日，财政部和国家税务总局联合印发《关于全面推开营业税改征增值税试点的通知》，规定自2016年5月1日起，在全国范围的所有行业全面实施营业税改征增值税试点。自此，营业税正式退出历史舞台。在完成营改增后，中央政府进一步深化了增值税改革。首先，为保证增值税改革平稳过渡，国务院于2016年4月29日颁布了《国务院关于印发全面推开营改增试点后调整中央与地方增值税收入划分过渡方案的通知》（国发〔2016〕26号），规定中央和地方分别按50%：50%分享增值税，中央上划收入通过税收返还方式给地方，确保地方既有财力不变。其次，财政部和国家税务总局先后于2017年和2018年发布了《关于简并增值税税率有关政策的通知》（财税〔2017〕37号）和《关于调整增值税税率的通知》（财税〔2018〕32号），对增值税税率结构进行了简并和调整。根据文件通知，自2018年5月1日起，一般纳税人销售商品或提供应税劳务，税率由原来的17%和11%分别降低为16%和10%，其他6%的税率保持不变。再次，对小规模纳税人实施了增值税优惠政策，财政部和国家税务总局于2018年发布《关于统一增值税小规模纳税人标准的通知》（财税〔2018〕33号），规定增值税小规模纳税人标准为年应征增值税销售额500万元及以下。2021年，为应对新冠肺炎疫情冲击和经济下行压力，进一步支持小微企业发展，财政部和国家税务总局颁布了《关于明确增值税小规模纳税人免征增值税政策的公告》（财政部税务总局公告2021年第11号），规定自2021年4月1日至2022年12月31日，对月销售额15万元以下（含15万元）的增值税小规模纳税人，免征增值税。

除增值税改革外，中央对企业和个人所得税实施了大规模普遍性减税政策。企业所得税方面，相关政策继续倾向小微企业发展，2017年6月6日，财政部和国家税务总局颁布《关于扩大小型微利企业所得税优惠政策范围的通知》。根据该文件，自2017年1月1日至2019年12月31日，小型微利企业的年应纳税所得额上限由30万元提高至50万元，年应纳税所得额低于50万元（含50万元）的小型微利企业，其所得减按50%计入应纳税所得额，按20%的税率缴纳企业所得税。2018年7月11日，《关于实施小微企业普惠性税收减免政策的通知》（财税〔2019〕13号）发布，小型微利企业的年应纳税所得额上限由50万元提高至100万元，减税降费力度不断加大。个人所得税方面，2018年8月31日，第十三届全国人民代表大会常务委员会第五次会议通过了《关于修改〈中华人民共和国个人所得税法〉的决定》（第七次修正），规定个人所得税费用扣除标准由每月3500元提高至每月5000元，进一步减轻了个人负担。

2016年后，中央也对印花税、资源税、车船税等进行了小规模调整，先后颁布了《关于全面推进资源税改革的通知》（财税〔2016〕53号）、《关于对营业账簿减免印花税的通知》（财税〔2018〕50号）、《中华人民共和国印花税法》、《关于节能新能源车船享受车船税优惠政策的通知》（财税〔2018〕74号）、《关于新能源汽车免征车辆购置税有关政策的公告》（财政部公告2020年第21号）等重要文件，实施了减免营业账簿印花税、减征部分资源的资源税、对新能源汽车给予车船税优惠等政策。同时，中央加大了清理规范行政事业性收费的整治力度，颁布了《关于扩大18项行政事业性收费免征范围的通知》（财税〔2016〕42号）、《关于清理规范一批行政事业性收费有关政策的通知》（财税〔2017〕20号）、《关于停征免征和调整部分行政事业性收费有关政策的通知》（财税〔2018〕37号）、《关于减免部分行政事业性收费有关政策的通知》（财税〔2019〕45号）等重要文件

（表4-1），对多项政府性基金和行政事业性收费进行了规范和清理，减轻了社会缴费负担。

综上，2016年后，中央政府明显加大了减税降费的力度，从结构性减税降费逐步过渡到了普惠性减税和结构性减税相结合的"全面减税降费"阶段，减税降费规模和质量都得到了大幅度的提高，激发了微观主体活力和市场经济的发展。

表4-1 "减税降费"重要政策文件

发布时间	文件名称	发布部门
1998-07-25	中共中央国务院关于转发国家发展计划委员会《关于今年上半年经济运行情况和下半年工作建议》的通知（中发〔1998〕12号）	国务院、国家发展计划委员会
1999-09-30	对储蓄存款利息所得征收个人所得税的实施办法（国务院令第272号）	国务院
1999-07-22	关于国债转贷利息收入免征营业税的通知（财税字〔1999〕220号）	财政部、国家税务总局
2001-07-20	关于农业生产资料免征增值税政策的通知（财税〔2001〕113号）	财政部、国家税务总局
2002-09-04	关于调整部分进口税收优惠政策的通知（财税〔2002〕146号）	财政部、国家发展计划委员会、国家经济贸易委员会、对外贸易经济合作部、海关总署、国家税务总局
2003-10-14	中共中央关于完善社会主义市场经济体制改革若干问题的决定	中国共产党第十六届中央委员会第三次全体会议
2004-09-14	关于印发《东北地区扩大增值税抵扣范围若干问题的规定》的通知（财税〔2004〕156号）	财政部、国家税务总局
2006-01-01	中华人民共和国农业税条例	第十届全国人大常委会第十九次会议
2007-05-11	关于印发《中部地区扩大增值税抵扣范围暂行办法》的通知（财税〔2007〕75号）	财政部、国家税务总局

续表 4-1

发布时间	文件名称	发布部门
2008-07-02	关于印发《内蒙古东部地区扩大增值税抵扣范围暂行办法》的通知（财税〔2008〕94号）	财政部、国家税务总局
2008-12-19	关于全国实施增值税转型改革若干问题的通知（财税〔2008〕170号）	财政部、国家税务总局
2010-10-18	中共中央关于制定国民经济和社会发展第十二个五年规划的建议	中共中央十七届五中全会
2011-11-16	营业税改征增值税试点方案（财税〔2011〕110号）	财政部、国家税务总局
2012-07-31	关于在北京等8省市开展交通运输业和部分现代服务业营业税改征增值税试点的通知	财政部、国家税务总局
2013-05-24	关于在全国开展交通运输业和部分现代服务业营业税改征增值税试点税收政策的通知（财税〔2013〕37号）	财政部、国家税务总局
2008-02-22	关于企业所得税若干优惠政策的通知（财税〔2008〕1号）	财政部、国家税务总局
2009-4-24	关于执行企业所得税优惠政策若干问题的通知（财税〔2009〕69号）	财政部、国家税务总局
2009-12-02	关于小型微利企业有关企业所得税政策的通知（财税〔2009〕133号）	财政部、国家税务总局
2011-11-29	关于小型微利企业所得税优惠政策有关问题的通知（财税〔2011〕117号）	财政部、国家税务总局
2014-04-08	关于小型微利企业所得税优惠政策有关问题的通知（财税〔2014〕34号）	财政部、国家税务总局
2015-09-02	关于进一步扩大小型微利企业所得税优惠政策范围的通知（财税〔2015〕99号）	财政部、国家税务总局
2011-06-30	关于修改《中华人民共和国个人所得税法》的决定（第六次修正）	第十一届全国人民代表大会常务委员会第二十一次会议

续表 4-1

发布时间	文件名称	发布部门
2011-07-19	中华人民共和国个人所得税法实施条例（国务院令第600号）	国务院
2008-11-13	关于公布取消和停止征收100项行政事业性收费项目的通知（财综〔2008〕78号）	财政部、国家发展和改革委员会
2011-11-14	关于免征小型微型企业部分行政事业性收费的通知（财综〔2011〕104号）	财政部、国家发展和改革委员会
2011-12-30	关于公布取消253项涉及企业行政事业性收费的通知（财综〔2011〕117号）	财政部、国家发展和改革委员会
2012-12-24	关于公布取消和免征部分行政事业性收费的通知（财综〔2012〕97号）	财政部、国家发展和改革委员会
2013-10-24	关于公布取消314项行政事业性收费的通知（财综〔2013〕98号）	财政部、国家发展和改革委员会
2014-12-23	关于取消、停征和免征一批行政事业性收费的通知（财税〔2014〕101号）	财政部、国家发展和改革委员会
2015-10-10	关于取消和暂停征收一批行政事业性收费有关问题的通知（财税〔2015〕102号）	财政部、国家发展和改革委员会
2016-03-05	2016年《政府工作报告》	国务院
2016-03-23	关于全面推开营业税改征增值税试点的通知	财政部、国家税务总局
2016-04-20	关于扩大18项行政事业性收费免征范围的通知（财税〔2016〕42号）	财政部、国家发展和改革委员会
2016-05-09	关于全面推进资源税改革的通知（财税〔2016〕53号）	财政部、国家税务总局
2016-04-29	国务院关于印发全面推开营改增试点后调整中央与地方增值税收入划分过渡方案的通知（国发〔2016〕26号）	国务院
2017-03-15	关于清理规范一批行政事业性收费有关政策的通知（财税〔2017〕20号）	财政部、国家发展和改革委员会

续表 4-1

发布时间	文件名称	发布部门
2017-04-28	关于简并增值税税率有关政策的通知（财税〔2017〕37号）	财政部、国家税务总局
2017-06-06	关于扩大小型微利企业所得税优惠政策范围的通知	财政部、国家税务总局
2018-04-04	关于调整增值税税率的通知（财税〔2018〕32号）	财政部、国家税务总局
2018-04-04	关于统一增值税小规模纳税人标准的通知（财税〔2018〕33号）	财政部、国家税务总局
2018-04-12	关于停征免征和调整部分行政事业性收费有关政策的通知（财税〔2018〕37号）	财政部、国家发展和改革委员会
2018-05-03	关于对营业账簿减免印花税的通知（财税〔2018〕50号）	财政部、国家税务总局
2018-07-10	关于节能新能源车船享受车船税优惠政策的通知（财税〔2018〕74号）	财政部、国家税务总局、工业和信息化部、交通运输部
2018-08-31	关于修改《中华人民共和国个人所得税法》的决定（第七次修正）	第十三届全国人民代表大会常务委员会第五次会议
2019-01-17	关于实施小微企业普惠性税收减免政策的通知（财税〔2019〕13号）	财政部、国家税务总局
2019-07-02	关于减免部分行政事业性收费有关政策的通知（财税〔2019〕45号）	财政部、国家发展和改革委员会
2020-04-16	关于新能源汽车免征车辆购置税有关政策的公告（财政部公告2020年第21号）	财政部、国家税务总局、工业和信息化部
2021-03-31	关于明确增值税小规模纳税人免征增值税政策的公告（财政部 税务总局公告2021年第11号）	财政部、国家税务总局
2021-06-10	中华人民共和国印花税法	全国人民代表大会常务委员会

第四节 定量分析：减税降费政策对广东省地方财政的影响

减税降费政策是减轻企业税费负担、激发市场主体活力、应对经济下行压力的重要举措。然而，在为企业效益做"加法"和为市场经济做"乘法"的同时，政府财政却在做"减法"。随着减税降费力度的不断加大，地方财政收支矛盾持续凸显。那么，减税降费对地方财政的影响到底有多大呢？本研究以我国财政经济第一大省广东省为例，分析减税降费政策的财政效应，对推动广东省甚至全国地方财政经济的稳定协调发展具有重要意义。

一、对财政赤字规模的影响

为探索减税降费政策对地方财政造成的压力和负担，本研究首先分析了1998—2020年广东省一般公共预算收支差额占GDP比重（简称"财政赤字率"）的变化。如图4-3所示，自1998年至2020年，广东省财政赤字率总体呈波动上升的趋势。分阶段来看，在2007年之前的减税降费政策探索阶段，广东省财政赤字率经历了先降后升再降的发展趋势，这与该阶段碎片化的减税降费导向有关。自2008年金融危机到2015年的结构性减税降费阶

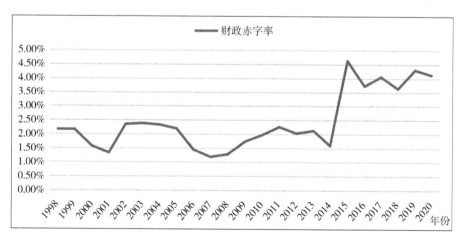

图4-3 1998—2020年广东省财政赤字率

数据来源：广东省统计局官网。

段，广东省的财政赤字率总体呈上升趋势。其中，2008—2011年，受经济危机下积极财政政策的影响，广东省财政赤字率由1.28%增长至2.26%。2012—2013年，由于营业税改征增值税试点扩大至广东省，该年的财政赤字率出现小幅上升（从2012年的2.03%上升至2013年的2.13%），到2014年，这一影响效应开始减弱。但受到营改增试点行业范围扩大至铁路运输业、邮政业和电信业的影响和广东省财政改革力度的加大，2014—2015年，财政赤字率急剧上升，到2015年达到4.63%的历史最高值。2016年全面减税降费后，广东省财政赤字率呈现出与减税降费政策密切联系的波动上升的趋势。具体而言，受2016年全面营改增政策的影响，2016—2017年的财政赤字率由3.72%上升至4.06%，之后一年又恢复至2016年的水平，但随着2018年增值税税率、个人所得税、企业所得税的调整，2019年广东省财政赤字率又上升至4.30%，之后到2020年又有所下降，这体现出减税降费政策在短期内会对广东省财政赤字规模产生影响，但这种负面影响的效应长期呈边际递减趋势。

二、对财政收入规模的影响

鉴于减税降费政策主要影响的是一般公共预算收入，因此，本研究选取一般公共预算收入、税收收入、增值税和营业税总收入占GDP的比重（分别简称一般公共预算收入比率、税收收入比率和增值税收入比率）三个指标，分析减税降费对财政收入规模的影响。

首先是一般公共预算收入比率。从图4-4可以看出，广东省一般公共预算收入比率具有明显的阶段性特征。1998—2007年，一般公共预算收入比率呈现先增后降再增的发展趋势，碎片化的减税降费措施对广东省财政收入产生了短期的阶段性影响。2008—2015年的结构性减税降费阶段，广东省一般公共预算收入比率并未受到政策的显著影响，从2008年的9.02%连年增长至2016年的12.65%。2016年大规模的减税降费实施后，一般公共预算收入比率明显下降，各年一般公共预算收入比率分别为12.35%（2017年）、12.11%（2018年）和11.72%（2019年）。全面减税降费阶段的这种变化趋势，一方面体现出广东省减税降费政策得到了有效的落实，另一方面也体现出减税降费政策对地方财政收入的减收效应。

其次是税收收入比率。与一般公共预算收入比率变化趋势类似，广东省税收收入占比也呈现出显著的阶段性特征，在减税降费的探索阶段，税收收入比率总体呈波动下降的趋势，体现了阶段性减税政策对地方财政的影响。

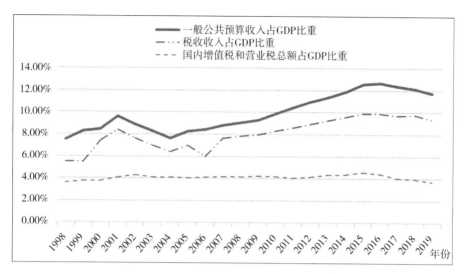

图4-4　1998—2019年广东省财政各类收入占GDP比重
数据来源：广东省统计局官网。

在结构性减税降费阶段，广东省税收收入比率从2008年的7.61%连年增长至2015年的9.87%，表明结构性减税降费阶段的减税政策并未对广东省税收收入产生较大影响。相反，2016年全面减税降费政策实施后，广东省税收收入比率开始呈下降趋势，从2016年的9.86%下降至2019年的9.32%，减税降费对财政税收收入的减收效应开始显现。

最后，鉴于增值税是财政税收的第一大税种，而深化增值税改革又是减税降费的核心内容，因此进一步考察增值税收入比率的变化情况。2012年广东省纳入营改增试点前，增值税比率基本稳定在4%左右，2012—2015年，这一比率出现了小幅上升，这表明，结构性减税降费阶段的营改增政策并未对广东省增值税规模产生较大的减收效应。2016年后，这一比率开始呈现显著的下降趋势，从2016年的4.40%连年下降至2019年的3.68%，说明全面减税降费后，广东省减税降费政策对增值税收入的减收效应非常明显。

综上，从广东省的情况来看，减税降费政策的阶段性特征十分明显，尤其是2016年后，广东省一般公共预算收入比率、税收收入比率和增值税收入比率均呈现显著的下降趋势，全面减税降费对广东省财政收入规模产生了较大的负面影响，减收效应十分明显。

三、对财政收入结构的影响

减税降费不仅会增加财政赤字规模,减少地方财政收入,还有可能对财政收入结构产生一定程度的影响。

首先,根据收入形式的不同,财政收入可分为税收收入和非税收入两类。在减税降费的过程中,税收收入占一般公共预算收入的比重总体呈下降趋势。具体而言,1998 年,受国家积极财政政策的影响,广东省税收收入占一般公共预算收入的比重从 1998 年的 73.28% 降低至 1999 年的 66.19%,然而这一减收效应在一年后开始反弹,到 2001 年,税收收入占比达 87.71%。之后,税收收入占比呈缓慢下降的趋势,到 2016 年,税收收入占比为 77.94%。2016—2019 年全面减税降费阶段,税收收入占一般公共预算收入比重变化并不显著,基本维持在 80% 左右。相反,自 1998 年以来,非税收入占一般公共预算收入的比重总体呈现上升趋势。尤其是 2008 年实施结构性减税降费政策后,非税收入占比显著提高,虽然 2016 年随着降费力度的加大,非税收入有所下降,但总体而言,非税收入占一般公共预算收入的比重在近年来并未发生显著变化。见图 4-5。

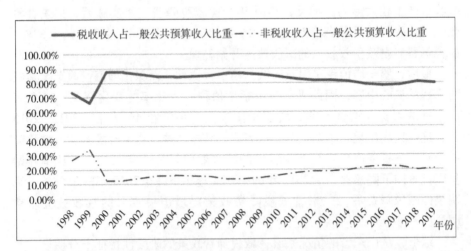

图 4-5 1998—2019 年广东省不同收入比重

数据来源:广东省统计局官网。

其次,从税收收入结构来看,我国现有税种中,国内增值税、企业所得税、个人所得税三大税种筹措的税收收入占全国税收收入的比重较大。故本研究对此三类主要税种的结构变化进行分析。就增值税收入占税收收入比重而言，1998—2008 年，受碎片化增值税改革的影响，广东省增值税收入占税收收入比重呈现波动下降的趋势。2008 年后，随着结构性减税降费政策和全面减税降费政策的实施，广东省增值税收入占税收收入的比重开始呈现显著的下降趋势，到 2019 年，增值税占比 39.52%，达到目前的历史最低值，较 2008 年的 52.65% 和 2016 年的 44.65% 分别降低了 13.13% 和 5.13%。企业所得税方面，总体而言，广东省企业所得税收入占税收收入的比重呈缓慢小幅上升的趋势，从 2008 年的 18.71% 上升至 2019 年的 19.88%。个人所得税方面，受 2005 年、2007 年和 2011 年个人所得税政策调整的影响，广东省个人所得税收入占税收收入比重自 2005 年的 8.67% 下降至 2013 年的 6.03%，但随着时间的推移，政策的减收效应开始减弱。自 2013 年开始，个人所得税占比开始持续增加，到 2018 年，这一比重上升至 8.91%，但随着 2018 年中央政府再次调整个人所得税，个人所得税占比再次下降，到 2019 年，这一数值为 6.52%。可以预见，随着减税降费力度的不断加大，以增值税为主的间接税收入比重会继续降低，而企业所得税等直接税收入比重将不断上升。这一变化与我国一直以来提倡的"提高直接税、降低间接税的比重"的税制改革方向是一致的。见图 4-6。

图 4-6　1998—2019 年广东省主要税种收入比重

数据来源：广东省统计局官网。

最后，在非税收入中，降费主要涉及的是行政事业性收费，因此本研究考察了行政事业性收费占非税收入的比重，以分析减税降费中"降费"的情况。从图4-7中可以看出，自1998年至2019年，广东省行政事业性收费占非税收入的比重呈现出M形的发展趋势，但自2012年起，随着减税降费力度的不断加大，行政事业性收费占比呈急剧下降趋势，到2018年，这一数值为9.75%，较2012年的33.90%下降至原来的28.57%。然而，到2019年，这一减收效应开始发生变化，这可能与2019年地方财政压力过大有关。见图4-7。

图4-7　1998—2019年广东省行政事业性收费占非税收入比重
数据来源：广东省统计局官网。

第五节　案例分析：广东省H市A区税务局减税降费政策落实现状

为进一步从微观角度分析减税降费政策的影响，本研究以广东省H市A区税务局为例，以期通过田野观察还原减税降费政策落实现状的原貌，分析减税降费工作对基层政府财政及行政的影响，从而为更好地落实减税降费政策提供可行的政策建议。

一、更大规模的减税降费政策背景

随着减税降费政策减轻企业负担、激发微观主体活力、推动产业转型升级和促进经济发展等红利的持续释放,党中央和国务院开始部署实施更大规模的减税降费政策。2018年12月,中央经济工作会议提出要实施更大规模的减税降费政策。2019年1月13日,财政部和国家税务总局发布了《关于实施小微企业普惠性税收减免政策的通知》,规定自2019年1月1日起实施对小微企业的普惠性税收减免政策。2019年3月5日,李克强总理在十三届全国人大二次会议开幕会上的《政府工作报告》中提出,要实施更大规模的减税降费政策,普惠性减税与结构性减税并举,重点降低制造业和小微企业税收负担。深化增值税改革,将制造业等行业现行16%的税率降至13%,将交通运输业、建筑业等行业现行10%的税率降至9%,确保主要行业税负明显降低;保持6%一档的税率不变,但通过采取对生产、生活性服务业增加税收抵扣等配套措施,确保所有行业税负只减不增,继续向推进税率三档并两档、税制简化方向迈进。抓好年初出台的小微企业普惠性减税政策落实。明显降低企业社保缴费负担,下调城镇职工基本养老保险单位缴费比例,各地可降至16%。2019年3月20日,财政部、国家税务总局和海关总署联合发布《关于深化增值税改革有关政策的公告》,自2019年4月1日开始实施大规模增值税改革。随后,国家税务总局相继发布多个配套公告和工作通知,切实落实减税降费政策的命令层层下达,最终由基层政府工作部门组织落实。

笔者于2019年1月进入广东省H市A区税务局实习,到2020年1月结束实习,参加了2019—2020年减税降费期间召开的各类会议和日常工作,进行了历时一年的跟踪调研,对该税务局从始至终的跟踪为我提供了很好的观察机会,我得以经历2019年开始的更大规模的减税降费政策实施的整体过程,观察其中的重要事件,访谈利益相关的各类行动者,从而有利于探索基层政府落实减税降费政策的现状及问题。

二、减税降费工作的科层结构和行动者

从组织结构看,A区税务局共有内设机构12个,分别为办公室、法制股、税政一股、税政二股、社会保险和非税收入股、收入核算股、纳税服务股、征收管理股、风险管理股、财务管理股、组织人事股、机关党委(党建

工作股)、党委纪检组;事业单位2个,分别为信息中心、规费服务中心;派出机构7个,分别为B、C、D、E、F、G、H税务分局。

2019年1月,A区税务局收入核算股收到市税务局收入核算科通知,通知表明"为了不折不扣落实好党中央、国务院关于实施更大规模减税降费的重大决策部署,各县区局须比照上级成立减税降费工作领导小组"。这时候,收入核算股L股长只感觉到这是一项重要的工作任务,但是并不清楚具体接下来会有什么工作。L股长将有关工作要求向区税务局领导报告后,区税务局党委也高度重视,于2019年1月23日召开党委会议,专题研究成立落实减税降费工作领导小组,由区税务局党委书记、局长任组长,其他班子成员任副组长。见图4-8。领导小组下设办公室(以下简称"减税办"),作为领导小组常设办事机构,负责组织落实领导小组减税降费工作各项部署要求,研究拟定减税降费工作管理制度、工作规则、运行机制;统筹协调减税降费各工作组及各项日常工作;指导推进全区税务系统减税降费工作。减税办设在收入核算股(减税办日常专项工作组人员包括收入核算股、办公室、法制股各一名具体经办人),由区税务局分管收入核算股的领导任主任,区税务局收入核算股负责人任副主任,下设政策落实组、征管核算组、督察督办组、服务宣传组、纪检问责组5个工作组,负责组织落实具体工作任务。

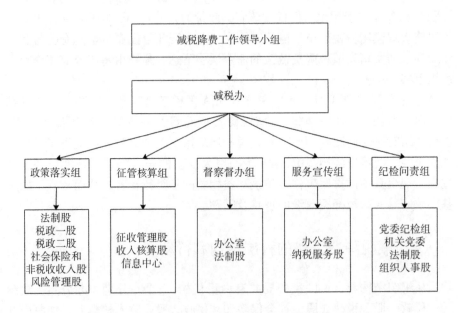

图4-8 广东省H市A区税务局减税降费领导小组架构

三、减税降费工作的运作过程

领导小组成立后,更大规模的减税降费工作开始在 A 区税务局推进,但落实的过程遇到重重困难。总体而言,2019—2020 年,A 区税务局减税降费落实工作经历了工作机制探索、财政全面评估、监督政策落实和优化政府服务 4 个重要阶段。

(一)减税降费有效落实机制探索

减税降费领导小组成立后,减税办下设 5 个工作组,但这些工作组的人员实际分散在 13 个部门。此外,减税办虽然设在收入核算股,但是人员组成还包括办公室、法制股等其他部门的工作人员,这就容易造成组织工作协调的困难,导致了部分工作人员实际只是挂虚名的状况。2019 年 1 月 25 日,广东省财政厅和省税务局下发了《关于我省实施小微企业普惠性税收减免政策的通知》(粤财法〔2019〕6 号),明确了对小规模纳税人减征"六税两费"的要求。之后,各级政府的相关具体政策要求开始下发,其核心内容是要求减税办必须每日上报工作简报、每周上报工作清单及工作任务完成情况,这也标志着减税办及各工作组减税降费工作需要正式启动。

为了解决组织工作协调问题,进一步理顺关系,确保减税降费工作有效落实,当时 A 区税务局亟须解决两方面的问题:一是建立减税办及各工作组的沟通运行机制,确保落实减税降费各项工作沟通顺畅、协调及时、步调一致、跟踪到位。二是梳理明确每个工作组的工作任务、工作目标、完成时限,以便各工作组在减税办的统一指挥下有效运作。为此,2019 年 2 月 19 日,收入核算股 L 股长组织本部门工作人员制订区税务局落实减税降费工作方案,并将该工作方案文件上报区税务局领导确认。该工作方案明确了减税办及各工作组的工作制度及机制,包括工作联络制度、周例会制度、问题快速处理机制、档案管理制度等。首先是工作联络制度。减税办内收入核算股工作人员作为总联络员,对接上级减税办和区税务局各工作组;各工作组分别确定联络员,对口加强线条上下级和外部的沟通联系;建立联络员微信群,便于工作部署、沟通交流。其次是每周例会制度。减税办和各工作组负责人及联络员每周一上午召开例会,总结上一周工作开展情况,安排下一周主要工作任务,研究解决工作中遇到的问题。再次是问题快速处理机制。减税办内法制股工作人员负责及时收集各单位遇到的无法处理的问题,对口迅速进行研究,有明确指导意见或解决方案的,及时反馈;对于暂时不能形成明确指导意见的，及时向市税务局对口工作组或者有关部门反映，争取尽快解决问题。最后是档案管理制度。减税办内办公室工作人员开展"大事记"记录，认真记录落实减税降费重要会议、重大活动等情况。对工作中各类具有保存价值的文件资料、宣传资料、总结资料、会议资料、影音资料等，及时整理归档，确保完整齐全、备查备用。此外，减税办对照上级工作清单，梳理了《A区税务局减税降费工作清单》，明确了94项具体的工作任务，并进行了分解，将责任落实到各部门，确保减税降费工作对表落实、有序开展。

减税降费落实机制的确定明确了各工作组的具体工作任务，直接推动了区税务局减税降费部署会、周例会等各类会议顺利召开，各种工作方案、规程的及时印发和工作信息、动态及工作总结按时、按质向上报送。在减税办的组织协调下，A区税务局减税降费工作开始有序推进。

（二）减税降费影响的全面评估

厘清减税降费落实机制后，A区税务局面临的第二大困难是如何落实减税降费政策，争取地方政府的理解与支持。

从长远看，减轻企业税费负担将助力企业发展、激发市场活力、深度涵养税源，为经济健康可持续发展奠定更坚实的基础。但在短期内，减税降费政策不可避免地会带来财政的减收。近年来，A区税收收入在A区一般公共预算收入中的比重逐年提高，从2016年的64.7%连年升高至2018年的82.3%，对地方财政收入起着决定性的作用。2019年2月底，A区财政局向A区税务局下达2019年度区县级税收收入预期目标，要求2019年同比增长15.87%。在大规模的减税降费背景下，这一目标的实现十分困难。对A区税务局而言，其既要努力确保地方财政支出所需，又要与中央政策取向保持一致，让纳税人真正享受到减税降费的政策红利。因此，除了打通内部工作运行机制，A区税务局还亟须主动向区委、区政府汇报最新工作进展，从而争取地方政府的理解支持，适当调整全年的税收收入增长预期目标。

为此，在区税务局党委的指导下，收入核算股组织政策落实组有关部门（税政一股、税政二股、社会保险和非税收入股）共同研究，对减税降费政策的影响进行了如下测算：一是深化增值税改革方面，自2018年5月1日起，17%和11%两档增值税税率分别下调1个百分点，预计将翘尾影响2019年1—5月税收约0.8亿元。另外，根据2019年政府工作报告下调增值税税率的要求，制造业等行业现行税率由16%降至13%，交通运输业、建筑业等行业现行税率由10%降至9%等，预计将影响2019年税收约4.71亿元。二是个人所得税改革方面,个人所得税起征点从2018年10月1日起提高至5000元,加之从2019年1月1日起增加六项扣除项目,预计将影响2019年税收约3.7亿元。三是企业所得税研发费用加计扣除方面,根据最新企业所得税政策,研发费加计扣除由50%提高到75%,预计多加计扣除约4.57亿元。因企业研发费用主要集中在高新技术企业,暂按15%税率计算企业所得税,预计影响2019年企业所得税约0.69亿元。四是大规模普惠性减税降费措施方面,小微企业优惠税种扩围,新增的"六税两费"减半征收,预计影响税收约1.15亿元。以上4项政策预测将影响税收收入约11.45亿元,影响区县级税收收入约3.5亿元,相当于拉低区县级税收收入增长近8个百分点。见表4-2。

2019年3月9日,区税务局将减税降费对税收收入的影响形成专题报告上呈区领导,区领导高度重视,组织区财政局、区税务局共同研究,做好全年一般公共预算收入计划。最终研究决定,A区税务局收入核算股每季度开展减税降费效应分析报告,上报区财政局、区领导,以便区领导及时掌握减税降费效果。

(三)减税降费政策的监督落实

随着中央对减税降费工作的进一步重视和指导,上级领导部门下发了重要通知,明确将对减税降费政策落实情况进行督导,督导工作将对照任务清单逐一检查,确保2019年4月30日前减税降费政策享受面达到100%。

A区税务局作为最基层的税务机关,减税降费落实的重点在宣传、培训、辅导、服务保障等工作,以确保纳税人、缴费人切实享受税收优惠。在2019年前3个月多项减税降费政策实施的基础上,减税办各工作小组的工作也按照清单有序推进。相关业务部门通过系统的大数据分析,锁定了可享受优惠政策的纳税人、缴费人,精准推送了税费优惠政策。此外,减税办通过行业协会、重点税源企业、特色行业专场培训等方式对纳税人进行了以点带面的辅导。进一步地,A区税务局在各办税服务厅配备了专职导税队伍,设置了"减税降费政策辅导区"和小微企业普惠性减税政策咨询岗,以便为纳税人、缴费人解答减税降费相关政策。

然而,由于2019年1—3月税收优惠政策出台频率快,涉及税费种类多,导致了政策实施日期更新滞后、征管系统更新不及时等问题,导致了诸如应享受税费优惠政策的纳税人没有享受到优惠或不应享受税费优惠政策的纳税人错误享受的情况,造成了政策落实不到位问题。这就使得A区税务局需要对2019年1月以来的申报征收数据进行排查,查找"应享未享"和

表 4-2　广东省 A 区 2019 年减税降费政策影响测算

单位：万元

	1. 国内增值税新增减税		2. 企业所得税新增减税	3. 个人所得税新增减税	4. 地方"六税两费"新增减税
	增值税	附征城建税			
2018年增值税改革对2019年翘尾影响	8000	240			
"财税13号文"提高小规模纳税人的增值税起征点	3500				
按照4月1日起实行下调增值税税率,影响2019年收入	47100				
财税〔2018〕99号文研发费用加计扣除政策			6900		
"财税13号文"放宽小型微利企业认定条件并加大了优惠力度			4510		
实行新的基本减除费用标准及新税率翘尾影响				25000	
增加专项附加扣除				8000	
小规模纳税人按50%的税额幅度减征6个地方税种及2个附加税					11500
其中,区县级收入合计	35032				
预计减少国内税收收入合计	114510				

262

"不应享已享"的数据（以下简称"疑点数据"），从而联系纳税人多退少补，增加了减税降费工作的复杂度。

2019年3月3日，减税降费工作领导小组召开了专题工作推进会，部署迎检工作。3月4日，减税办组织召开政策落实组工作例会，研究减税降费疑点数据清理工作。各部门就以下问题展开了激烈的讨论：面对征管系统近5万户纳税人1—2月10多万条申报缴款记录，如何筛选疑点数据？涉及税费种多、适用政策具体情况多种多样，如何核实？不同税费种管理部门初核下发的数据可能涉及同一纳税人、同一笔销售收入的申报，多头下发给基层税务分局可能导致重复工作、多头报送，能否统筹解决？这引发了基层税务分局的强烈不满。最终，在收入核算部门负责人的努力协调下，会议研究决定采取"三层筛查""党员先锋队带头"等工作方法，确保申报数据核实工作扎实推进。

针对海量申报缴款数据，第一层由税费种管理部门初步核实，从政策角度初步筛选，形成2019年首个申报期应享未享、不应享而享的政策落实疑点数据。为避免任务多头下发，减税办主动担当，各税费种线条的疑点数据先发送给减税办按纳税人进行汇总，同时编写《核查指引》，再由减税办统一下发给基层税务分局。第二层由基层税务分局逐一细核，各税务分局通过系统查询、与纳税人进行沟通等方式，对减税办下发的疑点数据进行细致核实。第三层是前台再次检查，通过更正申报、退抵税文书受理再次核对准确的应退、应补税额。针对具体政策难点、疑问，由区税务局政策落实组组织业务骨干巡回到各税务分局进行答疑，明晰政策执行口径，保证疑点数据核实质量。各税务分局于2019年3月25日前完成数据核实，并形成了应补税金清册及应退税金清册，报送到区税务局，以此作为督办组跟踪应补及应退税费清理工作完成情况的依据，形成工作闭环。同时，各部门、各分局成立党员先锋队，带头承担急难险重任务，加班加点，确保在时限内完成任务。

疑点数据核实的问题解决后，接下来要做的就是退、补税费。经过核实，发现应补税费的情况较少，各税务分局也很快完成了通知纳税人更正申报及清缴税款工作。但是，应退税费情况较多，尤其是小微企业普惠性政策应享未享的数据，数量达3000多笔，而且很多金额较小，最小的一笔仅1.03元，最大的一笔金额2.2万元。根据上级要求，必须确保减税降费政策不折不扣落实到位，不漏一户。如何将这些税款退出去成为摆在减税办面前的又一大难题。

(四) 减税降费政府服务优化

为解决退税问题，A区税务局首先召开工作会分析了退税难的原因。根据会议讨论结果，各部门认为退税工作难以推进的原因有二：一是各税费种退税流程不统一。2018年7月国税地税征管体制改革实施；2018年10月，区税务局"三定"暂行规定实施；2019年3月1日起，原国税、原地税征管系统正式并库，但是因为原国税、原地税退税费业务流程不统一，上级还没有下发文件明确统一退税流程，基层税务分局还是用老办法，即原国税管理的税种按原国税的流程退，原地税管理的税种按原地税的流程退，同时，因为不同的税费种属于不同部门管辖（流转税属于税政一股管理，所得税、财产和行为税属于税政二股管理，教育费附加等属于社会保险和非税收收入股管理），这就造成同一户纳税人因为一笔收入申报了多个税费种，需要退税的业务分成三个工作流程推送给不同的区税务局业务部门审批、交三套审批资料的状况。二是退抵税办理需要资料较多，退税金额少，纳税人办理成本高。大部分应享未享税收优惠的情况均为政策出台前到前台代开发票的纳税人，这些纳税人很多是外地企业或个人业务，办理业务时留下的联系方式不一定准确，并且很多退税金额较小，联系办理比较困难；同时办理退税纸质资料须传递给人民银行，填报质量要求高，纳税人专程跑一趟成本高，较多纳税人不愿意办理。一些纳税人甚至不相信税务机关会为了这么一点税款多次催促办理退税，将税务局的电话标记为诈骗电话。

为解决上述问题，A区税务局减税办多次向上级反映有关情况。很快，广东省税务局下发文件，对退税流程进行了统一，随后，国家税务总局也及时做出了回应，下发了财政部、人民银行联合制定的关于简化小微企业优惠退税办理流程有关文件，免除了纳税人提交的退抵税纸质资料，以税务机关传递的汇总审批表作为退抵税依据。最后，对于金额确实较少，实在不愿意办理退税费的纳税人，可以提交放弃退税声明；对于确实无法联系的纳税人可进行公告视为尽责。对于明确放弃退税或无法联系的纳税人，税务机关在保存佐证材料的前提下，可以不作为计算完成率的基数。至此，退税迅速办理的堵点终于打通。

2019年5月以后，随着减税降费政策的具体操作逐步为征纳双方所熟悉，系统运行也不断改进，各项工作开始顺畅运行。

四、减税降费实施效果及财政影响

A区统计数据显示,2019年,A区近3.1万家企业、40多万户自然人纳税人享受到了减税降费政策红利。其中,增值税税率调整及配套措施使得8787户增值税一般纳税人获得了减税,减征纳税人"六税两费"政策使得19356户小规模纳税人享受了减免税优惠,社保费降费政策使得近16000户纳税人获得减费。A区2019年减税规模超12亿元,其中,区县级收入3.3亿元,基本符合年初预期。

A区税务局在持续向地方党政领导汇报有关减税降费工作进展及成效的过程中,得到了地方政府的关心支持,并在下半年向区人大常委会报告调整了全年一般公共预算收入中税收收入预期目标的表述。最终,2019年A区税收收入总额为122.24亿元,同比增长了1.8%;县级收入46.89亿元,同比增长了10.4%。2020年初,A区税务局减税办停止运作,各项减税降费工作任务转为常态化工作,由各部门根据最新的政策按线条要求落实。

五、有效落实减税降费政策的建议

A区税务局减税降费工作案例为优化减税降费机制、确保地方财政长期稳定运行提供了一些启示与思考:

首先,应注意纵向层级政府间的沟通与决策。以A区税务局案例为例,在上层决策方面,各项税费政策发布的时间急,政策发布的时候很快就实施甚至要追溯实施,完全没有给基层准备的时间,基层在承担一系列落实工作的同时,既要开展内部培训,又要组织对外辅导,特别是服务大厅工作人员,在无法脱产培训的情况下,直接上机操作。同时,新政的一些具体执行口径也是在落实工作中不断完善,基层操作的困惑与风险并存。而追溯实施的政策又使基层原本繁重的新政落实工作难上加难。虽然最后这项工作圆满完成,但其中的各种问题凸显。为此,中央政府及各省级政府未来在制定新的政策时,应充分考虑基层政府的工作难度,强化各级政府间的沟通与决策,在政策实施中给予基层政府充分的政策过渡期,以确保政策的平稳有效实施。

其次,要强化对减税降费工作的管理和监督机制。在内部运行方面,A区税务局落实减税降费工作采用了领导小组"一把手"亲自监督、工作专班对标对表确保工作任务落实到人、督导检查跟踪问效的"领导小组—工作专班—对标对表—党员先锋—督导检查"模式。减税降费工作得以有效实施得益于领导小组下设办公室的统一领导以及上级领导部门的持续督导，尤其是A区税务局每季度开展减税降费效应分析报告上报区财政局、区领导，使得监督机制发挥了良好的作用，对减税降费目标的完成具有重要意义。因此，各地方政府在落实减税降费政策时，应强化对减税降费工作的管理与监督，从而确保政策的有效落实。

再次，要全面推进财政治理进程，优化财政管理水平。减税降费政策在短期内必然会对地方政府财政造成减收效应，这就需要地方政府过紧日子。而确保政府过紧日子需要加强财政治理。具体而言，一是强化预算管理。各级政府不仅要严格执行各级人大或常委会批准的年度预算草案，更要遵守《中华人民共和国预算法》的各项规定，严禁违规举债，确保地方财政安全和财政可持续性。二是规范预算支出管理。面对地方财政收支平衡压力，各地方政府应节约开支，具体可在经费开支、办公用房、公务用车、公共机构节能等重点领域推进节约型政府创建行动，坚持零基预算的理念，建立预算支出报告制度，强化预算支出监督管理。三是推动绩效管理。完善绩效自评和外部评价结合的绩效评价工作机制，加强对绩效评价结果的运用，建立绩效评价结果与预算安排挂钩机制，挖掘内部潜力，削减低效无效资金，提高财政资金使用效率，提升绩效管理质量。

最后，应充分评估减税降费的财政影响，稳步推进政策实施。A区税务局不断主动向区委、区政府汇报最新工作进展，通过强化、凸显税收经济职能，评估减税降费的财政影响，争取地方政府的理解支持，最终成功调低了预期收入目标，没有对地方财政造成较大的影响。这不仅得益于税务部门的有效沟通，也与A区所处经济环境有极大的关系。然而，并非所有地区的经济环境都足以应对如此大规模减税降费的冲击，因此，各基层政府应成立专门的减税降费评估小组，对减税降费的地方财政效应进行阶段分析，做好减税和扩大财政支出的权衡取舍关系，谨慎考量两者在经济上的作用和效率。在减税降费过程中要稳步推进，循序渐进，避免力度过大过快造成地方财政风险，同时要切实加强政府财政支出效益，把钱花在"刀刃"上，切实加强政府资金引导，撬动社会资本。

第六节 结论与讨论

本研究以广东省为例，分析了减税降费政策对地方财政的影响，对广东省财政数据的分析结果表明，减税降费不仅扩大了地方财政的赤字规模，也对广东省财政收入规模和收入结构产生了较大的影响。尤其是 2016 年全面减税降费政策实施后，广东省财政收入规模显著下降，这一方面反映了广东省减税降费工作的有效落实，另一方面也体现出减税降费政策对广东省财政收入的减收效应。此外，对广东省 H 市 A 区税务局减税降费落实情况的案例分析表明，2019 年更大规模的减税降费政策对基层政府工作及财政造成了较大负担，为此，未来减税降费工作应注意纵向层级政府间的沟通与决策、强化对减税降费工作的管理和监督、全面推进财政治理进程、充分评估减税降费的财政影响等，从而确保减税降费政策的有效落实。广东省作为我国财政经济第一大省，其财政收入和结构等均受到了减税降费政策的较大影响，可以预见，全国其他省份减税降费的财政减收效应可能更加明显，地方财政负担可能更重。未来的研究一方面可以扩大研究对象范围，比较分析减税降费政策在不同省份或地区的财政影响效应，从而更全面地了解减税降费政策的综合影响；另一方面，可以对减税降费的长期财政效应进行进一步的计量分析，以验证学界目前关于减税降费对财政的增收和减收效应的争论。

第五章　新形势下城市更新改造进程中的地方政府融资问题研究[①]

第一节　导　　言

2013年12月10日,习近平总书记在中央经济工作会议上讲话,首次提出"新常态",理性指出中国经济由高速增长转向中高速增长,新常态下经济结构的转变和挑战推动了城市发展模式转变。城市更新改造是适应城市发展新形势的必然要求,是实现城市高质量发展、高品质治理的有效途径。2020年中国城镇化率达到63.89%,比1978年的17.9%翻了接近两番,中国城镇化发展步入深度城镇化阶段,传统外延扩张式城市发展方式难以为继,必须从规模增量建设模式向存量提质改造与增量结构调整并重模式转变,城市更新改造行动将成为未来城市空间提质增效、高质量发展的新常态。2020年习近平总书记在《国家中长期经济社会发展战略若干重大问题》(《求是》2020年第21期)中指出,"在城市旧城和老旧小区改造方面有巨大需求和发展空间";2021年全国两会,城市更新首次被写入政府工作报告;2021年公布的《"十四五"发展规划及2035年愿景目标纲要》提出"推进以人为核心的新型城镇化""实施城市更新行动",城市更新改造上升到国家战略高度,成为未来城市发展重点方向与首要任务。作为新时代国家重大民生工程与发展工程,城市更新改造是国家新型城镇化战略的重要抓手,是推动国家治理现代化的必然要求,是"十四五"时期新型城镇化高质量发展的战略选择。

[①] 本章作者简介:林江,中山大学岭南学院教授、博士;徐世长,中山大学马克思主义学院,助理教授、博士。

第二节　内涵分析：城市更新改造的新时代特征

立足新阶段、新理念、新格局，新时期城市更新改造的核心在"更"，要义在"新"。新发展阶段下，城市更新呈现发展新业态、培育新功能、构建新形态、塑造新场景的内涵式城市发展模式，呈现目标战略性、发展持续性、内涵全面性、主体多元性、区域差异性的时代新内涵新特征。①目标战略性。"十四五"规划将城市更新上升到国家战略层面，是实现"以人为核心新型城镇化战略"的重要路径，为现代化城市建设提速增质提供了中国特色城市更新之路。②发展持续性。城市更新是城市转型高质量发展的必由之路，是城市自我调节与品质提升的内在要求，是未来城市发展新增长极。凭借城市更新"腾笼换鸟"之力，为城市社会、环境、人文、经济可持续发展注入新动能。③内涵全面性。城市更新衔接国家区域协调发展战略和乡村振兴战略，涵盖城市空间、生态修复、文化保护、基建完善、管廊建设、城市双修、旧城改造等重点任务，形成完整的国家城市空间发展战略体系。④主体多元性。在中国特色制度框架下，政府力量、市场力量、社会力量共同参与推进的城市更新，在融资层面实现多重分担机制，同时形成"宏观格局保护、中观街区管控、微观场所营造"等多尺度城市更新框架。⑤区域差异性。不同地域、不同时段城市发展定位、形态、分工存在差异，新时期城市更新应更多把握政策目标多元尺度，差异化制定区域城市更新特色发展政策。

一、提升城市综合治理能力

城市综合治理能力是国家治理体系与治理能力现代化的重要组成部分。城市发展转换期，城市更新以培育城市内在活力与释放城市内生动力为转型关键，以提升城市公共服务和建成环境品质为目标，提升城市综合治理能力。

其一，新时代城市更新改造要求坚持"大改造"与"微更新"相结合的二元框架。不同于大拆大建，城市更新立足城市发展全局性，发挥"大改造"引领性作用，贯彻"微更新"主基调，满足现代化城市发展之需。其二，新时代城市更新要求从政府"一元治理"模式向政府、市场主体、社会"多元治理"模式转变。新时期城市更新意味着更新对象、更新诉求、更新逻辑（何雨，2021），注重经济发展与环境改善、社会公平与经济效益综合平衡。构建中国特色"一核多元"现代化城市治理合作模式（孙辉等，2021），推动城市更新可持续发展。其三，新时代城市更新要求协调多元利益主体，拓展多维政策目标（张磊，2015）。建立多元协作机制，培育社会信任资本，实现城市主体良性竞争与理性博弈，转变城市治理模式，实现经济价值与社会价值、工具价值与目标价值的有机统一。其四，以城市体检为抓手，推动城市更新精准化和科学化（张文忠，2021）。新发展阶段要求建立完善城市体检评估机制，强化城市治理动态监测，提高城市治理体系和治理能力现代化。

二、增强城市国家产业战略承载力

作为"十四五"时期城市空间提质增效的新常态，在奋斗目标新历史起点，城市更新是国家新型城镇化战略的重要抓手，是新时代城市转变发展的窗口与试验田。新阶段城市更新，以高质量为核心，走内涵式发展道路。贯彻落实新发展理念，内涵式发展道路要求城市产业对标经济低碳化、绿色化、循环化、可再生化，促进资本、土地要素优化再配置，增强城市的经济竞争力、创新力和抗风险能力，走中国特色城市发展道路，全面建设宜居、绿色、韧性、智慧和人文城市（张文忠，2021），实现更高质量、更有效率、更加公平、更可持续、更为安全的城市发展新局面。以内需牵引供给为导向，构建新发展格局主战场。强大的国内市场是构建双循环新发展格局的重要支撑，城市更新改造是扩内需、补短板、增投资、促消费的重要战场，是培育内需体系的新经济增长点，是释放投资潜力的重要市场空间，是畅通国内大循环、实现经济高质量发展的重要引擎。以产业调整为方向，构建现代化经济体系。立足"退二进三"发展规划，破解旧城区、中心城区、新城区发展不适配难题（何雨，2021）。推动中心城区要素再集聚，促进城市产业由粗放外延式向集约内涵式高质量发展转变，实现传统低效高能耗产业向绿色、低碳、环保产业转型升级。

三、增强人民生活幸福感

城市更新改造要坚持以人民为中心，贯彻城市发展为了人民、城市发展依靠人民、城市发展成果由人民共享的发展理念。新时期城市更新改造以"四旧一村"①为主要对象，以改善人民生活为直接目的，合理规划经济发

---

① "十四五"规划文本内容，"四旧一村"指老旧小区、老旧厂区、老旧街区、老旧楼宇和城中村。

展、社会生活、生态空间，走内涵式、集约型、绿色化高质量城市发展道路，注重人民基本需要、社会需求和精神需求，满足人民日益增长的物质文化需求与美好生活向往。

其一，空间形态与社会形态二元结合，打造城市活力空间。以人民为中心，实现共建共治共享。重点弥补基础设施短板，优先提升改造市政基础设施、公共服务设施，增加公共活动空间；加强多元化生活服务设施发展，推进新型集约化基础设施建设，提升城市功能与品质；推进城市空间布局形态多元化，形成多中心、多层级、多节点网络型城市空间新格局，建设高质量城市生活圈。其二，注重更新与发展共生互动关系，构建结构与功能相适配的现代化城市体系（胡茜，2021）。一方面，解决生活与就业不适配问题，推动产城人融合发展；另一方面，解决设施与发展不适配问题，完善城市功能与品质提升，走中国特色城市发展道路。其三，兼顾历史文化风貌保护，坚持现代文明与历史遗存相辉映的二元框架。探索旧城区与旧街区新面貌、新形态、新功能，保留城市文化特征，推动城市更新向空间环境、人文社会的综合性转变。

四、提升城市对外交流服务与创新能级

提升城市服务能级根本在于科技创新能力与高端服务业供给能力。新时期城市更新改造，其一，要以城市国际竞争力提升为目标，提升城市创新与高端服务供给能力（马骏、沈坤荣，2021）。提高土地利用率，实现城市发展与城市功能高度匹配，为经济高质量发展提供空间，为人才聚集与科研创新提供市场环境，为城市服务能级提升提供基础设施，为城市经济发展释放新动能。其二，全方位提升城市对外开放水平，打造高层次对外交流平台。立足区域"小循环"，面向国际"大循环"，构建内引外联对外合作交流通道，构建更高层次外向型经济体系，提升国际化城市功能，实现"城市振兴、经贸合作、文化交流"对外开放新格局。其三，把握科技创新重点，加强基础创新合作。鼓励跨区城市功能合作，打造城市创新合作平台。构建国家城市合作交流机制，共建共享创新资源，共建互联互通城市圈。

五、创新社会资本参与城市治理新机制

新马克思主义框架下，城市化过程是资本积累的空间表现（彭恺，2018）。过去的城市更新中，政府和资本享有"城市权利"，城市空间下资

本强势积累与介入，破坏性挤出了社会生活空间，忽视了社会公平与空间正义。新常态下，需要更多考虑城市空间社会性纳入更新改造范畴，以重塑城市空间主体利益关系为特征，以实现均享城市更新空间增值收益为目标，重新定位政府角色，从空间利益主导者向城市治理主导者、服务者、参与者、协调者转变，发挥市场基础性作用与微观主体空间活力，发挥财政资金与社会资本联动效应。

良好社会资本积累是地区多方利益博弈的前提与基础。其一，创新政府与社会资本合作模式，提升社会资本的广度与深度。发挥投融资平台桥梁作用，探索城市更新 PPP（public-private partnership）创新模式，拓宽城市更新融资渠道，有效解决社会资本缺位的问题。其二，发挥财政资金杠杆效应，撬动社会资本效率和灵活性。设立城市更新领域政府引导基金，提升社会资本参与城市更新的积极性。其三，提升政府信用，重建社会资本。政府作为城市更新的主导力量，需要充分发挥政府财政信用与制度优势，增强公众信任度，重建社会资本。引入城市共治理念是城市更新有效组织实施的关键（任荣荣、高洪玮，2021）。提高社会公众对城市更新规划与决策参与度，鼓励多元主体进入城市更新方案竞投标，打造共同缔造的城市治理理念。

第三节　财政情势：当前全国与主要城市财政运行分析

进入"十四五"时期以来，我国经济由高增长转向稳增长。所谓的"稳"体现在两个方面：一是经济的增长速度将长期保持在中低速水平；二是受到宏观内外部因素的冲击，我国经济的增长将主要通过政策组合来实现预定的稳定目标。2020 年初的新冠肺炎疫情对我国的经济工作带来了重大挑战，财政运行指标呈现比较大的波动，具体如下：

一、财政收支情势不容乐观

财政运行情况是衡量我国经济发展水平以及潜在经济增长能力的核心指标，公共财政的政策属性在应对国家内外部因素冲击问题上，发挥冲锋在前的工具作用。

从财政部 2020 年 11 月公布的运行数据来看，财政收入：2020 年 1—10 月，全国一般公共预算收入累计 158533 亿元，同比下降 5.5%。其中，中央一般公共预算收入 73609 亿元，同比下降 8.7%；地方一般公共预算本级收入

84924亿元，同比下降2.4%。全国税收收入135044亿元，同比下降4.6%；非税收入23489亿元，同比下降10.3%。财政支出：全国一般公共预算支出189439亿元，同比下降0.6%。其中，中央一般公共预算本级支出27080亿元，同比下降1.8%；地方一般公共预算支出162359亿元，同比下降0.4%。

从财政收支数据来看，全国公共财政预算收入的下降比例较大，反映出宏观经济发展的整体情势不太乐观，中央本级税收收入的大幅下降，体现出我国实体经济的发展出现较大波动（特别是与消费税、增值税直接相关的税种出现下跌）。值得注意的是，全国财政支出同比下降幅度较小，尤其是地方一般公共预算支出的降幅仅为0.4%，为地方经济的发展起到了"稳定器"的作用。事实上，从经济数据来看，2020年1—10月主要经济指标持续改善。需求回升、投资增多、消费恢复对整个经济的带动作用在逐步增强，经济好转的趋势可期。

从季度性财政收支同比变化趋势来看，虽然公共财政收入在2020年第一季度出现断崖式下跌，但是随着国民经济的逐步复苏，第二、第三季度同比增速由负转正，接近2019年同期水平（见图5-1）。从财政收入的累计同比增速来看，全年处于负增长的可能性较大，财政收入的总体负增长态势明显。从全国代表性城市（北京、上海、广州、深圳）的财政支出累计值来看，四大城市中除北京负增长以外，上海、广州和深圳与2019年同期相

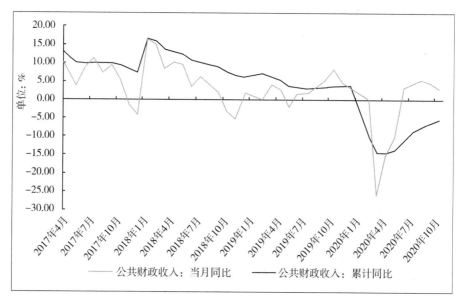

图5-1 我国季度性财政收入同比变化趋势

比基本持平，体现出较强的财政支出刚性特征，进一步说明上述三大城市在财政助力地方经济稳定方面的空间较大，财政支出执行水平较高（图5-2）。

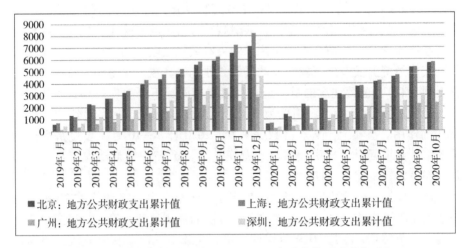

图5-2　全国代表性城市2019—2020年度公共财政支出时序

二、"土地财政"态势依然明显

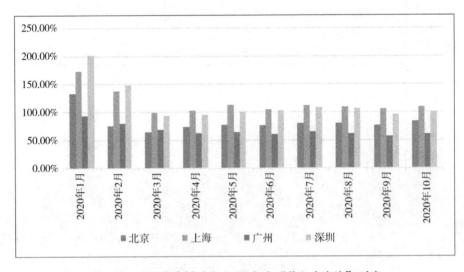

图5-3　全国代表性城市2020年度"收入支出比"时序

从2020年度的公共财政"收支比"变化趋势（图5-3）来看，深圳、上海普遍高于北京和广州，四大城市的总体比例均呈下降态势。原始数据显示，由于财政收入的增长乏力与支出刚性的双重作用，收入支出比呈现上述态势。值得注意的是，与2019年同期相比，深圳的收入支出比反而高于上一年，上海、广州、北京均低于上一年同期数值。

从图5-4的数据来看，深圳、广州在第三季度转正，体现出较强的税收韧性。北京财政收入负增长（-9.05%），上海也为负增长（-1.98%）。

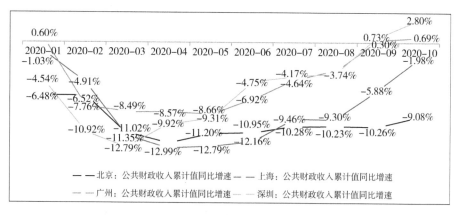

图5-4　2020年代表性城市公共财政收入累计同比增速

从四大城市的2020年1—10月土地出让累计值（图5-5）来看，北京

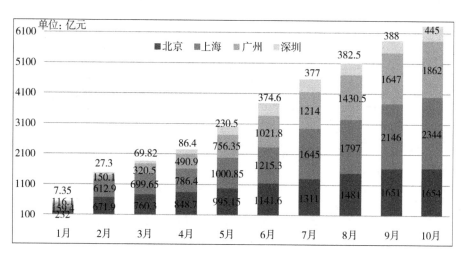

图5-5　2020年代表性城市土地出让累计值

与上海在财政收入均呈现负增长的情形下,土地出让收入累计分别达到1653亿元与2344亿元,经济下行的土地财政效应显著。深圳第三季度的财政收入为正增长,但是土地出让累计仅为445亿元,体现出深圳在税源结构方面具有较强的竞争优势。

三、财政收入增长乏力与公共产品供给压力

不管是学术研究的全国样本,还是实地调研的经验信息,都反映出影响财政收入的两个关键因素(在分税制体制的既定背景下)是产业结构与政府规划能力(巴曙松,2010;祝志勇、高扬志,2010;封北麟,2010;林江、徐世长,2015)。从产业结构来看,对财政收入的影响机制主要是产业分布类型与产出效率。2007—2018年间,房地产整个产业链条迎来了黄金机遇期,平均资产价格涨幅在2.6倍左右(数据来源于海通证券研究所姜超团队),围绕土地交易所形成的财政收入迎来了稳定持续的增长,对地方政府的基础设施建设提供了强大的后盾。

另外,珠三角地区在次贷危机(2008年)以后普遍面临着产业结构转型的问题,但是"腾笼换鸟"的思路并没有对珠三角地区的产业结构形成根本上的改变,产业结构的固化,必然导致财政收入增长率预期的下降,主要原因在于受到国内外经贸环境摩擦、行业平均生产成本的提升、产业迭代处于周期低谷、新兴商业模式并未成熟等影响。图5-6中的五大城市均属于财政预算支出刚性前提下,财政收入增长乏力导致的"收入支出比"持续下降的情况。

图5-6　一般预算财政"收入支出比"时序(2010—2017年)

为什么说地方政府的区域规划能力会影响财政收入的增长？本报告选取部分城市环境优化投资占比的时序图（图5-7）来进行说明（2010—2017年这8年，上述城市在环境优化投资方面的支出增长不尽如人意）。例如，城市营商环境的优化是全国自贸试验区改革创新的重点，好的营商环境，特别是更加公平公正的外商投资环境，将形成"投资、贸易、金融、法治"协同发展的良好格局，对于培育优质税源，稳定税收预期有着战略意义。

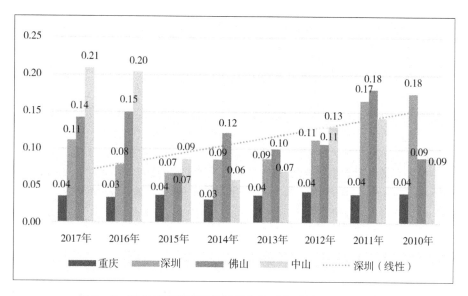

图5-7 部分城市环境优化投资占比时序（2010—2017年）

（注：图5-6、图5-7的数据截至2017年是从指标数据的完整性与可比性方面考虑）

作为全球人口最多的国家，中国对公共产品的需求日益旺盛，但是中国经济发展存在东中西部差异大、沿海与内陆地区发展水平不均等现象。2019年，联合国计划开发署发布《中国人类发展报告特别版》，其中，2017年中国各省人类发展指数数据（图5-8）显示，在中国的省级行政区，北京、上海、天津3个直辖市达到了极高人类发展水平（发达地区），而甘肃、青海、贵州、云南以及西藏则处于中等人类发展水平（欠发达地区），其余地区为高人类发展水平（中等发达地区）。这种发展指数的差异（即公共产品供给方面的差异）与各地区的财政支出情况之间存在明显的相关关系。

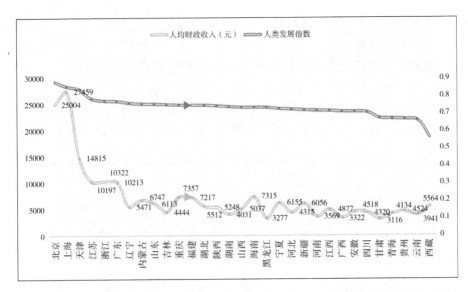

图 5-8　中国 2017 年各省（自治区、直辖市）人类发展指数与人均财政收入

数据来源：人类发展指数数据来源于联合国计划开发署（United Nations Development Programme）于 2019 年 12 月 19 日发布的《中国人类发展报告特别版》。

四、国家财政透明度指数有待增强

党的十八大以来，伴随着国家财政透明程度的提升，社会公众参与监督与约束政府行为的热情不断增强，这使得现代财政可以更好地发挥促进城市更新改造的作用，提升政府治理能力，促进共同富裕的实现。根据《中国财政透明度评估》报告数据，将 31 个省级行政区财政透明度数据计算平均值后发现，2012—2018 年间中国财政透明度整体水平较低，但具有明显的稳步上升趋势。见图 5-9。

具体来说，2012 年省级财政透明度平均得分为 25.33，即有 74.47% 的政府财政信息不能有效公开；到 2018 年，该数据提升到 53.49，未能有效公开的政府财政信息则占到总体信息的 46.51%。省级财政透明度平均得分在 7 年间提升了 111.17 个百分点，表明政府整体财政信息披露工作稳步推进，但仍有较大发展空间，说明通过推动政府财政信息公开，加强预算监督管理，进一步提升财政效率，仍然是新时代建设现代财政制度的基础工作。

从图 5-10 分析可知，2012—2018 年间，广东和北京财政透明度都呈现上升趋势，但广东的上升幅度明显高于北京，且从 2015 年开始，二者财政

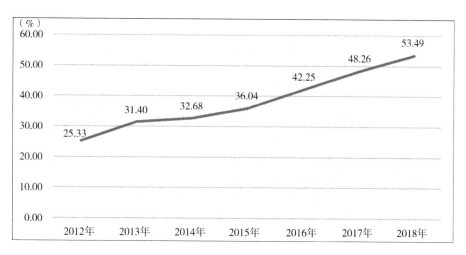

图 5-9　2012—2018 年我国省级财政透明度平均指数得分

数据来源：上海财经大学《中国财政透明度评估》；2013—2019 年《中国统计年鉴》。

透明度差距不断扩大；再看 2012—2018 年间两地的一般公共预算支出，发现广东与北京的预算支出也呈现扩大趋势。结合财政透明度和一般公共预算支出数据发现，二者的上升方向和增长幅度存在一定相关关系，即财政透明度越高，预算支出越大，其背后的逻辑可能是财政透明度的提升，促进公众的监督能力发挥作用，使得财政制度更加民主，预算支出更加合理，加速了现代财政制度建设的进程。

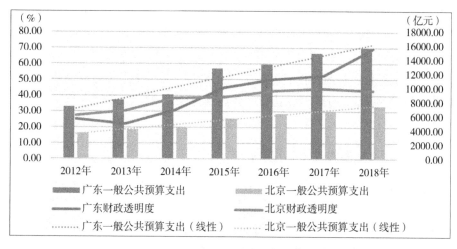

图 5-10　2012—2018 年广东和北京财政透明度、预算支出变化趋势

数据来源：上海财经大学《中国财政透明度评估》；2013—2019 年《中国统计年鉴》。

五、财政工具与金融市场的联动性、共生性能力不强

从全国范围来看,财政工具的三大优势没有得到很好的发挥,即"政府信用背书""财政资金的结构性嵌入""依托项目养项目的机制不成熟、不发达"。首先,政府信用背书的"金牌效应"应该与金融市场工具体系进行各种层次的对接,充分发挥"永续利息的杠杆功能",实现金融市场资金与财政项目支出的"期限匹配"。其次,财政资金的结构性嵌入,核心是要用好用活财政引导基金的放大效应。当前的情况是政府资金介入项目的时机没有更好地把握,在拥有谈判优势的情况下,对于引导基金的使用方式和效率没有科学的规划,特别是对于项目后续的利益分配机制上,缺乏规范的法治保障,政策透明度和持续性受到质疑。最后,依托项目养项目需要发挥金融市场的资金优势。当前对于非营利性民生项目的金融方案比较缺乏,尤其是民间资金介入民生项目的积极性和创造性没有得到很好的发挥,归根到底是政府部门"统抓统筹"的意识太强,市场化机制不成熟、不充分、不放权。

六、当前财政宏观情势的总结

(一)土地财政效应明显

土地出让成为应对经济下行周期的重要利器。2020年度代表性城市的财政收入数据显示:虽然总体收入水平较去年同期下降明显,但是北京、上海和广州依然保持了较高的土地出让水平,且呈现出历史高位,土地作为财政基金的重要收入来源,依然发挥着"压舱石"的功能。(另据WIND资讯数据,2020年1—10月,全国国有土地使用权出让收入55965亿元,同比增长10.1%)

(二)产业结构的优化至关重要

产业结构往往决定税源结构,在经济受压的大环境下,良好的市场经济基础,以及优质的产业结构是财政收入由负转正的决定性力量。尤其是数字经济背景下的数字产业链延伸,将对财政收入的韧性起到重要的支撑作用。以深圳为例,在全年土地出让基金份额不高的情况下,2020年第三季度的财政收入同比增长转正,背后的产业分布逻辑以及结构特征值得深入研究。

（三）财政收入形势还将持续波动（市场信心不足）

从全国财政收入累计同比数据来看，2020年总体出现的负增长态势明显，1—10月全国一般公共预算收入累计158533亿元，完成全年预计210250亿元的75.40%（去年同期完成预计财政收入的80.77%），从月度环比的情况来看长期处于负增长。从全社会投资与消费的数据来看，受到国内外宏观经济放缓，以及新冠肺炎疫情防控的政策风险增加，社会投资信心与消费信心力度不足，传导至市场预期不足，最终影响宏观经济的低位运行。

（四）民生类财政支出压力增大（财政资金直达机制值得关注）

虽然受制于今年财政收入增速放缓的影响，但是财政支出的增速显然高于收入。从财政支出结构来看，疫情防控、脱贫攻坚、基层"三保"等重点领域支出得到有力保障，2020年1—10月，社会保障和就业支出27396亿元，同比增长9.3%；卫生健康支出15217亿元，同比增长6.2%。由于民生类支出的刚性特征明显，且经济下行周期中的民生支出必然带来财政支出的整体压力增加，进一步挤占建设类财政支出水平。

（五）建设类财政支出需要从思维与工具两方面开展机制创新

围绕区域高质量发展以及产业未来布局的功能性财政作用的发挥，需要政府部门（尤其是财政部门）积极解放思想，转变工作思路，更好发挥市场化主导、政府引导的合作机制作用，在社会资源的优化配置与可持续、可预见的稳定收益机制设计层面先行先试，大胆创新。要发挥财政金融双杠杆作用，围绕土地资产、财政资金、村改资源开展协同化工具创新。

（六）加强对现代财政体制下的财政与金融结合势在必行

发挥财政工具的稳定器功能与金融工具的期限错配功能，将财政工具与金融市场实施紧密联动，最大化地引导和培育国家资本与市场化的金融资本（民间资本）的紧密合作。要突出财政与金融结合的工具体系设计，要能够对财政与金融结合框架下的政府债务治理能力提升给出方案。

第四节 融资分析：城市更新、财政压力与政府融资机制

地方政府作为城市更新改造的主导力量，在实施城市规划进程中必然遇到"财政约束"与"增长约束"的双重考验，而政府的融资问题既是城市发展与城市治理的关键，更是政府规划实施的持续性保障。本部分重点分析城市更新改造的主要融资领域，地方政府财政运行与融资压力。

一、城市更新类型

城市更新改造是从既有城区以人为本的城镇化质量提升和城市文化合理利用角度出发，对城区的公共设施、既有建筑、存量建设用地等按照提高城市发展质量，兼顾改善市民居住条件与城市文化协调发展的原则，进行科学、合理和有效的稳步更新。见图5-11。

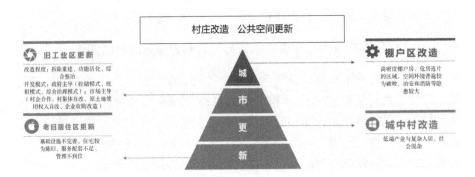

图5-11 当前城市更新主要类型及其特征分布

这些不同类型的城市更新，在改造程度（拆除重建、功能活化、综合治理和保护修缮）、开发模式（政府主导、市场主导、政企合作）方面，会根据实际需求情况，灵活搭配，而不同的搭配有不同的建设需求，从而适应不同的融资需求。对于民生而低收益项目的城改，例如棚户区改造、旧居民区综合整改，该部分改造成本，将主要由政府承担。但政府可以从其他有收益的项目中，要求房企开发商承担部分改造建设责任，或者政府可通过整合土地，赚取一定竞拍价款，用来补充城改的财政。

二、财政压力与地方政府债务

本研究组系统梳理了 2005—2019 年中国 CSSCI 权威期刊近 350 篇主流文献,研究发现:地方政府建设性支出困境成为"共性难题"。近年来,中央对地方政府的融资行为进行了"制度性强约束",表现为:一方面,地方政府债券发行权限集中于中央(国务院给出一个当年度的赤字率作为参考),发达地区的一般债券额度受限,专项债券由于预期收入流量的不确定性,实际的发行额度和发行进度也大打折扣,尤其是在宏观经济形势下行风险增加的背景下,民间资金更缺乏参与地方债的筹集的积极性;另一方面,新《预算法》的实施不断规范地方政府的举债融资行为,绩效财政对政府运营的风险控制达到了新的高度。

地方政府财政压力产生的原因可以从制度与竞争两个维度进行分析。所谓制度性缺口,是指 1994 年国家分税制改革以来,中央与地方的财政事权关系发生了重大变化。财权上移与事权下移成为常态,从而导致支出责任与收入规模不匹配,支出刚性与收入的不稳定性发生矛盾,导致财政收支缺口存在。所谓竞争性缺口,是指地方政府在"GDP 竞赛"过程中面临的地方经济发展对巨额财政投入的偏好增加,使得地方政府债务不同程度、不同角度、不同结构的扩大,出现的财政赤字现象。

与此同时,城市更新改造与民生刚性支出之间的矛盾也更加凸显。从经济增长的视角来看财政支出刚性,其本质就是要处理好发展与稳定的关系,处理好增长与防风险的关系。财政支出刚性在民生项目上表现得非常明显,也是符合财政工作围绕为人民谋福利的宗旨开展的。本研究组选取广州、深圳、重庆、东莞、佛山等核心城市的民生财政数据进行对比分析发现,民生的刚性支出基本都维持在 75% 以上,如何平衡二者之间的关系也是地方政府财政压力和财政治理的重要内容。

三、政府融资的地方实践经验

近年来,各地方政府围绕特定的改革发展主题,在探索公共基础设施建设、"三旧"改造、村级工业园区改造以及棚户区改造等领域积累了形式多样的改革与建设经验,目的在于对空间资源的集约化生产与再利用,实现产业升级与土地功能置换。

(一) 佛山城市更新的八大模式

佛山顺德区举全区之力强势推进村级工业园改造，取得了显著的阶段性成效。截至 2020 年 12 月初，全区 382 个村级工业园已有 227 个园区 441 个项目启动改造，209 个园区启动拆迁，在建工程项目 136 个，累计完成土地整理 89162 亩、复垦复绿 5418 亩、新建厂房 1454 万平方米，累计检查关停整改落后风险企业 11870 家。城市更新是一项系统性的综合改革工程，在建设广东省高质量发展体制机制改革创新试验区的战略机遇下，顺德区政府大胆创新，主动作为，在广东省赋予的 11 项改革政策权限的基础上，出台 76 份配套文件，以营商环境优化为目标，不断提升顺德发展的区域竞争力优势，增强市场主体的发展信心。

目前，佛山城市更新的 8 种模式如下（数据来源：媒体公开资料）：

1. 政府挂账收储模式

该模式由政府统筹，在改造项目的实施方案通过改造范围内土地权属人同意（涉及集体用地的，须经农村集体经济组织表决同意）后，由政府土地储备机构与土地权属人签订挂账收储协议（涉及集体土地的，须先由农村集体经济组织申请将集体土地转为国有），土地整理完成后通过公开交易方式出让土地，且土地出让须满足各镇（街道）招商要求，由竞得人进行开发建设。政府按有关政策规定和挂账收储协议约定标准向原土地权属人支付土地补偿。

2. 政府直接征收模式

该模式由政府统筹，改造项目实施方案通过农村集体经济组织表决同意后，政府根据土地管理、房屋征收等法律规定的程序和权限对农村集体经济组织的土地进行征收，政府负责上盖建筑物拆除补偿，征收的土地政府依据法定程序出让或划拨。

3. 政府生态修复模式

该模式结合了"减量"规划和生态修复的规划定位，通过城乡建设用地增减挂钩等相关政策（即城镇建设用地增加和农村建设用地减少相挂钩，依据土地利用总体规划，将若干拟整治为耕地的农村建设用地地块和拟用于城镇建设的地块等面积共同组成拆旧建新项目区），由政府主导征收、收回相关土地或由原权属人利用自有产权的土地实施复垦复绿改造，不再用于工业、商业等建设用途。

4. 企业长租自管模式

该模式在政府的规划引导和产业定位分析的指导下，经农村集体经济组织表决同意后进行土地整理，通过集体土地公开流转方式引入社会资本（企业）开发该园区土地，并由该企业对园区进行开发建设、运营管理及招商等，但土地的流转年限不能超出国家政策、法律规定的最高年限。该模式可以有效解决集体土地及物业难以融资的问题，促进投资主体多元化，充分发挥了市场配置资源的作用。

5. 政府统租统管模式

该模式是在工业园区确有改造必要，但社会资本介入园区土地整理的意愿不强，或农村集体经济组织难以选定合作方的情况下，改造项目的实施方案通过农村集体经济组织表决同意并经批准，政府通过统租统管方式协助农村集体经济组织完成前期土地整理工作后，由农村集体经济组织以公开流转的形式供地，由竞得人（政府）进行开发建设，并按约定的方式返还政府参与前期土地整理的成本（该模式涉及前期由国有资金垫付一定数额的土地租金给园区所在的村集体）。

6. 企业自主改造

由政府通过统一规划，给出改造扶持政策，在确定产业准入条件后，根据环保和安全生产要求，引导单个业权人独资或多个业权人联合自发进行项目改造，同时政府统筹相关公共配套设施和市政设施建设，提升园区建设及运营水平。企业根据自身产业需求，依据相关文件规定要求，进行自主改造。该模式产权简单清晰，土地整理难度低。

7. 一、二级联动开发模式

即村居集体组织通过公开方式选定市场主体，市场主体按照实施方案和合作协议的要求与被拆迁方签订拆迁补偿协议，落实拆迁补偿和安置、完成现状建筑物拆除、注销原有不动产权证并按程序完善用地手续后，土地可直接协议出让给市场主体进行开发建设。在这种改造模式下，村民收益实现长足发展，从"一次性分红"到"长期租金收入"，为当地经济社会的可持续发展打下良好的基础。

8. 国有集体混合开发模式

即经协商一致，国有土地和集体土地统一通过公共资源交易平台选定单一市场主体，由市场主体按照实施方案和合作协议与被拆迁方签订拆迁补偿协议，落实拆迁补偿和安置、完成现状建筑物拆除、消除原有不动产权证并按程序完善用地手续后（改造过程中国有土地和集体土地可进行土地置换、界限调整），国有土地和集体土地分别按照有关规定直接协议出让（流转）给市场土地进行开发建设。

(二) 全国代表性土地整治/村改经验

党的十八大以来，党中央和国务院为适应经济发展新常态，不断深化投资体制改革，鼓励社会资本发展，制定了一系列新举措。从全国代表性土地整治与村改经验的分布来看，主要分布在三大类型的改造领域：一是涉及高标准的农田水利建设项目。该项目主要归化于缺少收益来源的纯公共基础产品供给。二是涉及商业化导向的自然资源改造项目（包括生态化复垦复绿）。该模式下的社会资本投入问题值得关注。三是涉及旧城改造、工业地产以及工业园区转型升级项目。该模式将积极引入社会资本，开展财政与金融资源的联动创新，不断增加政府投资的空间和工具体系。

从表 5-1 城市改造的代表性经验可以看出：实施政府主导是基础，在土地权属性质层面采取机制创新，灵活开展土地出让，特别是对于市场化机制的参与问题，明确了利益共享和市场化运作等基础性制度安排。在具体的建设环节，采用委托机制或者先建后补的财政参与机制。多数情况下的村改建设需要政府充分让利，基本不参与利益分配，单纯做好服务者、推动者和"守夜人"的角色。对村集体的利益参与方而言，改造方案需要充分体现长远利益与短期利益相结合，眼前利益和隐性利益相结合。

表 5-1 城市改造的代表性经验

项目名称	改造模式	创新机制
广州猎德改造模式	政府主导、保留集体、自主实施	企业+合作社 企业+农民协会 委托建设 先建后补
广州琶洲改造模式	政府主导、征转国有、市场运作	
广佛国际商贸城改造模式	政府主导、土地整合、集中开发	
佛山祖庙改造模式	政府主导、捆绑出让、净地移交	
深圳坪山沙湖村统筹整备模式	政府整备、留地安置、利益共享	

资料来源：课题组自行整理。

在自然资源开发与生态系统复垦复绿领域，由于"准公共物品属性"决定了其开发利用过程中，需要发挥有为政府+有效市场的结合作用。自然资源（公共服务）在开采、管理、资产转化过程中，均离不开财政资金以及财政资源的协同与助力。自然资源的产业链效应（或者说是生态链，往往由于某一个点域的开发会形成整条产业链的联动发展）明显，对此，有关事前的土地整备成本需要通过创新财政+金融的联动机制，实现引导与推动社会资本精准进入整个开发链条。基于生态保护的土地整治，需要提升到乡村振兴的国家战略高度，坚持长远规划与利益分配的格局，既满足当期对现金收益的需求，又能够形成持续稳定的权益收益常态化机制。见表5-2。

表5-2　自然资源开发的代表性经验

承德市	政府投资公司市场化运作模式：政府搭建交易平台，市场化运作新增耕地指标的市内调剂、市外转让，单位或个人使用占补平衡指标
河间市	市城乡投资发展集团有限公司与社会资本投资方共同出资设立项目公司（获得特许经营权，负责投资建设维护等）
泰安市	财政资金和金融资本相结合。以群众加入产业合作社、成立农村新型经济合作组织等形式，实现公司收益、个人收入、村集体收入的互相挂钩
河南省	推进"复垦券"模式：将土地整治与扶贫有机结合，将易地扶贫后整理出的新增耕地作为复垦券，在全省进行公开交易
内蒙古	"专项基金（与社会资本方联合）+DBFOT+补充耕地指标收益还款"模式实施（DBFOT是指设计、建设、投资、运营、移交）
上海嘉北郊野公园	中国人寿主导发起与上海市嘉定区政府共同设立的有限合伙制城市发展产业投资基金（农民宅基地置换）

资料1：内蒙古巴彦淖尔市乌梁素海山水林田湖综合治理项目

第一，创新融资模式，强化社会资本合作。巴彦淖尔市政府授权政府平台公司作为实施机构，并代表政府方出资。政府平台公司对本项目的投资、建设、运营和基金管理进行公开招标，确定投资人为7家公司联合体（6家国企和1家民企）。由中国信达全资子公司——信达资本管理有限公司发起，联合市政府投资平台、央企工程主要实施方及战略投资人共同出资设立专项基金。基金首期规模45.2亿元，其中，政府投资平台出资15.1亿元，其他主体出资30.1亿元。

第二，运作模式上本项目采用"专项基金+DBFOT（指设计、建设、投资、运营、移交）+补充耕地指标收益还款"模式实施。项目合作期为6年，其中，建设期不超过3年，运营期3年。基金与中标社会资本方共同成立项目公司。项目公司与政府平台公司签署《投资建设合作协议》，承担投融资、建设、运营等；合作期满后，按照协议约定将项目资产及相关权益移交给巴彦淖尔市政府或政府方指定机构。基金及股东各方通过项目公司收益分配实现退出。

资料2：上海嘉北郊野公园土地综合整治

第一，财政支持资金与社会资本投入相结合，发挥财政资金带动效应。郊野公园的公益属性决定了该项目以政府部门管理和财政支持为主，吸引社会资本投入，实行投资多元化和项目实施模式多样化相结合。面对资金难题，上海市积极探索政府与市场合作共建的模式，嘉北郊野公园建营过程中，涉及市级郊野公园市级土地整治项目专项资金8亿元，社会资金约50亿元。

第二，设立产业投资基金，满足嘉北郊野公园项目区域内自然资源提质增效的大量资金需求，实现资本和资源的整合，提高政府财政资金运作效率。2013年，中国人寿主导发起与上海市嘉定区政府共同设立的有限合伙制城市发展产业投资基金。中国人寿、国寿集团、国寿财险等7家企业共同出资，资金总规模50亿元，存续期限为14年。主要投资方向为农民宅基地置换、大型居住社区、再生能源中心外围动迁、嘉北郊野公园生态环境建设等区级公益性项目。

资料3：勒流江村工业区改造

勒流江村工业区提升改造项目范围1093亩，其中，国有用地147.52亩，集体用地945.48亩，现状主要以小五金、小家电等行业为主，土地利用率低，违章建筑多，环境卫生差，环保生产设施落后，安全隐患大，严重影响生活环境。2019年，勒流决定推动江村工业区提升改造，清退低效产业，淘汰落后产能。然而，江村工业区土地性质复杂，涉及国有用地、集体用地长租和短租等多种模式，改革难度大。

江村工业区实施改造后，在村民获得6.4万元一次性收益分红的同时，提留7000多万元用作村内福利事业和发展集体经济。更为重要的是，江村能够获得4.17万平方米集体物业。改造后，园区的物业管理费预计每年为村集体带来近2000万元收益，股份分红可达6000元/股，是改造前的4倍。

资料4：苏州工业园区"渐进式开发融资模式"

苏州工业园区作为国内第一个中外合作的开发区，从一开始就是管委会和中新苏州工业园开发中新集团有限公司两者分开，政企分开，体现了"小政府、大企业（社会）"的合作共建原则。

政府型投融资模式与市场化投融资模式并存。在正式进入制度化的建设运营阶段开始前的资本原始积累过程中，经济基础层面进行区域综合开发的本地"强资本"与寻求产业全球扩张的跨国公司"强资本"的所谓"强强联合"，建立了产业资本阶段的"高制度"起点，从而凭借国家信用、海外资本和政府公司化运作这"三驾马车"，实现园区发展规模快速扩张。另外,苏州市政府通过盘活存量土地、提高土地利用率加快产业升级和科技创新、完善城市公共服务和基础设施配套,对苏州工业园区具有重要发展意义,是为实现苏州工业园区发展成为苏州东部新城、国际高科技工业园区典范的重要过程。

资料5:深圳前海创新型土地开发模式

深圳前海已经成为全国对外开放新的标杆,不仅仅因为加速聚集的科技、金融、高端人才、现代服务业要素,更关键的是蛇口自贸片区创新开展的"市场化政府"运作模式。深圳市前海管理局与招商局集团签署了《关于组建合资公司推动前海蛇口自贸片区管理体制机制创新的框架协议》。根据协议,该合资公司定位为全球领先的自贸园区综合开发建设和运营服务商,双方各占一半股权。从资金来源看,深圳市政府在《关于推行法定机构试点的意见》中鼓励实行多样化经费筹措方式。前海合作区的土地可以采取租赁、合作、抵押等多种方式利用,闲置的政府储备用地适时开展短期经营,所得收入用于前海合作区日常管理支出。

作为法定机构,前海管理局按"企业化管理、市场化运作"原则,建立了一整套运作机制,集开发建设、运营管理和公共服务等职能于一体。除了内设机构,前海管理局下设3个国有企业进行统一管理,分别是前海开发投资控股有限公司、前海联合发展控股有限公司和前海金融控股有限公司。其中,前海开发投资控股有限公司负责前海合作区内土地一级开发、基础设施建设和重大项目投资;前海联合发展控股有限公司负责相关法律手续、秘书服务,以及发挥管理、协调、监督、服务、经营发展等作用;前海金融控股有限公司则是依法履行出资人职责,并探索前海金融对外开放平台与制度创新。

启示

上述代表性村改、旧改资料都在机制创新层面做出了很好的尝试。首先是集约化的土地规划与管理思维。坚持对辖区碎片化、零散状、低效率的土地资源开展系统空间规划与产业规划。其次,通过围绕项目引入的性质、类型、容积率、税收政策等结构化的工具联动,使得村改(旧改)进程快速推进。另外,坚持政府让利,平衡各方群体利益机制,破除土地权属复杂难题(利益群体博弈难解、社会稳定压力大等因素),改造方案充分体现长远利益与短期利益相结合,将眼见的利益和隐性的利益相结合,通过营商环境的优化,做好入住项目与企业的办事便利化工作。依托专业第三方的合作招商,有利于降低制度性交易成本。

第五节　路径分析：财政金融联动服务城市更新改造路径

城市更新改造的过程，本质是财政资源、金融资源与城市资源的高效率、创新性的结合过程，重点是围绕土地整治、财政资金、工具创新、产业导入、权益配置、政府信用6个方面开展工作机制创新，其目标是同时实现城市高质量发展的"政治战略"和深化改革的"民生战略"。

一、土地置换+期权逆回购

该模式的核心是：利用实物期权理论来对土地市场的金融属性进行系统考察与产品设计。

城市更新需要积极探索"土地的金融属性"，研究设计土地资产的价值模型，从而平衡社会资本在"当期收益与未来收益"之间的决策疑虑。按照"预期现金流价值等量原则"开展区域内的土地置换规划，政府部门在专业第三方机构的协助下，按照经济贡献度评估对各类型的村改用地实施价值评定，提升社会资本参与土地整治的积极性，重点解决前期的资金投入问题，赋予社会资本在一定时间内开发"置换用地"的权利（政府部门在土地出让时与受让方签署"土地价值期权协议"，实现政府土地可以卖，可以租，可以先租后卖，更可以赎回土地使用权）。在约定的时间范围内，一旦实际收益回报率低于当期的"投入成本+预期综合回报"，政府部门则实施"置换地逆回购计划"，给予社会资本预期收益差额的补偿，增强土地开发商获取土地资源的信心和能力，从而建立稳定持续的社会资本投入机制（尤其是在土地市场交易不活跃的阶段）。

二、财政保底+合伙资本

该模式的核心是：形成具有统一价值观体系的村改受益主体宣传机制。城市合伙人将成为村改项目推进的"最优均衡关系"，尤其是通过财政的增信与增收机制，来提升社会资本合作的可能性与持续性。

政府部门的主要资金压力来自直接收储和生态性补偿过程中的全链条财政投入问题。财政资金的金融化配置思维将打破现有的固化投入模式，按照"财政保底"的创新逻辑，形成村集体和土地利益相关者短期内稳定可靠的资金收入机制，并在此基础上，培育"合伙资本"（区别于风险投资资本）。合伙资本是一类聚焦村改过程中形成的合伙资金池，这类资金池具有股权投资基金的所有特性，目标在于让利益方通过"让渡当期的分红收益"，转变为长期合伙的投资收益，该类资本的重要来源是政府的"沉淀财政资金"，引导闲置资金进入具有经营性属性的重点工程建设领域，并择机开展"在建工程资产抵押融资""预期收益现金流证券化融资"等。其中，财政资金作为"保底"机制，通过引导基金功能，花小钱办大事，既能够平衡利益收益的期限结构，又能顺利地开展土地收储以及前期的整治工作。

三、财政引导（增信）+信保理财池

该模式的核心是：通过对"政府信用+项目信用+评估机制创新"来改善城市更新项目的信用体系，并形成具有长期受益机制多元化主体合作的格局。

财政资金的重要功能还在于通过发挥政府信用的价值，来增强社会资本参与村改过程中的"金融产品设计能力"。引导民间资本进入非营利性（弱收益村改项目）建设领域的关键是预期的回报机制和安全的投入机制，对此，发挥"财政增信+保险保障"的联动机制，不仅可以拓展社会资本投资的领域，更能够构建民生工程建设项目的"收益资产包"，实时择机在资本市场挂牌拍卖，在保障民间资金"本金+收益率"的前提下，财政资金只需按照年限"分期还本付息"，即可撬动社会资金进入村改项目建设领域。另外，依托信托+保险的理财池机制，吸收社会闲散资金进入"理财池"，作为城市更新资金的重要来源。

四、国企领衔+民间资本+城市合伙

该模式的核心是：发挥龙头企业的资金链+资源链+创新链+价值链优势，提升城市更新项目的资金参与维度与市场价值潜力，让龙头企业承担起更多的社会经济发展的责任，实现区域共赢。

城市更新项目的推进实施需要引入国企（央企）参与，通过发挥大型国企的资金优势、品牌优势、商业生态优势来进一步吸引和联动民间资金进入村改，从而大力提升社会资金进入村改领域的积极性。大型国企在村改项目问题上能够发挥龙头企业的带动作用，构建"商住配套+工业地产+绿色生态"三位一体的联动开发模式，挖掘村改项目的社会价值与潜在的市场价值，搭建民间资金参与平台，国企与民企结合，共同组建村改项目公司，承载金融资源以及便利化金融运作，优化和规范各类型资金的平台化收益与投资机制，尤其是法治化的利益保障机制，变买卖关系（投资关系）为利益共同体关系，培育新形势下的城市更新"城市合伙人"新格局。

五、双重让利+营商环境优化

该模式的核心是：利用村改工程的改革效应来不断地优化营商环境，实现改革为民、村改为民的服务生态体系。

财政部门要牢牢抓住税收工具，充分发挥财政资金的功能属性，税收是影响村改的"牛鼻子"环节。财政部门在存在问题上要实现双重让利：一是让利于民。要能够让村集体或者社会居民在村改项目中获得实在的利益回报，树立老百姓支持与拥护村改的良性互动形象。二是让利于社会资本。通过财政资金的动态调节，给予社会资本适当的高收益，不仅是尊重社会资本的运行规律，同时能够置换出财政的"建设性功能空间"，助力村改顺利实施。另外，营商环境的优化问题是村改的关键抓手，一定要受到重视。村改首先要能够形成"法治战略"，通过不同形式、不同程度的法治化保障，对经济绩效的指标考核，对工业园区发展的任务考核，对工业园改造的完成率考核等指标，需要给予法制保障与程序规范，从而在全区形成"村改的战略意识"。例如，当前的村改工程，在"短期面临的是资金参与的问题，中期聚焦的是持续性投资回报的问题，远期考虑的是政策稳定性与投资利益保护的营商环境优化问题"。村级工业园区的改造，特别是要大胆进行投融资管理体制创新，探索建立"融资联盟"，打通银行、财政、国资平台、基金公司、外商股权投资等主体合作的制度障碍，通过优质的法治化环境来确保融资环境市场化、便利化、规范化，要能够让居民与社会资本获得理想的投资回报。

六、债务证券化（资产运营视角）

该模式的核心是：对政府的债务性资产进行系统提炼，并通过社会资本的参与机制创新，实现优质资产的证券化与信托化功能，降低政府财政部门的资金支出压力和转移债务风险。

在理论研究层面，新财政功能主义模型对政府债务形成的优质资产表示认可，对政府信用的评估机制创新需要围绕动态的资产置换与转化能力展开。研究指出政府既往的财政赤字和地方债务要从"资产形成与资产收益的视角来重新审视",对此,财政部门需要强化对政府债务的分类研究,对于"债务—资产转化"顺畅,收益性相对稳定的政府债务项目,实施预期收益的证券化机制,提升财政可持续的内生条件,降低财政运行的资金压力,更好地服务城市更新进程。

第六章 以非税收入划转改革推动国家治理现代化[①]

第一节 导 言

2018年以来，中国启动了以增值税降率政策为核心的大规模减税降费改革，这成为新时代提升国家治理能力与国际竞争力的重要政策取向。根据财政部的统计，2019年减税降费规模超过2.3万亿元，占GDP的比重超过2%。受减税政策影响，2019年一般公共预算收入同比增长3.8%，其中，税收收入仅增长1%。但与此同时，2019年的非税收入同比增长20.2%，成为拉动公共预算收入增长的重要引擎。大规模减税后，税收收入骤降而非税收入猛增的现象，引发了人们关于非税收入冲抵减税政策效果的担忧，也给提升政府非税收入治理能力带来了新的挑战。

作为政府财政收入的重要组成部分，尤其是对地方政府而言，由于对非税收入的征管和支配具有比较大的自主权，非税收入一直是地方政府应对财政压力的重要手段（李一花、韩芳，2018；王佳杰等，2014）。而非税收入的这种属地化管理体制，也是导致在中央政府大规模减税降费政策下，全国非税收入高速增长的根本原因。2018年3月，国务院机构改革方案提出："将省级和省级以下国税地税机构合并，具体承担所辖区域内各项税收、非税收入征管等职责。"合并后的国家税务局实行垂直管理体制，并要求在2020年底前将"依法保留、适宜划转"的非税收入划归税务部门征收管理，非税收入划转税务部门征收成为改革非税收入属地化管理体制和促进非税收入法治化进程的重大举措。

但是，从该项改革的实际推进情况来看，目前各地区非税收入划转税务部门征收的进度不一，且存在部分省份仍未开展省定项目划转的问题。各省

[①] 本章作者简介：范子英，上海财经大学公共经济与管理学院教授，中山大学国家治理研究院现代财税政策研究中心研究员；赵仁杰，西北大学经济管理学院副教授。

份在已划转项目方面存在较大差异，划转工作的整体推进情况与国税地税合并改革的目标要求相差较远。本报告从当前我国非税收入的基本现状出发，在对非税收入存在的主要问题梳理的基础上，总结非税收入划转税务部门的重大意义。并进一步地结合当前我国非税收入划转工作面临的困境和主要问题，提出加快推进非税收入划转、提升政府非税收入治理能力的对策建议。

第二节　我国政府非税收入现状、问题及划转改革的意义

一、非税收入概念范畴与规模

（一）非税收入概念与统计分类

非税收入概念的界定是理论研究与财政实践的基础性问题，也是学术界关于非税收入问题研究的重要出发点。从国外文献来看，并不存在非税收入这个专有名词，关于政府非税收入的概念界定，主要集中在对政府使用费和预算外资金（extra-budgetary funds）概念范畴的讨论中（William，2016）。国内学者较早对非税收入的概念进行了界定，卢洪友（1998）详细区分了中国非税收入的主要类型，史桂芬（2007）认为对非税收入的具体内涵，应从非税资金的征收主体、目的、标准、范围、方式、原则等多个角度去理解。苗连营和李晓光（2013）重点在宪法语境下对非税收入的内涵进行了解读，傅娟（2019）从中美比较的视角出发，通过对美国"非税"相关文献以及美国联邦政府预算分类和使用者收费内涵的分析，认为美国目前的预算分类和财政统计中不存在现成的"非税收入"及其近似概念，中国与美国非税收入的比较不具有太大的可行性。

在官方文件中，"非税收入"首先出现在2001年发布的《财政部、中国人民银行关于印发财政国库管理制度改革试点方案的通知》中。2004年，《财政部关于加强政府非税收入管理的通知》（财综〔2004〕53号）首次对非税收入进行了定义："非税收入是政府财政收入的重要组成部分，作为一种公共治理工具，是政府参与国民收入初次分配和再分配的重要手段，属于财政资金范畴。"2016年发布的《政府非税收入管理办法》明确规定非税收入是指"除税收以外，由各级国家机关、事业单位、代行政府职能的社会团体及其他

组织依法利用国家权力、政府信誉、国有资源（资产）所有者权益等取得的各项收入"。根据财政部公布的数据，目前非税收入共有 12 大类，全国层面的非税收入有 92 项，各省设立行政事业收费共 360 项、520 小项（贾博，2019）。

（二）非税收入规模变化

按照 2016 年的《政府非税收入管理办法》，非税收入共包含 12 大类，理论上，关于中国非税收入状况的分析，应该基于这 12 类的划分，这样有助于把握政府非税收入的全貌。但是，在财政收入统计上，非税收入的统计数据被分散在政府财政预算的一般公共预算收入、政府性基金收入和国有资本经营预算收入等项目中。

首先，在政府一般公共预算收入中，非税收入是重要的组成部分，包括专项收入、行政事业性收费收入、罚没收入、国有资本经营收入、国有资源（资产）有偿使用收入和其他收入。从图 6-1 可以发现，在全国层面，非税收入占比总体上呈上升态势，基本上保持在 15% 左右。其中，中央政府一般公共预算收入中非税收入占比较低，并在 2015 年以后有明显下降趋势。地方政府一般公共预算收入中非税收入占比较高，并且近年来呈现出逐渐上升的趋势，地方政府一般公共预算收入中非税收入占比上升是驱动全国非税收入上涨的主要因素。从 2017 年全国一般公共预算收入中非税收入的构成来看，占比最高的是国有资源（资产）有偿使用收入，专项收入次之，罚没收入和其他收入在全国层面的非税收入中占比相对较低。见图 6-2。

其次，按照全口径的政府非税收入，政府性基金收入也是非税收入的重要组成部分。政府性基金的内容庞杂，根据 2014—2018 年《中国统计年鉴》中政府性基金预决算统计信息，纳入统计的政府性基金共包括 45 项。图 6-3 显示了 2013—2017 年全国政府性基金收入的变化。在收入规模上，政府性基金收入要明显高于一般公共预算收入中的非税收入。在变化趋势上，2015 年以后政府性基金收入呈现明显增长趋势，与一般公共预算收入中的非税收入在 2015 年开始逐渐下降的趋势正好相反，可见，政府性基金收入增长是近几年驱动全国层面政府非税收入增长的重要因素，这表明对于政府非税收入问题的研究，应该重视对政府性基金收入的分析。

最后，国有资本经营收入是整个政府非税收入的重要内容，主要指经营和使用国有财产取得的收入，按照赣州至深圳铁路（广东段）《中国统计年鉴》公布的全国国有资本经营收入预决算表，国有资本经营收入包括：①利息收入；②股利、股息收入；③产权转让收入；④清算收入；⑤其他国有资本经营收入。从图 6-4 可以看出，近年来全国国有资本经营收入额不断提

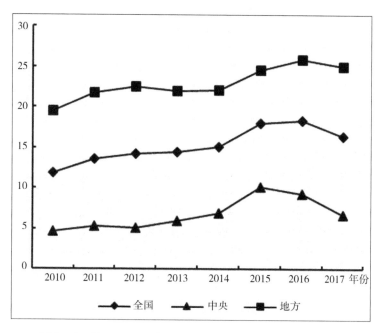

图6-1　2010—2017年一般公共预算收入中非税收入占比

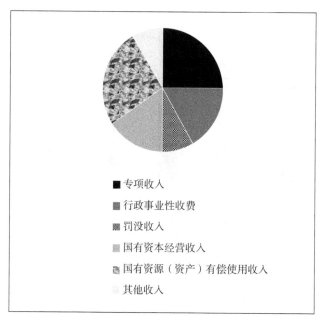

图6-2　2017年非税收入各项目占比

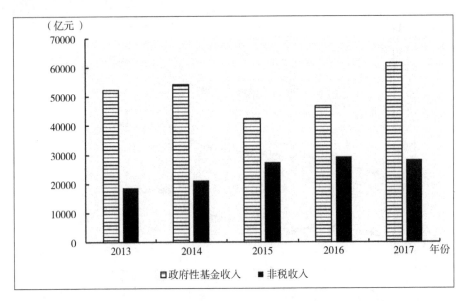

图6-3　2013—2017年政府性基金收入与一般公共预算中非税收入的变化

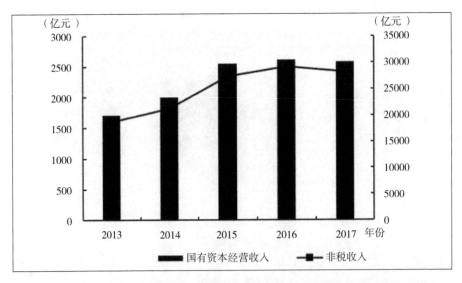

图6-4　2013—2017年国有资本经营收入和一般公共预算收入中非税收入的变化

升,但与一般公共预算收入中的非税收入相比,国有资本经营收入的总体数额相对较小,在整个全口径政府非税收入中占比相对较低。

二、政府非税收入存在的主要问题

1. 地方非税收入规模过大,财政收入结构性问题突出

从全国非税收入的绝对规模来看,2004—2016年间非税收入额翻了10倍,年均增速达28%,超过税收收入年均增速(21%)7个百分点(贾博,2019)。尤其是对地方政府而言,非税收入占一般公共预算收入的比重长期高于20%,这一比例明显偏高。特别是在减税降费政策的影响下,地方政府会通过筹集非税收入来应对财政减收压力,这将进一步加剧地方财政收入中非税收入占比过高的问题,给财政收入质量提升和可持续性带来不利影响。

2. 非税收入征管主体太多,多头管理现象较为严重

当前,我国非税收入管理主要集中在政府各主管部门手上,非税收入的预算编制、收入立项、决算及支出管理和票据管理的各个环节都由不同的部门负责(贾博,2019),存在多头收费、多头管理、多头征收等问题。以行政事业收费为例,现行地方收费主体主要有地方财政、交通、国土管理、工商、卫生监督、公安、司法、监查、城建、环保、教育等管理部门,每个部门都有收费名目,而且存在一个部门收取多种费用的情况。在收费项目管理上,虽然实行项目设定、标准制定、费用征收相互分离,但仍然缺乏一个强有力的收费监管部门,事实上形成了多头管理、政出多门的现象,违规越权审批时有发生,乱收费现象屡禁不止。

3. 征税范围存在随意性,地方弹性管理空间大

征税范围是非税收入征管的基础性要素,当前,我国非税收入征税范围划定随意性较大,具体表现为各项收入边界不清、应征未征或乱征收问题突出以及"钓鱼执法"现象屡见不鲜。各项非税收入边界不清,非税收入中租、利、费和基金等多种形式关系混淆。对于同一种非税收入项目,不同省份划定的征收内容存在差异,省级政府在非税收入征管上的弹性解释空间过大。部分项目设置缺乏正当性,尤其是存在对普惠性的公共服务项目征收行政事业费用的问题,如公民领取户口簿和迁移证缴纳的工本费、口岸以外边防检查监护费等行政事业性收费,这类收费项目的设定缺乏正当性与合法性,需要逐渐被清理废除。同时,地方主管部门随意扩大征收的范围,特别是交通、卫生、环保、治安、质检等对管理职能执行经济量化的部门,"以罚代管"问题长期存在。

4. 征收标准设定不合理,公共品价格地区差异大

非税收入征缴标准不仅直接关系到公众的负担程度和筹集收入的规模,还涉及公共产品定价的问题,各地区差异化的非税收入征收标准,不利于居民享受均等化的公共产品。一方面,由于很多非税收入项目的收费标准由地方政府自行设立,这就导致同样一项政府提供的具有收费性质的公共产品,各地区居民的消费价格存在差异;另一方面,对于具有矫正性功能的收费项目,例如罚没收入,各地区征收标准也不尽相同,这也导致同样一种行为在不同地区所要承担的成本存在差异,影响着矫正性收费项目在调节经济主体行为上更好地发挥作用。

5. 非税收入数据管理分散化,难以为经济决策提供依据

在非税收入征管属地化、部门化的情况下,非税收入各项数据的统计和管理也基本上集中在征管部门上,经济决策部门缺乏全面的非税收入数据。例如,地方各级财政部门,仅掌握纳入本级财政国库的各项非税收入数据,对于从本地征收,但未进入本级财政的非税收入缺乏数据信息。从地区减税降费政策角度来看,准确测度企业和居民的非税负担是确保政策精准性和科学性的基础,但是,由于非税收入征管的属地化和部门化特征,这就导致一个部门不可能掌握本地缴费主体缴纳的全部非税收入数据,给全面评估缴费主体的非税负担带来困难,也不利于实行科学准确的降费政策。

三、非税收入划转税务征收的重大意义

当前,我国政府非税收入存在的主要问题,都与长期以来非税收入征管的属地化、部门化体制密切相关。在国税地税合并改革后,非税收入划转税务部门征收,能够有效解决属地化和部门化管理体制的弊端,对于推进非税收入法治化和提升国家治理能力现代化具有重要意义。

1. 夯实财政在国家治理中的支柱作用,加快国家治理体系和治理能力现代化

党的十八届三中全会强调,"财政是国家治理的基础和重要支柱"。非税收入作为财政收入的重要组成部分,其资金筹集是国家机构行使公共权力的一种方式,非税收入更是涵盖了政治、经济、社会、文化等诸多领域,深刻地融入国家治理的各个方面,是真正意义上治国理政的重要基础,非税收入征管的法治化则是国家治理现代化的必然要求。

非税收入管理的法治化,离不开扎实的非税收入统计数据支撑。非税收入划转税务部门征收,一方面,能有效发挥税务部门的统计核算优势,为政

府相关部门及时准确了解辖区内企业和居民的非税负担提供数据支撑，从而提高政府利用非税收入管理调节经济和社会治理的能力；另一方面，非税收入划转税务部门统一征收后，原有的税费分离的征收模式变为税费统管，统一征收主体，能够有效解决原有征收模式下存在的非税收入"谁都管而又谁都不管"和"多家理财"的问题。在税务部门的统一管理下，能够强化中央政府对非税收入的监督管理，为加快清理不合规收费奠定基础。

2. 提升非税收入的规范化程度，营造更加良好的营商环境

当前，中国宏观经济增速放缓，亟待通过营造更加优越的营商环境来支持企业高质量发展。一直以来，乱收费问题都是影响地区营商环境建设的重要因素，李克强总理曾指出："中国企业负担过重，主要是各种明目的'费'太多。"乱收费问题的存在与长期以来中国非税收入征管权力集中在地方政府各部门手中密切相关，在原有征收模式下，各主管、征收部门容易受部门利益的驱使，对涉企收费进行弹性征管，这使得企业面临的非税负担呈现出很大的不确定性，严重影响着地方的营商环境建设。

非税收入当中的很多具体项目，从征收对象上来看，交由税务部门征收能够有效降低企业负担，切实提高企业获得感（朱青、胡静，2018）。如已经划转税务部门征收的农网还贷资金和国家重大水利工程建设基金，都是根据电力用户使用电量及规定征收标准来计征的，电网经营企业向用户征收后汇缴到省级电力企业，再由省级电力企业向省级财政部门或财政部驻当地财政监察专员办事处申报并缴款。电网经营企业除了按照规定征收标准向电力用户征缴这两项非税收入，还要向税务局缴纳同这些基金收入相关的流转税费，企业以一对多，征缴环节产生的制度性交易成本增大了企业运营成本，加大了企业缴费负担，不利于构建良好的营商环境。从农网还贷资金和国家重大水利工程建设基金收入征缴环节来看，将税务部门作为这些政府基金收入征缴主体，不仅能充分利用国家专业征收系统资源，极大地降低征缴成本，更能切实减轻电力企业负担。

非税收入划归税务部门统一征收后，一方面，税务局作为独立于地方政府的垂直管理机构，在非税收入征管上能够更好地摆脱地方政府各部门的干扰，使得非税收入的征管做到依照目录清单合规合法征收，减少原有征收模式下存在的"乱收费"问题，切实降低企业的非税负担；另一方面，税务部门统一征收非税收入，在征收程序上不断接近税收，征收的透明化程度不断提高，这有助于企业形成对应缴非税项目的稳定预期，避免原有征收模式下地方政府各部门对非税收入的弹性征管给企业生产经营造成的非预期冲击。因此，从真正减少企业非税负担和非税收入征收的透明化角度来看，税

务部门统一征收非税收入有利于营造更加良好的营商环境,助力企业高质量发展。

3. 降低非税收入征管中的腐败风险,推动政府廉政建设

在原有的属地行政部门征收模式下,一些非税收入征管存在各部门自收、自支的问题,非税收入的征管缺乏统一标准和外部监督。在非税收入征管中,如果让非税收入的使用者自己征收,没有一定的外部监督和相互制约,很容易出现多征或漏征的状况,使得非税收入成为部门甚至个人谋取利益的手段。事实上,近几年发现的腐败问题和违反中央八项规定精神的问题表明,非税收入易转化为部门"小金库",成为产生腐败和作风问题的资金来源。

例如,2014年甘肃省兰州市针对本市非税收入开展的监督检查结果显示:①非税收入漏洞较多。国有资产(资源)经营收入补偿收入、财政资金利息收入、捐赠收入等在征缴中存在隐瞒、滞留、截留、挪用、坐支现象,没有上缴财政或及时入库。某单位将收取的业务手续费195.7万元直接坐支。②票据管理不规范问题突出。个别单位私自使用往来票据、自制票据收费,检查中共涉及17家单位存在此类问题。某单位使用行政事业单位资金往来收据收取房屋租赁费2.4万元。③国有资产经营不够规范。部分单位未经财政部门批准,擅自出租出借国有资产,个别单位将国有资产给他人无偿占用,从中为个人牟利,导致国有资产经营收益流失,埋下腐败隐患。

税务部门统一征收非税收入后,依靠"金税三期"系统,在非税收入的票据管理、资金管理等方面规范化程度大大加强,能够有效降低地方行政部门征收中存在的腐败风险,促进政府廉政建设。在原有的属地行政部门行政部门征收模式下,很多非税收入存在部门自收、自支问题,非税收入征管缺乏统一标准和外部监督,隐藏腐败风险。税务部门统一征收非税收入,在非税收入的票据管理、资金管理等方面规范化程度大大加强,能够有效降低地方主管部门征收中存在的腐败风险,促进政府廉政建设。

4. 提升非税收入的征缴效能,增强地方财政的可持续性

作为政府收入分配体系的重要组成部分,非税收入在筹集财政收入中发挥着重要作用。在原有的属地行政部门征收模式下,地方政府为了实现自身经济竞争目标,将非税收入征管作为竞争手段,竞相通过降低费率的手段来吸引流动性要素(陈工、洪礼阳,2014),导致应征非税收入的少征、漏征问题较为严重。这不仅影响了非税收入筹资功能的发挥和公共产品的供给,还使得非税收入的矫正性功能受到限制。

税务部门统一征收非税收入,能够发挥税务部门的征收优势,通过税费

同管交叉稽核，在一定程度上将少征、漏征但又应征的非税收入征收上来。例如，笔者通过对广东省的调研发现，2018年广东省残疾人就业保障金改由缴费人直接向税务部门申报缴纳后，由于税务部门掌握着企业更加完备的信息，并且严格按照政府有关残疾人就业保障金征收管理办法进行征管，企业正常申报缴纳的残疾人就业保障金较以往大幅度提升，有效改善了残疾人就业保障金的漏缴问题。在当前减税降费政策背景下，地方政府面临的财政压力不断增加，税务部门征收非税收入，能够确保以往应征未征、少征项目的足额征收，有助于缓解地方政府面临的财政压力和更好地发挥非税收入在地方财力建设中的作用，且不违背减税降费的政策方向。

第三节 非税收入划转改革面临的困境与问题

在国税地税合并改革以来的两年中，按照改革方案中"依法保留、适宜划转"的非税收入划归税务部门征收管理的要求，全国和各地区都进行了不同程度的非税收入划转税务部门征收改革。但从各地区非税收入划转改革的实际情况来看，非税收入划转税务部门征收还面临着以下几方面的改革困境。

一、划转范围界定模糊，各地划转随意性大

根据党中央、国务院关于非税收入划转税务部门征收的工作要求，"2020年12月31日前，将依法保留、适宜划转的非税收入项目分批交由税务部门统一征管"，其中，对于划转项目的要求集中体现在"依法保留、适宜划转"上。这一规定表明，并非所有非税收入都应划转税务部门征收，具体划转项目由地方政府按照这一基本原则自行决定。

由于缺乏明确的划转项目要求，各地对应划转项目的理解不同，省定非税收入划转项目的选择和工作进度也存在较大差异，表6-1呈现了截至2019年6月，各省（市）已划转省定非税收入项目的基本情况。可以发现，一方面，从各地第一批已经划转的非税收入项目来看，仍存在一半的省（市）没有对省定非税收入项目划转税务部门征收出台政策文件，各地在推进省定非税收入项目划转上进度不一；另一方面，在已划转税务部门征收的非税收入项目内容上，各省（市）已经划转的省定非税收入项目存在巨大差别，没有省份在省定非税收入划转项目上存在雷同。

近年来，随着非税收入管理的规范化，地方非税收入项目设置的权限基

本上都已上收到省级政府，这意味着各省（市）非税收入项目设置本身会存在差异。"依法保留、适宜划转"仅仅给定了划转项目选择的大原则，对于本省（市）已有非税收入项目是否合法，是否适宜划转，各地的判断标准不一，在非税收入项目划转上也会存在一定的随意性，从而给全国层面进一步加强非税收入管理带来阻碍。

表6-1 各省（市）已划转省定非税收入项目（截至2019年6月）

省（市）	项目名称	征收对象	原征收部门
北京	成人高考招生经费	学校	北京市教育考试院
	世界文化遗产门票收入	游客	北京市颐和园管理处、北京市天坛公园管理处
	户外广告设施招标及拍卖收入	广告设施使用单位	北京市城市管理委员会
天津	小客车总量调控增量指标竞价收入	买受人	市交通运输委
山西	云冈石窟风景名胜区门票收入	游客	云冈石窟研究院、云游公司
	行政单位、参公管理事业单位国有资产出租、出借收入	事业单位	财政部门
	市政公共资源有偿使用收入	市政公共资源使用人	规划、人防、城乡管委、园林等部门
吉林	长白山国家自然保护区资源补偿费	单位或个人	长白山管委会财政局
浙江	公共户外广告资源有偿使用收入	出让方	住建/工商部门
	利用政府投资建设的城市道路和公共场地设置的停车泊位经营权转让收入	出让方	地方政府指定部门
宁波	利用政府投资建设的城市道路和公共场地设置的停车泊位经营权转让收入	出让方	地方政府指定部门
	公共户外广告资源有偿使用收入	出让方	城管部门

续表 6-1

省（市）	项目名称	征收对象	原征收部门
福建	武夷山风景区资源保护费	游客	旅游局
湖北	公路、桥梁路产赔偿费	单位和个人	湖北省交通厅下设的6个高速公路管理处
湖南	河道砂石资源开采权出让收入	单位和个人	地方税务部门
	广告收入	湖南广播电视台	省非税局
广东	村镇基础设施配套费（仅乡镇规划区）	乡镇规划区内建设项目	住建部门
深圳	超计划超定额加价水费	用水单位和个人	节约用水办公室
广西	城市园林绿化补偿费	部门和个人	城市园林绿化行政主管部门
	城市绿化用地面积补偿费	县城以上城市规划区范围内的建设项目	各市、县（区）园林绿化主管部门
海南	占用损坏路产路权赔偿费	单位或个人	海南省公路管理局
四川	公路路产损坏占用赔（补）偿费	单位和个人	公路管理机构和公路经营企业
陕西	矿产资源专项收入	单位、组织和个人	各级国土资源部门
甘肃	公路路产损坏赔偿收费	单位和个人	交通部门
新疆	车用天然气价差收入	企业	发展和改革委员会
	差别电价收入	企业	财政部门
	市政公共资源有偿使用收入（平时使用人防工程收费）	单位、企业、个人	人防部门
	草原补偿费	单位、企业	草原站
	草原安置补助费	单位、企业	草原站

数据来源：作者根据各省（市）政府官方网站整理。

二、缺乏组织领导机构，划转面临协调困难

由于非税收入涉及政府多个行政管理部门、执收部门，非税收入划转过程中主管部门、执收部门和税务部门之间的协调成为当前非税收入划转工作面临的重要问题。2019年12月13日，国家税务总局正式成立社会保险费司（非税收入司），此前，各省份国家税务局也已成立社会保险处（非税收入处）或者专门的非税收入处作为非税收入征管机构。

国家税务局中非税收入征管部门的主要职责是"非税收入的征管职责划转、落实以及后续的征收管理各项工作"，其工作核心是对已划转非税收入的征管，在非税收入划转项目的确定上，税务部门只是参与方之一。目前各省份还未成立统一的组织领导机构，非税收入划转工作主要由财政部门和税务部门协商推进。事实上，由于财政部门主要承担对最终收入的管理，并不具备统一协调其他行政部门的权力，这就导致非税收入划转涉及其他政府部门时，就会存在财政部门、税务部门和征收部门之间的协调难题。

行政管理改革中的部门利益一直是制约改革步伐的关键因素（石亚军、施正文，2011），在非税收入的部门化征收体制下，部门利益成为非税收入项目划转面临的重要阻碍。由于缺乏统一的组织领导机构，当前各地非税收入划转陷入各平行部门之间的协商困境中，其结果就是划转项目成为各方妥协的结果。从各省份已划转的省定非税收入项目来看，项目涉及的收入规模较小，收费额占地方非税收入和财政收入的比重明显偏低，且涉及自然人的项目较多，不符合税务部门的征收优势。而税务部门希望划转的项目，难以得到原征收部门的支持，导致目前已划转的项目在收入规模、项目类型上不符合税务部门的征收优势。

三、数据信息系统建设滞后，划转项目征收难度较大

及时准确掌握缴费对象的信息是确保非税收入划转税务部门征收后，征收工作顺利开展、征收效率提升的关键。在原有的属地化、部门化征收体系下，非税收入的缴费人信息、征收数据等分散在各征收部门中。税务部门的征收数据和信息则主要依托"金税三期"系统平台，在非税收入划转税务部门征收后，如何将分散在各征收部门的缴费人信息和非税收入数据与税务系统的"金税三期"工程进行对接，成为非税收入划转税务部门征收后征管效率提升面临的重要问题。

当前，针对第一批已经划转的非税收入，各省份的征管平台和信息系统建设情况不一，总体上还未形成与"金税三期"系统的有效融合。尤其是在市、县层面，税务局非税收入部门的人员数量不足，繁杂的征收信息处理工作加大了基层税务人员的工作负担，制约着税务部门非税收入征管效率的提升。

四、征收和主管部门分离，缴费人便利性下降

非税收入划转税务部门征收后，非税收入的征收部门和相对应的业务主管部门分离，缴费人需要在税务部门缴费后，依据缴费票据前往相应的主管部门办理相关业务，客观上拉长了缴费人的行为链条，不利于缴费人的便利性。

目前，我国税务部门仅设置到县（区）级，在乡（镇）较少设立办税服务机构。这就导致非税收入划转税务部门征收后，位于农村的缴费人还需要前往设有办税服务机构的县（区）缴费，再去所在地主管部门办理相关业务，这给缴费人带来不便。

除此之外，票据的统一认可和对接也是非税收入划转税务部门征收后，在落实层面影响缴费人便利性的重要因素。目前，税务部门征收非税收入时会向缴费人开具非税收入税票或者电子税票，但在非税收入电子税票的认可上，非税收入的主管部门还可能存在一些认可障碍，这给缴费人顺利办理相关业务也带来了不便。

五、缴费人实际负担上升，税务部门面临舆情压力

非税收入划转税务部门征收后，一方面，由于税务部门具有强大的征收能力，尤其是在涉企类非税收入项目上，税务部门的信息和征收队伍优势都能够确保税务部门征收效率的提升；另一方面，作为独立于地方的垂直征收机构，税务部门征收非税收入，完全按照相关规定足额征收，避免了原有的属地化、部门化征收模式下的弹性征收问题，这也会带来非税收入征收效率的改善。

对于缴费人而言，征收效率的提升也意味着缴费负担的加重。例如，广东省残疾人就业保障金划转税务部门征收后，即使采取自主申报缴费的方式，广东省残疾人就业保障金数目仍然大幅上涨，使得企业负担加重，引发了企业的强烈反响。在当前减税降费的大背景下，税务部门征收非税收入

后，会降低以往少征、漏征的情况，也相应加大了缴费人的负担，这一矛盾问题构成了当前税务部门征收非税收入的重要压力，也成为影响税务部门承接非税收入征收任务积极性的重要因素。

第四节 深化非税收入划转改革的对策建议

从党中央、国务院关于2020年底前将部分"依法保留、适宜划转"的非税收入划归税务部门征收管理的要求出发，当前各省份非税收入划转税务部门征收的现状与这一目标要求还相差较远。加快推进非税收入项目划转税务部门征收，需要在厘清实施困境和主要问题的基础上，分别从划转项目选择的基本原则和配套制度建设两大方面着手。

一、明确划转项目选择五大原则，确保划转项目的合法合理性

"依法保留、适宜划转"的大原则虽然锚定了划转项目选择的基本方向，但是在实践过程中缺乏直接参考性。进一步明确非税收入划转项目选择的基本原则，应该抓住以下五个方面：

一是项目长期存续的合法性原则。非税收入划转的对象是"依法保留"的非税收入项目，主要包括受益性收费、补偿性收费和处罚性收费。二是征收要素的税费相关性原则，主要体现为征收要素缴费人与纳税人的相关性和税基与费基相关性两方面。三是征收或受益对象的普遍性原则。即不针对特定群体或者特定行为的收费项目，征收面较宽的非税收入适宜由税务部门征收。四是有利于缴费人的便利性原则。一些项目划转税务部门征收后，由于税务部门的机构网点设置、缴费与获得公共服务的链接环节拉长等问题，加大了缴费人的负担，此类项目更应该采取本地政府行政主管部门征收的模式。五是收入的规模性和一致性原则。收入规模小或不可持续的非税收入改为税务部门征收将导致税务部门行政投入和效应不匹配，应该选择收入规模较大的项目划转税务部门征收，并且该项目在省内各地区间收入占比不存在太大差异。

二、加强六大配套措施建设，推进划转工作顺利进行

非税收入项目划转是一个涉及多个政府部门以及利益主体的系统性工

程，为确保改革的顺利完成，还需要从以下六个方面构建相应的配套制度：

第一，加强组织动员和领导机构建设。深化省级非税收入划转改革，需要形成以省政府（省政府办公厅）为组织牵头单位，省财政厅和税务局作为主要参与方，各拟划转项目的原主管单位和执收单位作为参与方的组织保障体系。

第二，推进数据信息系统对接平台建设。加快推进非税收入各主管部门的信息系统与税务系统的数据对接，开发和完善"金税三期"征管系统的非税收入子系统，在涉及自然人的非税收入项目中，加快非税收入管理系统与第三方支付平台的对接。

第三，加快提升非税收入便捷征管服务。通过征管模式上实施柔性化改造，摸清费源底册，分类施治。实施规范化征缴和社会化征缴相结合，优化流程，综合采取简并征期、委托代征、网上申报和移动支付等方式，持续优化征缴服务，为缴费人提供便捷服务。

第四，做好政策的宣传和社会舆情引导。在减税降费背景下，需要利用媒体和舆论工具，大力宣传非税收入政策，增加非税收入透明度，使非税收入政策公示化、公开化，让社会各界能更好地了解非税收入，理解非税收入划转工作。

第五，调整税务部门征收后的收费标准。为了切实做到税务部门征收非税收入后缴费主体实际负担不发生变化，在税务征收效率提升的情况下，应该对原有的收费标准做出相应调整，确保符合税务部门征收非税收入后不增加缴费主体实际负担的政策要求。

第六，划转项目管理权限的同步改革。通过制定出台相应的法律法规，明确税务部门在非税收入征收和管理上的具体权责。加快理顺非税收入管理上政府各主管部门与税务部门之间的关系，对税务部门非税收入征收和管理权责进行更加清晰的界定。

参考文献

[1] 蔡红英. 供给学派关于减税政策的争论及其评价 [J]. 税务研究, 2016 (9): 62-67.

[2] 陈工, 洪礼阳. 省级政府非税收入竞争的强度比较与分析: 基于财政分权的视角 [J]. 财贸经济, 2014 (4): 5-13.

[3] 陈天琪. 促进京津冀协同发展的财税政策研究 [D]. 北京: 首都经济贸易大学, 2015.

[4] 陈雯, 孙伟, 袁丰. 长江三角洲区域一体化空间: 合作、分工与差异 [M]. 北京: 商务印书馆, 2018.

[5] 成涛林, 孙文基. 基于新型城镇化视角的我国地方政府债务管理探讨 [M]. 苏州: 苏州大学出版社, 2016.

[6] 程宇丹, 龚六堂. 政府债务对经济增长的影响及作用渠道 [J]. 数量经济技术经济研究, 2014, 31 (12): 22-37, 141.

[7] 邓力平, 何巧, 王智烜. 减税降费背景下企业税负对创新的影响研究 [J]. 经济与管理评论, 2020, 36 (6): 101-111.

[8] 董丽英, 孙拥军, 高志璇. 京津冀区域科技成果转化的财税政策探讨 [J]. 中国内部审计, 2017 (12): 82-85.

[9] 段龙龙, 叶子荣. "减税降费" 与地方财政解困: 基于国家治理效能视角分析 [J]. 经济体制改革, 2021 (1): 122-128.

[10] 范剑勇, 莫家伟. 地方债务、土地市场与地区工业增长 [J]. 经济研究, 2014, 49 (1): 41-55.

[11] 范子英, 彭飞. "营改增" 的减税效应和分工效应: 基于产业互联的视角 [J]. 经济研究, 2017, 52 (2): 82-95.

[12] 房飞, 王大树. 减税降费与小微企业科技创新: 基于东部沿海地区面板数据的实证分析 [J]. 税收经济研究, 2021, 26 (2): 40-46.

[13] 封北麟. 城镇化、地方政府融资与财政可持续 [M]. 北京: 经济科学出版社, 2017.

[14] 封北麟. 地方政府投融资平台与地方政府债务研究 [J]. 中国财

政，2009（18）：43-45.

[15] 冯俏彬. 中国制度性交易成本与减税降费方略 [J]. 财经智库，2017，2（4）：84-99，141.

[16] 傅娟. 非税收入的概念辨析及中美比较的可行性研究 [J]. 财贸经济，2019（3）：37-52.

[17] 傅娟，叶芸，谯曼君. 减税降费中的企业非税负担定量研究 [J]. 税务研究，2019（7）：19-22.

[18] 高洪显，陈渝. 京津冀一体化背景下地方政府财政政策协同研究 [J]. 经营与管理，2015（6）：28-30.

[19] 高培勇. 减税：中国的复杂性 [J]. 国际税收，2016（1）：26-27.

[20] 高正斌，张开志，倪志良. 减税能促进企业创新吗？：基于所得税分享改革的准自然实验 [J]. 财政研究，2020（8）：86-100.

[21] 谷彦芳，王坤，李克桥. 京津冀协同发展下产业转移税收分享政策研究 [J]. 经济研究参考，2018（46）：4-7.

[22] 郭步超，王博. 政府债务与经济增长：基于资本回报率的门槛效应分析 [J]. 世界经济，2014，37（9）：95-118.

[23] 郭庆旺. 减税降费的潜在财政影响与风险防范 [J]. 管理世界，2019，35（6）：1-10，194.

[24] 何代欣. 当前结构性减税面临的深层次问题及化解对策 [J]. 税务研究，2013（2）：17-21.

[25] 胡春. 增值税"扩围"改革对财政收入的影响：基于上海改革方案和投入产出表的分析 [J]. 财经科学，2013（1）：118-124.

[26] 胡怡建，田志伟. 我国"营改增"的财政经济效应 [J]. 税务研究，2014（1）：38-43.

[27] 黄蕊，张肃. 梯度转移理论下我国区域创新极化效应与扩散效应的非对称性影响研究 [J]. 商业经济与管理，2019（12）：88-97.

[28] 贾博. 非税收入划转与国家治理 [J]. 税务研究，2019（6）：110-114.

[29] 贾俊雪，郭庆旺. 财政规则、经济增长与政府债务规模 [J]. 世界经济，2011，34（1）：73-92.

[30] 金希娜，黄夏岚. 支持韩国首都功能搬迁的财税政策：对北京市首都功能疏解的启示 [J]. 地方财政研究，2017（5）：103-106，112.

[31] 李懋劼. "减税降费"推动我国制造业企业高质量发展 [J]. 财务与会计，2019（8）：41-44.

［32］李明，龙小燕. 减税降费背景下地方财政压力的现实困境及破解路径［J］. 当代经济管理，2020，42（9）：60-69.

［33］李娜，张岩. 长三角生态绿色一体化发展示范区建立财税分享机制的问题及对策建议［J］. 上海城市管理，2020，29（4）：38-43.

［34］李普亮，贾卫丽. "营改增"能否为制造业企业带来减税获得感［J］. 广东财经大学学报，2019，34（1）：80-91.

［35］李苏敏，李小胜. 减税能提升企业创新效率吗？：基于PVAR模型的经验证据［J］. 财贸研究，2020，31（4）：75-87.

［36］李雪松. 沈阳市发展"飞地经济"的对策研究［J］. 沈阳干部学刊，2020，22（4）：61-64.

［37］李一花，韩芳. 地方政府间税收竞争、财政压力与非税收入研究［J］. 公共财政研究，2018（4）：56-72.

［38］李拯非，张宏. 营商环境改革背景下减税降费对小微企业创新的影响：基于混合横截面数据的经验证据［J］. 江西社会科学，2021，41（7）：33-45.

［39］梁季，陈少波. 完善我国直接税体系的分析与思考［J］. 国际税收，2021（9）：33-42.

［40］廖茂林. 聚焦地方债务的"灰犀牛"风险［J］. 银行家，2019（3）：100-102.

［41］刘安长. 基于减税降费政策的财政可持续性问题研究［J］. 学习与实践，2019（4）：5-15.

［42］刘方. 减税降费落实中存在的问题及对策［J］. 宏观经济管理，2019（10）：29-32，45.

［43］刘富华，吴近平. 减税降费、财政分权与地方财政可持续性：基于西部A地区的实证研究［J］. 四川轻化工大学学报（社会科学版），2020，35（6）：54-71.

［44］刘乐淋，杨毅柏. 宏观税负、研发补贴与创新驱动的长期经济增长［J］. 经济研究，2021，56（5）：40-57.

［45］刘明慧，张慧艳，侯雅楠. 财政分权治理、减税降费与地方财政压力［J］. 财经问题研究，2021（8）：83-91.

［46］刘蓉，祖进元，王雯. 供给学派理论对当前我国减税政策的启迪［J］. 税务研究，2016（2）：18-23.

［47］刘尚希. 财政风险：一个分析框架［J］. 经济研究，2003（5）：23-31，91.

[48] 刘诗源,林志帆,冷志鹏.税收激励提高企业创新水平了吗?:基于企业生命周期理论的检验[J].经济研究,2020,55(6):105-121.

[49] 刘亚婕,董锋.产业转移推动地区技术进步了吗?[J].产经评论,2020,11(1):96-106.

[50] 刘志彪,巫强,等.长三角地区全面建设小康社会中的协调发展问题研究[M].北京:经济科学出版社,2019.

[51] 卢洪友.非税财政收入研究[J].经济研究,1998(6):55-61.

[52] 芦俊成,王思月.关于京津冀协同发展中税收分享机制的探讨[J].税收经济研究,2019,24(4):86-95.

[53] 陆铭.大国大城:当代中国的统一、发展与平衡[M].上海:上海人民出版社,2016.

[54] 吕健.地方债务对经济增长的影响分析:基于流动性的视角[J].中国工业经济,2015(11):16-31.

[55] 骆晓强,梁权琦,杨晓光.当前中国经济的"灰犀牛"和"黑天鹅"[J].中国科学院院刊,2017,32(12):1356-1370.

[56] 马海涛,吕强.我国地方政府债务风险问题研究[J].财贸经济,2004(2):12-17.

[57] 马金华,林源,费堃桀.企业税费负担对经济高质量发展的影响分析:来自我国制造业的证据[J].当代财经,2021(3):40-52.

[58] 毛捷,曹婧,杨晨曦.营改增对企业创新行为的影响:机制分析与实证检验[J].税务研究,2020(7):12-19.

[59] 毛捷,黄春元.地方债务、区域差异与经济增长:基于中国地级市数据的验证[J].金融研究,2018(5):1-19.

[60] 毛捷,徐军伟.中国地方政府债务问题研究的现实基础:制度变迁、统计方法与重要事实[J].财政研究,2019(1):3-23.

[61] 毛雁冰.提升长三角区域一体化营商环境的关键问题及对策[J].中国发展,2019,19(6):16-19.

[62] 缪小林,伏润民.地方政府债务风险的内涵与生成:一个文献综述及权责时空分离下的思考[J].经济学家,2013(8):90-101.

[63] 倪红日,刘芹芹.对"土地财政"内涵和成因的辨析[J].经济经纬,2014,31(2):5-9.

[64] 邱峰,梁嘉明.减税降费进展及其推进路径:基于对制造业企业缴费情况的调查[J].国际金融,2017(5):75-80.

[65] 沈小燕,陈柳卿,马娟.促进抑或抑制:"营改增"对企业创新

行为的影响［J］. 南通大学学报（社会科学版），2021，37（1）：64-74.

［66］石亚军，施正文. 我国行政管理体制改革中的"部门利益"问题［J］. 中国行政管理，2011（5）：7-11.

［67］史桂芬. 对规范改革我国非税收入的思考［J］. 东北师大学报（哲学社会科学版），2007（1）：15-22.

［68］宋媛，马骁. 以完善的财政转移支付制度推进西部大开发战略实施［J］. 中央财经大学学报，2010（6）：13-17.

［69］孙雪宁. "营改增"对地方财政收入的影响与财税体制改革分析［J］. 财经界，2021（24）：169-170.

［70］田志伟，胡怡建. 增值税扩围对上海与全国财政经济影响的差异研究［J］. 上海财经大学学报，2014，16（2）：75-82.

［71］万广南，魏升民，向景. 减税降费对企业"获得感"影响研究：基于认知偏差视角［J］. 税务研究，2020（4）：14-21.

［72］王春凯. 产业转移、劳动力流动与梯度陷阱：中西部地区转移企业招工难分析［J］. 经济体制改革，2021（2）：109-115.

［73］王桂花，许成安. 新型城镇化背景下地方政府债务风险动态管理研究：理论分析与模型构建［J］. 审计与经济研究，2014，29（4）：71-80.

［74］王佳杰，童锦治，李星. 税收竞争、财政支出压力与地方非税收入增长［J］. 财贸经济，2014（5）：27-38.

［75］王晓蓓. 广东区域协调发展面临的问题及对策建议［J］. 现代营销（信息版），2019（4）：145-146.

［76］王旭，胡春艳，赵泉午. 基于复杂自组织的重庆电子信息产业集群研究［J］. 华东经济管理，2013，27（4）：85-90.

［77］王益民，宋琰纹. 全球生产网络效应、集群封闭性及其"升级悖论"：基于大陆台商笔记本电脑产业集群的分析［J］. 中国工业经济，2007（4）：46-53.

［78］魏加宁. 中国地方政府债务风险与金融危机［J］. 商务周刊，2004（5）：42.

［79］魏陆. 构建长三角生态绿色一体化示范区财税分享机制研究［J］. 上海商学院学报，2020，21（3）：3-10.

［80］魏升民，戎晓畅，向景. 减税降费对企业获得感的影响分析：基于企业问卷调查（2016—2018）［J］. 地方财政研究，2019（12）：67-73.

［81］伍红，郑家兴. 政府补助和减税降费对企业创新效率的影响：基

于制造业上市企业的门槛效应分析 [J]. 当代财经, 2021 (3): 28-39.

[82] 夏诗园. 防范新时代的"灰犀牛": 地方隐性债务风险及防控 [J]. 金融市场研究, 2020 (10): 29-40.

[83] 厦门大学 CQMM 课题组, 林致远, 王燕武, 等. 中国减税降费政策的效力研究 [J]. 东南学术, 2020 (1): 144-155, 247.

[84] 肖志超, 郑国坚, 蔡贵龙. 企业税负、投资挤出与经济增长 [J]. 会计研究, 2021 (6): 19-29.

[85] 邢丽, 梁季, 施文泼, 等. 2020 年减税降费政策评估: 精准施策对冲疫情和经济社会发展风险: 基于浙江、四川和海南的调研 [J]. 财政科学, 2021 (2): 85-98.

[86] 徐佳宾. 产业升级中的中国劳动成本优势 [J]. 经济理论与经济管理, 2005 (2): 23-28.

[87] 杨灿明. 减税降费: 成效、问题与路径选择 [J]. 财贸经济, 2017, 38 (9): 5-17.

[88] 杨林, 沈春蕾. 减税降费赋能中小企业高质量发展了吗?: 基于中小板和创业板上市公司的实证研究 [J]. 经济体制改革, 2021 (2): 194-200.

[89] 杨十二, 李尚蒲. 地方政府债务的决定: 一个制度解释框架 [J]. 经济体制改革, 2013 (2): 15-19.

[90] 尹李峰, 李淼, 缪小林. 减税降费是否带来地方债风险?: 基于高质量税源的中介效应分析 [J]. 财政研究, 2021 (3): 56-69.

[91] 张斌. 减税降费的理论维度、政策框架与现实选择 [J]. 财政研究, 2019 (5): 7-16, 76.

[92] 张古, 刘军辉. 我国六个国家级承接产业转移示范区比较分析 [J]. 未来与发展, 2016, 40 (5): 87-93.

[93] 张学诞, 梁季, 许文, 等. 近年来我国减税降费政策效果评估 [J]. 地方财政研究, 2019 (3): 11-17.

[94] 中国季度宏观经济模型 (CQMM) 课题组. 大规模减税降费政策的宏观经济效应模拟: 2019—2020 年中国宏观经济再展望 [J]. 厦门大学学报 (哲学社会科学版), 2019 (6): 98-106.

[95] 周彬, 杜两省. 营改增对财政收入的影响及财税体制改革应对 [J]. 当代财经, 2016 (6): 25-33.

[96] 周世愚. 地方政府债务风险: 理论分析与经验事实 [J]. 管理世界, 2021, 37 (10): 128-138.

[97] 周五七, 曹治将. 中部地区承接东部产业梯度转移的壁垒与对策 [J]. 改革与战略, 2010, 26 (10): 103-105, 132.

[98] 朱鹏程. 京津冀协同发展产业转移税收政策研究 [J]. 审计观察, 2021 (7): 38-43.

[99] 朱青, 胡静. 论税务部门征收非税收入的重要意义 [J]. 税务研究, 2018 (8): 5-8.

[100] BRIXI H P, SCHICK A. Government at risk: contingent liabilities and fiscal risk [J]. World Bank Publications, 2002.

[101] CATRINA I L. Intergenerational equity of public debt [J]. European journal of science and theology, 2013, 9 (2): 167-174.

[102] CEBOTARI A, DAVIS J M, LUSINYAN L, et al. Fiscal risks: sources, disclosure, and management [Z]. Departmental papers, 2009 (001).

[103] COOMBA G, DOLLERY B. An analysis of the debate on intergenerational equity and fiscal sustainability in Australia [J]. Australian journal of social issues, 2002, 37 (4): 363-381.

[104] KEYNES J M. The general theory of employment [J]. The quarterly journal of economics, 1937, 51 (2): 209-223.

[105] LAFFER A B. The Laffer curve: past, present, and future [J]. Backgrounder, 2004, 1765 (1): 1-16.

[106] MERETTE M. The effects of debt reduction on intergenerational equity and growth [J]. Government finances and generational equity, 1998: 87.

[107] PRILLAMAN S A, MEIER K J. Taxes, incentives, and economic growth: assessing the impact of pro-business taxes on US state economies [J]. The journal of politics, 2014, 76 (2): 364-379.

[108] WILLIAM S I. A critical literature review: reasons why illegal extra-budgetary expenditures are incurred by government ministries, departments and agencies in nigeria [J]. Journal of finance and accounting, 2016, 7 (14): 9-14.